STATISTICAL YEARBOOK OF CHINA RETAIL CORPORATIONS IN CHAIN

中国连锁零售业统计年鉴

2006

中华人民共和国国家统计局贸易外经统计司
中华人民共和国商务部市场运行调节司　编
中　国　商　业　联　合　会　信　息　部

Compiled by
Department of Trade and External Economic Relations Statistics,
National Bureau of Statistics of China
Department of Market Operation Regulation,
Ministry of Commerce of China
China General Chamber of Commerce Information Department

中国统计出版社
China Statistics Press

(京)新登字041号

图书在版编目(CIP)数据

中国连锁零售业统计年鉴—2006/中华人民共和国国家统计局贸易外经统计司
中华人民共和国商务部市场运行调节司,中国商业联合会信息部编
—北京:中国统计出版社,2006.7
ISBN 7-5037-5028-6

Ⅰ.中…
Ⅱ.①中… ②中… ③中…
Ⅲ.零售商业-连锁商店-统计资料-中国-2006-年鉴
Ⅳ.F724.2-66

中国版本图书馆CIP数据核字(2006)第057308号

中国连锁零售业统计年鉴—2006

作　　者/中华人民共和国国家统计局贸易外经统计司
中华人民共和国商务部市场运行调节司
中国商业联合会信息部
责任编辑/马平　王贵銮　李敏
装帧设计/艺编广告
出版发行/中国统计出版社
通信地址/北京市西城区月坛南街57号　邮政编码/100826
办公地址/北京市丰台区西三环南路甲6号
电　　话/邮购(010)63376907　书店(010)68783172
印　　刷/河北天普润印刷厂
开　　本/880×1230mm　1/16
字　　数/730千字
印　　张/24.75
版　　别/2006年8月第1版
版　　次/2006年8月第1次印刷
书　　号/ISBN 7-5037-5028-6/F·2350
定　　价/200.00元

《中国连锁零售业统计年鉴—2006》

编辑委员会

序

连锁经营的发展标志着一个国家零售业与世界零售业接轨的程度，也是体现一个国家流通现代化的重要标志。入世后，国内一些部门和研究机构也在开展对连锁零售业的研究。为了填补我国贸易统计资料的空白，从宏观和微观两个方面系统反映我国限额以上连锁零售集团（企业）发展的规模、结构和经营情况，准确判断连锁零售业发展现状、存在问题，分析其在商品流通中的地位、作用，为合理规划和建设零售市场，提供可靠的数据依据，进而促进国民经济良性循环。国家统计局从2002年起将限额以上连锁零售业经营情况及其门店和配送中心分布情况列入《批发和零售业、餐饮业统计报表制度》，并按年度出版《中国连锁零售业统计年鉴》。迄今已连续出版了三年。

为了更好地发挥流通统计信息的作用，增强政府宏观调控能力，引导企业投资经营，服务民众，指导消费，经国家统计局、商务部和中国商业联合会协商，决定由三个部门联合编辑《中国连锁零售业统计年鉴—2006》，由中国统计出版社出版。

《中国连锁零售业统计年鉴—2006》，在2004年第一次全国经济普查的基础上，进一步细化了统计指标、分类和业态。使统计数据更加丰富、详实和具有权威性；更加便于经济和市场管理部门、科研机构与大专院校分析研究市场、进行宏观调控、科学决策、理论研究和教学以及生产经营单位获取商业信息。

三年来，这本年鉴还运用统计数据资料对限额以上连锁零售集团（企业）进行分析研究，撰写专题文章，一方面将分析研究的成果提供给各方参考，另一方面也起到为读者导读的作用。

随着连锁零售业统计制度的进一步完善，我国的商品流通统计工作将为社会主义市场经济的发展，发挥更大的作用。

徐一帆

编辑说明

一、《中国连锁零售业统计年鉴—2006》是反映中国大型连锁零售业全貌的资料性工具书，今年是出版的第三年。旨在通过大量、丰富、详实、具体和权威的统计数据，全面系统和多角度地反映中国连锁零售业发育和发展情况。本年鉴是各级经济和企业管理部门、科研机构与大专院校分析研究零售业，进行宏观调控和科学决策，开展理论研究和教学的重要资料；也是生产经营单位了解市场，获取商业信息的必备参考用书。

二、年鉴分为七部分：第一部分专文；第二部分社会消费品零售总额；第三部分限额以上连锁零售业情况；第四部分限额以上连锁零售业配送中心情况；第五部分连锁零售业集团（企业）门店情况；第六部分连锁零售业集团（企业）营业面积情况；第七部分连锁零售业集团（企业）销售额情况。同时，还附有连锁零售业主要统计指标解释。

三、年鉴中限额以上连锁零售集团（企业）统计范围为2005年度年销售额500万元及以上、年末从业人员60人及以上的集团（企业）。西藏自治区未进行调查；全国性数据均不包括台湾省、香港特别行政区和澳门特别行政区。

四、年鉴中的时期数据为2005年年度数据，时点数据为2005年年末数据。

目 录

三、加盟店情况

地区篇

一、省、自治区、直辖市

（一）门店数

（二）营业面积

（三）从业人员

（四）商品购进额

五、35城市

六、三大地带

第一部分 专 文

2005年我国限额以上连锁零售业经营情况综述

2005年我国限额以上连锁零售集团（企业）呈急速扩张、快速发展的趋势。表现出如下特点：

一、整体规模增势强劲

2005年限额以上连锁零售集团（企业）达1416家，比上年末增加361家，增长34.2%。门店数达90476个，比上年末增长16.5%；营业面积8202.7万平方米，增长13.9%；从业人员148.8万人，增长16.1%；实现销售额10668.4亿元，增长27.1%，占限额以上零售业的60.5%。人均年销售额71.7万元/人，比上年增长9.5%；平均门店销售额1179.1万元，增长9.1%；单位营业面积创造的年销售额1.3万元/平方米，增长11.6%。限额以上连锁零售集团（企业）实现零售额7810.3亿元，比上年增长26.7%，占社会消费品零售额的12.2%，比上年增加1.3个百分点，全国30个地区中（西藏未统计），有90%以上的地区连锁零售集团（企业）零售额占当地社会消费品零售额的比重超过了上年，其中上海占40%以上，北京占30%以上，一半以上的地区占10%以上。

2005年10门店以上的连锁零售集团（企业）有876家，比上年多53家，占限额以上连锁零售集团（企业）的62%，门店数达88033个，占97.3%，增长17.2%；销售额达9625.6亿元，占90.2%，增长29%。其中超过1000门店的连锁零售集团（企业）比上年增加5家，门店数和销售额分别比上年增长34.5%和36.7%。而10门店以下的连锁零售集团（企业）门店数比重不足3%，下降3.4%，销售额仅增长12%。

二、内资连锁零售集团（企业）占绝对份额，但扩张速度低于外资连锁零售集团（企业）

2005年内资连锁零售集团（企业）1307家，比上年增加336家，增长34.6%，占限额以上连锁零售集团（企业）的92.3%，比上年增加0.3个百分点。外商投资的连锁零售集团（企业）81家，增加了31家，增长62%，占限额以上连锁零售集团（企业）的5.7%，比上年增加1个百分点。其中中外合资经营的增加25家，外商独资的增加5家。港澳台商投资的连锁零售集团（企业）28家，减少了6家。

2005年内资连锁零售集团（企业）门店占限额以上连锁零售门店的94.2%，增长15.5%。港澳台商投资和外商投资的连锁零售集团（企业）门店所占比重较小，但是增幅却分别高出内资企业

11.6%和2倍。而且，其门店平均营业面积和从业人员是内资企业的1～2倍以上。

2005年内资连锁零售集团(企业)销售额占限额以上连锁零售集团(企业)销售额的87.2%，增长26.7%，港澳台商投资和外商投资的连锁零售集团(企业)销售额分别增长20.8%和33.1%。内资企业人均年销售额72.8万元/人，高于港澳台商投资和外商投资企业，但是平均门店年销售额为1091.2万元，相当于港澳台商投资企业的52.5%，外商投资企业38.8%；单位营业面积创造的年销售额为1.3万元/平方米，比外商投资企业低41%。

三、专业店、超级市场仍占主导地位，仓储会员店、便利店增速显著

2005年限额以上连锁零售集团(企业)所属门店最多的是专业店有54241个，占60%；其次是超级市场和便利店分别有15421个和11218个，占17%和12.4%，这三类业态拥有的门店已占限额以上连锁零售集团(企业)所属门店的89.4%。仓储会员店虽然只有157个，但增速最快，达91.5%，其次是便利店增长了27.1%，超级市场、专卖店和家居建材商店均增长19%左右。

2005年限额以上连锁零售集团(企业)销售额全面增长，专业店的销售额达6085.9亿元，占限额以上连锁零售集团(企业)销售额的57%(其中加油站的销售额占35.6%)，增长31%，增幅最高。超级市场的销售额2848.8亿元，占26.7%，增长21.7%；百货商店的销售额1157.2亿元，占10.8%，增长24.4%，这三类业态实现的销售额共占94.6%，其余业态销售额所占份额均不超过2%。24家年销售额百亿元的限额以上连锁零售集团(企业)中，专业店14家(其中加油站10家)，超级市场8家，百货商店2家。

四、连锁零售门店向中西部地区和中小城市渗透的潜力很大

2005年东部地区限额以上连锁零售门店60029个，增长15.3%，中部地区和西部地区门店分别有17185个和13262个，增长21.3%和16.4%，中部地区和西部地区分别高出东部地区6和1.2个百分点。东部地区门店所占比重趋于下降，中西部地区趋于上升。2005年东部地区限额以上连锁零售集团(企业)的销售额8225.7亿元，增长28.2%；中部地区1695.5亿元，增长22.4%；西部地区747.2亿元，增长26.6%；中西部地区在连锁零售业的整体发展上还落后于东部地区，但是超级市场的发展速度却高于东部地区。2005年超级市场在西部地区的销售额增长35.6%，在中部增长27.6%，分别高出东部地区14.8和6.8个百分点。

2005年大城市有连锁零售门店72381个，增长13.7%。中型城市和小城市分别有门店14132个和3963个，增长26.2%和43.1%，增长速度超过大城市2—3倍。分布在大城市的限额以上连锁零售门店虽然占限额以上连锁零售门店的80%，但比上年下降2个百分点；中型城市和小城市分别占15.6%和4.4%，增加1.2和0.8个百分点。

2005年大城市的连锁零售集团(企业)销售额的增速低于限额以上连锁零售集团(企业)销售额的增速0.8个百分点，低于中型城市8.8个百分点，其销售额比重下降0.5个百分点。而中型城市连锁零售集团(企业)销售额的增速达35.1%，所占比重提高了0.6个百分点。

五、连锁零售集团(企业)的扩张方式由直营转向加盟

2005 年直营连锁门店 61087 个，占限额以上连锁零售集团（企业）门店的 67.5％，比上年下降 3.1 个百分点。加盟连锁门店 29389 个，占 32.5％，比上年上升 3.1 个百分点。百货商店和专卖店中加盟店超过 60％，超级市场、便利店和仓储会员店中加盟店超过 30％。有加盟店的限额以上连锁零售集团（企业）342 家，已占 1/4。加盟连锁店迅速扩大，一方面为限额以上连锁零售集团（企业）提供了分销商品、扩大销售的渠道，另一方面也为加盟企业提供获得较低进货价格的机会。加盟企业的统一配送商品比重接近 60％，其中百货商店和超级市场在 70％左右，便利店超过 90％。

连锁经营的快速发展对加快实现流通现代化，促进市场繁荣，方便人民生活以及构建和谐社会起到了至关重要的作用。

首先，连锁企业通过统一进货、统一配送，集约化经营，把众多分散的零售店铺有机地联系起来，依靠先进的信息技术，使连锁门店科学、高效的运行，推动企业规模效益的提高和市场集中度的增强，同时，连锁零售企业集中定单采购和定制商品的方式，有利于带动制造业、物流配送等相关行业的发展。

其次，连锁经营是以消费者的需求为导向，有利于丰富零售业态，并把不同的业态组合在一起，使之相互渗透，交叉经营，发挥每一种业态优势，繁荣活跃市场，满足消费者多层次的消费需求，体现了构建和谐社会的要求。

第三，连锁经营反映一个国家流通现代化的水平，也体现一个国家零售业与世界接轨的程度，因此，它有利于缩小我国零售业与国际零售业的差距，也有利于消费品流通快速通道的形成，增强政府调控市场的能力。

第四，外资零售企业大举进入并迅速扩张的势头，尽管对内资零售企业形成巨大的压力，但是客观上也推动了内资零售企业改革、调整的步伐。不少企业通过改制和重组，激活存量资产，迅速走上了振兴之路，许多企业通过吸取外资企业先进运营方式和现代管理技术与理念，增强了自身竞争力。一批具有影响力的品牌零售企业正在形成。

但是连锁零售集团（企业）在发展中，与外资零售企业还有较大的差距，主要表现在：

一是连锁零售集团（企业）仅局限于区域连锁，2005 年跨区域的连锁零售（集团）企业仅有 100 家，占限额以上连锁零售集团（企业）的 7.1％；**二是**在运用价格促销、陈列促销、广告促销、服务促销、敏锐捕捉市场需求等营销技术能力方面与外资零售企业相比存在一定差距；**三是**物流和配送效率低下，虽然配送中心数增加，但是成本高，竞争中处于不利地位。

针对上述问题，建议如下：

一、扩大规模经营，实现规模效益是零售企业在市场竞争中谋求生存与发展的主要途径。实行横向一体化经营，以资本为纽带，通过兼并重组的方式，形成跨地区、跨部门、跨行业、跨所有制经营的混合商业企业集团。

二、拓展新型业态，开展差异化和经营创新，提升零售企业和零售产业竞争力的核心。零售业态创新应向不同年龄、不同收入阶层、不同居住社区、不同消费群体等方向发展。

三、充分发挥区位优势，扩大区位影响。内资零售企业占据区位优势，形成了较为成熟的商业氛

围，接近消费市场，了解消费者需求。利用这些“本土化”优势，形成知名度和品牌形象扩大规模，打造富有民族特色的企业文化。

四、加快向中小城市拓展的步伐。随着消费品市场保持稳定快速的发展，城乡居民可支配收入水平普遍提高，为消费需求的拓展奠定了收入基础。2005年，县及县以下消费品零售额同比增长速度与城市比较差2.1个百分点，比上年缩小了1.9个百分点。县及县以下消费品零售额对社会消费品零售总额增长的贡献率达到了29.7%，比上年高1.6个百分点。在城市消费品市场销售增长有所放缓的情况下，农村市场销售却稳定增长。因此，中小城市和乡镇农村市场广阔，竞争压力小，需求大，市场风险相对较小，比较适合正在成长期的连锁零售企业去发展壮大。

（李敏/文）

第二部分 社会消费品零售总额

2—1 社会消费品零售总额变动情况

单位:亿元

指　标	2005年	2004年	增长(%)
社会消费品零售总额	67176.6	59501.0	12.9
一、按销售地区分			
市	45094.3	39695.7	13.6
县	7485.4	6636.0	12.8
县以下	14596.9	13169.3	10.8
二、按行业分			
批发零售贸易业	56589.2	50256.8	12.6
餐饮业	8886.8	7550.4	17.7
其他	1700.6	1693.8	0.4

注:1.2004年1—12月累计数据系当年经济普查数据。
2.2005年1—12月累计数据按经济普查口径加以调整。

2—2 各地区社会消费品零售总额

单位:亿元

地 区	2005 年	2004 年	增长(%)
北 京	2902.8	2626.6	10.5
天 津	1190.1	1044.8	13.9
河 北	2952.9	2576.4	14.6
山 西	1401.2	1219.1	14.9
内蒙古	1344.1	1160.7	15.8
辽 宁	2999.0	2642.8	13.5
吉 林	1460.8	1286.9	13.5
黑龙江	1760.1	1557.3	13.0
上 海	2973.0	2656.9	11.9
江 苏	5699.9	4912.2	16.0
浙 江	4631.7	4055.5	14.2
安 徽	1765.0	1557.4	13.3
福 建	2345.8	2062.0	13.8
江 西	1236.2	1074.5	15.0
山 东	6126.4	5290.5	15.8
河 南	3358.4	2938.3	14.3
湖 北	2964.6	2619.5	13.2
湖 南	2459.1	2149.6	14.4
广 东	7882.6	6852.0	15.0
广 西	1397.0	1222.2	14.3
海 南	268.6	236.8	13.4
重 庆	1215.8	1068.3	13.8
四 川	2981.4	2615.2	14.0
贵 州	606.9	535.3	13.4
云 南	1034.4	915.3	13.0
西 藏	73.1	63.2	15.7
陕 西	1322.4	1162.8	13.7
甘 肃	632.8	560.6	12.9
青 海	160.5	141.2	13.7
宁 夏	174.3	153.5	13.6
新 疆	637.8	563.4	13.2

第三部分 限额以上连锁零售业情况

3—1 限额以上连锁零售业集团(企业)数

（按登记注册类型、业态分，2005 年）

单位：个

登记注册类型	合 计	百货商店	超级市场	专业店	加油站	专卖店	便利店	仓储会员店	家居建材商店	其 他
总 计	**1416**	**79**	**406**	**715**	**83**	**100**	**90**	**7**	**15**	**4**
内资企业	**1307**	**69**	**356**	**702**	**82**	**84**	**82**	**5**	**6**	**3**
国有企业	129	6	21	90	14	6	6			
集体企业	27	1	6	9		5	4			2
股份合作企业	20	2	6	9	2	1	2			
联营企业	6			6	1					
国有联营企业	3			3	1					
集体联营企业										
国有与集体联营企业	2			2						
其他联营企业	1			1						
有限责任公司	522	22	142	279	3	32	40	3	3	1
国有独资公司	8	2	1	4		1				
其他有限责任公司	514	20	141	275	3	31	40	3	3	1
股份有限公司	177	19	33	114	61	5	4		2	
私营企业	416	19	145	190		35	24	2	1	
私营独资企业	19	2	9	2		4	2			
私营合伙企业	6		6							
私营有限责任公司	376	15	121	186		31	20	2	1	
私营股份有限公司	15	2	9	2			2			
其他企业	10		3	5	1		2			
港澳台商投资企业	**28**	**2**	**12**	**3**		**7**	**4**			
港澳台商合资经营企业	20	2	11	1		3	3			
港澳台商合作经营企业	3		1			1	1			
港澳台商独资经营企业	4			1		3				
港澳台商投资股份有限公司	1			1						
外商投资企业	**81**	**8**	**38**	**10**	**1**	**9**	**4**	**2**	**9**	**1**
中外合资经营企业	51	5	26	7	1	1	4	1	6	1
中外合作经营企业	20	3	9			5		1	2	
外资企业	10		3	3		3			1	
外商投资股份有限公司										

3—2 限额以上连锁零售业集团(企业)构成

(按登记注册类型、业态分,2005 年)

单位:%

登记注册类型	合　计	百货商店	超级市场	专业店	加油站	专卖店	便利店	仓储会员店	家居建材商店	其　他
总　　计	**100.0**	**100.0**	**100.0**	**100.0**	**100.0**	**100.0**	**100.0**	**100.0**	**100.0**	**100.0**
内资企业	**92.3**	**87.5**	**87.7**	**98.2**	**98.8**	**84.0**	**91.1**	**71.4**	**40.0**	**75.0**
国有企业	9.1	7.5	5.1	12.6	16.9	6.0	6.7			
集体企业	1.9	1.3	1.5	1.3		5.0	4.4			50.0
股份合作企业	1.4	2.5	1.5	1.3	2.4	1.0	2.2			
联营企业	0.4			0.8	1.2					
国有联营企业	0.2			0.4	1.2					
集体联营企业										
国有与集体联营企业	0.1			0.3						
其他联营企业	0.1			0.1						
有限责任公司	36.9	27.8	35.0	39.0	3.6	32.0	44.4	42.9	20.0	25.0
国有独资公司	0.6	2.5	0.2	0.6		1.0				
其他有限责任公司	36.3	25.3	34.7	38.5	3.6	31.0	44.4	42.9	20.0	25.0
股份有限公司	12.5	24.1	8.1	15.9	73.5	5.0	4.4		13.3	
私营企业	29.4	24.1	35.7	26.6		35.0	26.7	28.6	6.7	
私营独资企业	1.3	2.5	2.2	0.3		4.0	2.2			
私营合伙企业	0.4		1.5							
私营有限责任公司	26.6	19.0	29.8	26.0		31.0	22.2	28.6	6.7	
私营股份有限公司	1.1	2.5	2.2	0.3			2.2			
其他企业	0.7		0.7	0.7	1.2		2.2			
港澳台商投资企业	**2.0**	**2.5**	**3.0**	**0.4**		**7.0**	**4.4**			
港澳台商合资经营企业	1.4	2.5	2.7	0.1		3.0	3.3			
港澳台商合作经营企业	0.2		0.2			1.0	1.1			
港澳台商独资经营企业	0.3			0.1		3.0				
港澳台商投资股份有限公司	0.1			0.1						
外商投资企业	**5.7**	**10.0**	**9.4**	**1.4**	**1.2**	**9.0**	**4.4**	**28.6**	**60.0**	**25.0**
中外合资经营企业	3.6	6.3	6.4	1.0	1.2	1.0	4.4	14.3	40.0	25.0
中外合作经营企业	1.4	3.8	2.2			5.0		14.3	13.3	
外资企业	0.7		0.7	0.4		3.0			6.7	
外商投资股份有限公司										

3—3 限额以上连锁零售业基本情况

指 标	计量单位	合 计		直营店		加盟店	
		2005 年	2004 年	2005 年	2004 年	2005 年	2004 年
一、门店总数	个	90476	77631	61087	54841	29389	22790
二、营业面积	平方米	82027379	72025758	74945260	66233608	7082119	5792150
三、从业人员	人	1488235	1282285	1226552	1062057	261683	220228
四、商品购进总额	万元	90440923	71300582	81270157	63146432	9170765	8154151
＃统一配送商品购进额	万元	70367722	55455970	64898758	50687252	5468964	4768718
＃自有配送中心配送商品购进额	万元	57735641	44816703	53188021	41293615	4547620	3523088
非自有配送中心配送商品购进额	万元	12632081	10639267	11710737	9393637	921344	1245630
五、商品销售额	万元	106683746	83936158	95096430	73995117	11587316	9941041
＃商品零售额	万元	78103204	61630819	68167287	52853004	9935917	8777815
六、配送中心	个	2177	1969	1901	1721	276	248

3—4 限额以上连锁零售业情况

（按业态分）

指标	计量单位	合计		直营店		加盟店	
		2005年	2004年	2005年	2004年	2005年	2004年
一、门店总数	**个**	**90476**	**77631**	**61087**	**54841**	**29389**	**22790**
百货商店	个	3438	3016	1231	1057	2207	1959
超级市场	个	15421	12877	9655	8370	5766	4507
专业店	个	54241	47825	40266	36648	13975	11177
＃加油站	个	21411	20181	20863	19671	548	510
专卖店	个	5718	4816	1970	1772	3748	3044
便利店	个	11218	8824	7658	6762	3560	2062
仓储会员店	个	157	82	105	82	52	
家居建材商店	个	94	79	93	78	1	1
其他	个	189	112	109	72	80	40
二、营业面积	**平方米**	**82027379**	**72025758**	**74945260**	**66233608**	**7082119**	**5792150**
百货商店	平方米	7938329	6702261	7321697	6196823	616632	505438
超级市场	平方米	18621268	15274241	16078482	13274897	2542786	1999344
专业店	平方米	51865204	47004279	48457167	44069910	3408037	2934369
＃加油站	平方米	40290158	38514880	39378691	37648907	911467	865973
专卖店	平方米	414011	341823	209300	190549	204711	151274
便利店	平方米	1536122	1297408	1239449	1102943	296673	194465
仓储会员店	平方米	296330	226486	295290	226486	1040	
家居建材商店	平方米	1300363	1129813	1293763	1123213	6600	6600
其他	平方米	55752	49447	50112	48787	5640	660
三、从业人员	**人**	**1488235**	**1282285**	**1226552**	**1062057**	**261683**	**220228**
百货商店	人	181603	166389	157270	142093	24333	24296
超级市场	人	562015	479518	459456	394107	102559	85411
专业店	人	595175	505060	497149	422105	98026	82955
＃加油站	人	189923	176486	184907	171774	5016	4712
专卖店	人	44610	38128	24107	21683	20503	16445
便利店	人	80256	70587	64389	59652	15867	10935
仓储会员店	人	10303	7427	10199	7427	104	
家居建材商店	人	12437	13618	12383	13558	54	60
其他	人	1836	1558	1599	1432	237	126

3—4 续表1

指 标	计量单位	合 计		直营店		加盟店	
		2005年	2004年	2005年	2004年	2005年	2004年
四、商品购进总额	**万元**	**90440923**	**71300582**	**81270157**	**63146432**	**9170765**	**8154151**
百货商店	万元	9216759	9129414	8593444	8764013	623316	365401
超级市场	万元	21701697	17857346	19142104	14909024	2559592	2948322
专业店	万元	54410013	40186241	49086723	35871527	5323290	4314714
#加油站	万元	33300254	24068168	32659766	23598706	640488	469461
专卖店	万元	1501091	1186351	1121687	848590	379405	337762
便利店	万元	1877717	1450376	1596750	1266880	280967	183497
仓储会员店	万元	787926	638316	787400	638316	526	
家居建材商店	万元	890951	796158	888108	792501	2843	3657
其他	万元	54769	56379	53942	55581	827	798
#统一配送商品购进额	**万元**	**70367722**	**55455970**	**64898758**	**50687252**	**5468964**	**4768718**
百货商店	万元	4943751	5654940	4490461	5416213	453290	238727
超级市场	万元	17212805	14763618	15480262	12436548	1732543	2327069
专业店	万元	44482628	32119259	41637852	30250020	2844776	1869239
#加油站	万元	28135165	20303971	27581682	19910650	553483	393321
专卖店	万元	780844	645119	599195	476779	181650	168340
便利店	万元	1708965	1256170	1452660	1091146	256304	165024
仓储会员店	万元	771111	626685	771111	626685		
家居建材商店	万元	415805	335099	415805	335099		
其他	万元	51814	55079	51413	54762	401	317
#自有配送中心配送商品购进额	**万元**	**57735641**	**44816703**	**53188021**	**41293615**	**4547620**	**3523088**
百货商店	万元	4539365	5383195	4238632	5213208	300734	169987
超级市场	万元	10458012	8562879	9297881	7242303	1160131	1320576
专业店	万元	40902961	29480867	38094340	27664707	2808622	1816160
#加油站	万元	26622106	19151812	26068623	18758491	553483	393321
专卖店	万元	729993	578303	572113	433717	157879	144586
便利店	万元	944919	681512	824665	609733	120254	71779
仓储会员店	万元	33113	26725	33113	26725		
家居建材商店	万元	127278	103222	127278	103222		
其他	万元						

3—4 续表2

指　　标	计量单位	合　计		直营店		加盟店	
		2005年	2004年	2005年	2004年	2005年	2004年
#非自有配送中心配送商品购进额	**万元**	**12632081**	**10639267**	**11710737**	**9393637**	**921344**	**1245630**
百货商店	万元	404386	271746	251829	203005	152556	68741
超级市场	万元	6754792	6200738	6182381	5194245	572411	1006493
专业店	万元	3579667	2638393	3543512	2585313	36155	53080
#加油站	万元	1513059	1152159	1513059	1152159		
专卖店	万元	50852	66816	27081	43062	23771	23755
便利店	万元	764046	574658	627995	481413	136050	93245
仓储会员店	万元	737998	599960	737998	599960		
家居建材商店	万元	288527	231877	288527	231877		
其他	万元	51814	55079	51413	54762	401	317
五、商品销售额	**万元**	**106683746**	**83936158**	**95096430**	**73995117**	**11587316**	**9941041**
百货商店	万元	11571706	9298397	10772210	8696032	799496	602365
超级市场	万元	28488359	23415972	24166659	19452135	4321700	3963836
专业店	万元	60859489	46458374	55001522	41579700	5857967	4878674
#加油站	万元	38023121	29234987	37348263	28697419	674859	537568
专卖店	万元	1554148	1305448	1269744	1042732	284404	262716
便利店	万元	2264336	1764485	1945424	1535956	318913	228529
仓储会员店	万元	861336	706661	860656	706661	680	
家居建材商店	万元	1028850	939943	1025674	936048	3176	3895
其他	万元	55523	46879	54543	45853	981	1026
#商品零售额	**万元**	**78103204**	**61630819**	**68167287**	**52853004**	**9935917**	**8777815**
百货商店	万元	9930590	7995069	9207659	7443638	722931	551431
超级市场	万元	23760069	19477883	19514497	15618044	4245572	3859839
专业店	万元	39642623	29986845	35240480	26078363	4402144	3908482
#加油站	万元	21894583	16371933	21615200	16126621	279383	245312
专卖店	万元	1108580	1017475	863308	789340	245272	228135
便利店	万元	1872303	1520125	1556461	1294967	315842	225157
仓储会员店	万元	845508	696400	845508	696400		
家居建材商店	万元	890432	896290	887256	892395	3176	3895
其他	万元	53100	40733	52119	39857	981	876
六、配送中心数	**个**	**2177**	**1969**	**1901**	**1721**	**276**	**248**
百货商店	个	88	88	77	77	11	11
超级市场	个	429	409	341	326	88	83
专业店	个	1417	1249	1291	1142	126	107
#加油站	个	280	265	255	240	25	25
专卖店	个	130	119	110	99	20	20
便利店	个	95	87	72	68	23	19
仓储会员店	个	6	5	4	3	2	2
家居建材商店	个	11	11	6	6	5	5
其他	个	1	1			1	1

3—5　限额以上连锁零售业情况

（按登记注册类型分）

登记注册类型	门店总数（个）		营业面积（平方米）		从业人员（人）	
	2005年	2004年	2005年	2004年	2005年	2004年
总　　计	**90476**	**77631**	**82027379**	**72025758**	**1488235**	**1282285**
内资企业	**85223**	**73790**	**74889135**	**66434875**	**1277144**	**1114682**
国有企业	11960	10720	15675516	14238199	125652	117555
集体企业	1070	573	280518	223174	10452	8495
股份合作企业	946	824	1040346	872498	18505	15446
联营企业	307	284	319938	238638	18847	12818
国有联营企业	130	110	16301	14071	966	896
集体联营企业						
国有与集体联营企业	169	165	273637	193067	17261	11202
其他联营企业	8	9	30000	31500	620	720
有限责任公司	31701	25871	13349405	10670114	432065	363591
国有独资公司	1504	1285	296528	266803	14261	12695
其他有限责任公司	30197	24586	13052877	10403311	417804	350896
股份有限公司	27108	24940	37772315	34835673	441436	402335
私营企业	11398	9843	6369186	5287772	227101	191318
私营独资企业	745	724	177462	165339	8231	8238
私营合伙企业	179	121	131516	95053	3280	2183
私营有限责任公司	10314	8849	5842900	4823044	209912	175621
私营股份有限公司	160	149	217308	204336	5678	5276
其他企业	733	735	81911	68807	3086	3124
港澳台商投资企业	**1492**	**1272**	**2331084**	**1890950**	**50281**	**37680**
港澳台合资经营企业	1406	1205	2306006	1878424	48154	36592
港澳台合作经营企业	26	17	17799	5692	1205	426
港澳台独资经营企业	55	45	6979	6534	883	632
港澳台商投资股份有限公司	5	5	300	300	39	30
外商投资企业	**3761**	**2569**	**4807160**	**3699933**	**160810**	**129923**
中外合资经营企业	2399	1952	2800396	2185465	90919	73698
中外合作经营企业	1203	465	1831727	1381004	64880	51189
外资企业	159	152	175037	133464	5011	5036
外商投资股份有限公司						

3—5 续表1

登记注册类型	商品购进总额（万元）		统一配送商品购进额		自有配送中心配送商品购进额	
	2005年	2004年	2005年	2004年	2005年	2004年
总　　计	**90440923**	**71300582**	**70367722**	**55455970**	**57735641**	**44816703**
内资企业	**79739350**	**63313341**	**62916430**	**49269195**	**52857537**	**41447717**
国有企业	12146508	9663030	8208431	6437286	7928616	6164076
集体企业	256968	257202	206030	200585	140633	124059
股份合作企业	1652291	1148381	1387567	1024223	1378917	1015832
联营企业	1429208	1387870	750213	881416	750213	881416
国有联营企业	81144	82676	25665	22896	25665	22896
集体联营企业						
国有与集体联营企业	1326377	1277917	703967	832286	703967	832286
其他联营企业	21687	27277	20581	26234	20581	26234
有限责任公司	17018132	12988867	14598566	10849354	10110995	7650802
国有独资公司	862162	706337	645547	503329	645547	503329
其他有限责任公司	16155970	12282530	13953020	10346025	9465448	7147473
股份有限公司	38903661	28856045	31932088	23453620	28232977	20371825
私营企业	8267859	8950392	5768812	6361156	4289610	5212723
私营独资企业	92204	80890	91030	79763	75385	66163
私营合伙企业	117557	57170	101326	51548	18727	17484
私营有限责任公司	7927448	8687784	5529185	6192022	4156805	5096690
私营股份有限公司	130650	124549	47271	37824	38694	32387
其他企业	64723	61555	64723	61555	25577	26985
港澳台商投资企业	**3275227**	**1731812**	**2095618**	**1556016**	**1592481**	**1120718**
港澳台合资经营企业	3085094	1674031	1906158	1499032	1419587	1063733
港澳台合作经营企业	176275	45435	176275	45435	159708	45435
港澳台独资经营企业	10354	9069	9683	8273	9683	8273
港澳台商投资股份有限公司	3504	3277	3504	3277	3504	3277
外商投资企业	**7426346**	**6255429**	**5355674**	**4630758**	**3285623**	**2248268**
中外合资经营企业	4460612	3135082	2678063	1766177	1946064	1310765
中外合作经营企业	2700991	2935092	2455683	2726125	1177706	865240
外资企业	264743	185256	221928	138457	161853	72264
外商投资股份有限公司						

3—5 续表2

登记注册类型	非自有配送中心配送商品购进额		商品销售额（万元）		商品零售额	
	2005年	2004年	2005年	2004年	2005年	2004年
总　计	**12632081**	**10639267**	**106683746**	**83936158**	**78103204**	**61630819**
内资企业	**10058893**	**7821478**	**92994409**	**73415235**	**66160699**	**52296611**
国有企业	279815	273210	14346667	11975702	9751165	8191905
集体企业	65398	76526	288053	284866	273830	266371
股份合作企业	8650	8391	1692103	1196959	1498578	1153317
联营企业			1380206	1334246	1164031	939931
国有联营企业			34525	28830	28992	24611
集体联营企业						
国有与集体联营企业			1323529	1287071	1112887	896975
其他联营企业			22152	18345	22152	18345
有限责任公司	4487571	3198552	20041500	15565337	16442878	12926846
国有独资公司			619142	489468	472437	357980
其他有限责任公司	4487571	3198552	19422357	15075870	15970440	12568866
股份有限公司	3699111	3081796	46231684	35366772	28743189	21649087
私营企业	1479202	1148433	8938058	7612256	8216600	7095327
私营独资企业	15646	13600	93185	86480	50604	48312
私营合伙企业	82599	34064	125918	59505	125686	59323
私营有限责任公司	1372381	1095332	8580375	7332083	7902538	6853781
私营股份有限公司	8576	5438	138581	134188	137772	133910
其他企业	39146	34570	76138	79099	70428	73827
港澳台商投资企业	**503138**	**435299**	**3103069**	**2569259**	**2929912**	**2518344**
港澳台合资经营企业	486571	435299	2895858	2453368	2886568	2447189
港澳台合作经营企业	16567		188634	48494	27546	5761
港澳台独资经营企业			15188	64235	14562	64235
港澳台商投资股份有限公司			3389	3162	1236	1159
外商投资企业	**2070051**	**2382490**	**10586269**	**7951663**	**9012592**	**6815864**
中外合资经营企业	731999	455412	5022482	3743190	4671642	3527225
中外合作经营企业	1277978	1860885	5251790	3984346	4044908	3078926
外资企业	60075	66193	311998	224128	296042	209713
外商投资股份有限公司						

3—6 限额以上连锁百货商店情况

（按登记注册类型分）

登记注册类型	门店总数（个）		营业面积（平方米）		从业人员（人）	
	2005年	2004年	2005年	2004年	2005年	2004年
总　计	3438	3016	7938329	6702261	181603	166389
内资企业	3321	2930	6566162	5563852	151456	140611
国有企业	90	77	541017	477358	22931	20310
集体企业	11	9	54350	47200	864	1048
股份合作企业	12	14	47000	48000	1654	1927
联营企业						
国有联营企业						
集体联营企业						
国有与集体联营企业						
其他联营企业						
有限责任公司	442	367	1591661	1327006	36559	34426
国有独资公司	29	24	221248	198946	9716	8398
其他有限责任公司	413	343	1370413	1128060	26843	26028
股份有限公司	2569	2297	3876363	3288096	69779	65734
私营企业	197	166	455771	376192	19669	17166
私营独资企业	10	7	7800	6010	350	273
私营合伙企业						
私营有限责任公司	173	147	407421	329832	18728	16402
私营股份有限公司	14	12	40550	40350	591	491
其他企业						
港澳台商投资企业	19	16	387387	316995	5970	5426
港澳台合资经营企业	19	16	387387	316995	5970	5426
港澳台合作经营企业						
港澳台独资经营企业						
港澳台商投资股份有限公司						
外商投资企业	98	70	984780	821414	24177	20352
中外合资经营企业	12	13	226467	220067	4357	4218
中外合作经营企业	86	57	758313	601347	19820	16134
外资企业						
外商投资股份有限公司						

3—6 续表1

登记注册类型	商品购进总额（万元）		统一配送商品购进额		自有配送中心配送商品购进额	
	2005年	2004年	2005年	2004年	2005年	2004年
总　计	**9216759**	**9129414**	**4943751**	**5654940**	**4539365**	**5383195**
内资企业	**7902629**	**8181809**	**3692722**	**4777768**	**3457447**	**4660809**
国有企业	1081136	769439	100847	58585	100693	58379
集体企业	26522	23759	26522	23759		
股份合作企业	8480	13246	8480	13246	8480	13246
联营企业						
国有联营企业						
集体联营企业						
国有与集体联营企业						
其他联营企业						
有限责任公司	1900933	1394533	1341140	960393	1284749	925581
国有独资公司	572531	443576	555541	424169	555541	424169
其他有限责任公司	1328402	950957	785599	536224	729208	501412
股份有限公司	4401335	3639033	1869621	1491149	1740200	1448231
私营企业	484224	2341799	346113	2230636	323325	2215373
私营独资企业	11141	9246	11141	9246		
私营合伙企业						
私营有限责任公司	451281	2307157	334972	2221390	323325	2215373
私营股份有限公司	21802	25396				
其他企业						
港澳台商投资企业	**342191**	**151159**	**342191**	**151159**	**342191**	**151159**
港澳台合资经营企业	342191	151159	342191	151159	342191	151159
港澳台合作经营企业						
港澳台独资经营企业						
港澳台商投资股份有限公司						
外商投资企业	**971939**	**796447**	**908838**	**726014**	**739728**	**571226**
中外合资经营企业	234911	233993	172826	164086	143048	142315
中外合作经营企业	737028	562454	736012	561928	596680	428911
外资企业						
外商投资股份有限公司						

3—6 续表2

登记注册类型	非自有配送中心配送商品购进额		商品销售额（万元）		商品零售额	
	2005年	2004年	2005年	2004年	2005年	2004年
总 计	**404386**	**271746**	**11571706**	**9298397**	**9930590**	**7995069**
内资企业	**235276**	**116958**	**9827581**	**7861819**	**8186465**	**6558490**
国有企业	154	207	1259812	894532	683523	494532
集体企业	26522	23759	29950	27579	29562	27579
股份合作企业			10376	13712	10078	13712
联营企业						
国有联营企业						
集体联营企业						
国有与集体联营企业						
其他联营企业						
有限责任公司	56391	34812	2069794	1635394	1892894	1479468
国有独资公司			516516	390987	407253	291357
其他有限责任公司	56391	34812	1553278	1244406	1485642	1188110
股份有限公司	129422	42918	5964839	4895452	5095983	4165996
私营企业	22788	15263	492809	395151	474425	377204
私营独资企业	11141	9246	14269	11946		
私营合伙企业						
私营有限责任公司	11647	6017	450272	349704	446157	343703
私营股份有限公司			28268	33501	28268	33501
其他企业						
港澳台商投资企业			**489555**	**384037**	**489555**	**384037**
港澳台合资经营企业			489555	384037	489555	384037
港澳台合作经营企业						
港澳台独资经营企业						
港澳台商投资股份有限公司						
外商投资企业	**169110**	**154787**	**1254570**	**1052541**	**1254570**	**1052541**
中外合资经营企业	29779	21771	317253	296772	317253	296772
中外合作经营企业	139332	133017	937317	755769	937317	755769
外资企业						
外商投资股份有限公司						

3—7 限额以上连锁超级市场情况

（按登记注册类型分）

登记注册类型	门店总数（个）		营业面积（平方米）		从业人员（人）	
	2005 年	2004 年	2005 年	2004 年	2005 年	2004 年
总　　计	**15421**	**12877**	**18621268**	**15274241**	**562015**	**479518**
内资企业	**12928**	**10656**	**13992340**	**11625568**	**424377**	**366641**
国有企业	470	492	421755	426301	14349	13906
集体企业	290	252	87412	76462	3379	2874
股份合作企业	333	222	499022	333242	11394	8361
联营企业						
国有联营企业						
集体联营企业						
国有与集体联营企业						
其他联营企业						
有限责任公司	4579	3468	6217221	5002739	171579	149603
国有独资公司	4	4	1276	2896	110	230
其他有限责任公司	4575	3464	6215945	4999843	171469	149373
股份有限公司	4849	4168	3648635	3185076	122194	107615
私营企业	2350	2011	3086857	2583910	100565	83513
私营独资企业	155	140	121360	109103	2228	2018
私营合伙企业	179	121	131516	95053	3280	2183
私营有限责任公司	1965	1706	2698320	2257915	91005	75406
私营股份有限公司	51	44	135661	121839	4052	3906
其他企业	57	43	31438	17838	917	769
港澳台商投资企业	**770**	**699**	**1861627**	**1528889**	**38669**	**28160**
港澳台合资经营企业	769	699	1852527	1528889	38297	28160
港澳台合作经营企业	1		9100		372	
港澳台独资经营企业						
港澳台商投资股份有限公司						
外商投资企业	**1723**	**1522**	**2767301**	**2119784**	**98969**	**84717**
中外合资经营企业	1648	1455	1921961	1519124	68757	59402
中外合作经营企业	59	49	737067	520891	28343	23318
外资企业	16	18	108273	79769	1869	1997
外商投资股份有限公司						

3—7 续表1

登记注册类型	商品购进总额（万元）		统一配送商品购进额		自有配送中心配送商品购进额	
	2005年	2004年	2005年	2004年	2005年	2004年
总　计	**21701697**	**17857346**	**17212805**	**14763618**	**10458012**	**8562879**
内资企业	**14911573**	**12483274**	**13476601**	**10991033**	**7933282**	**6632697**
国有企业	525300	584572	472819	441882	320883	300543
集体企业	96869	94709	84884	78182	84884	78182
股份合作企业	410376	274091	407322	271450	407322	271450
联营企业						
国有联营企业						
集体联营企业						
国有与集体联营企业						
其他联营企业						
有限责任公司	6745427	5087606	6145904	4517583	2750980	2161516
国有独资公司	800	802				
其他有限责任公司	6744627	5086804	6145904	4517583	2750980	2161516
股份有限公司	5200600	4936312	4877229	4545733	3206201	2926320
私营企业	1886293	1468284	1441734	1098503	1155449	891556
私营独资企业	57483	49368	57483	49365	55237	47544
私营合伙企业	117557	57170	101326	51548	18727	17484
私营有限责任公司	1636775	1295931	1251865	974843	1056537	807404
私营股份有限公司	74477	65815	31060	22746	24949	19124
其他企业	46709	37701	46709	37701	7563	3131
港澳台商投资企业	**2665640**	**1466886**	**1486703**	**1291887**	**986894**	**859861**
港澳台合资经营企业	2649073	1466886	1470137	1291887	986894	859861
港澳台合作经营企业	16567		16567			
港澳台独资经营企业						
港澳台商投资股份有限公司						
外商投资企业	**4124484**	**3907185**	**2249501**	**2480698**	**1537837**	**1070321**
中外合资经营企业	3095944	2293956	1418278	1030479	1186036	783860
中外合作经营企业	866608	1513825	712106	1397614	287107	280356
外资企业	161932	99404	119117	52605	64693	6105
外商投资股份有限公司						

3—7 续表2

登记注册类型	非自有配送中心配送商品购进额		商品销售额（万元）		商品零售额	
	2005年	2004年	2005年	2004年	2005年	2004年
总　计	**6754792**	**6200738**	**28488359**	**23415972**	**23760069**	**19477883**
内资企业	**5543319**	**4358336**	**19232705**	**16152320**	**15751273**	**13202199**
国有企业	151936	141339	435779	426405	185683	204497
集体企业			92699	99375	84130	91340
股份合作企业			483415	321199	421381	320747
联营企业						
国有联营企业						
集体联营企业						
国有与集体联营企业						
其他联营企业						
有限责任公司	3394924	2356067	8571372	6883455	6977286	5633559
国有独资公司			969	1240	969	1236
其他有限责任公司	3394924	2356067	8570403	6882215	6976317	5632324
股份有限公司	1671028	1619413	7312145	6636861	5881060	5277463
私营企业	286285	206947	2284571	1738548	2149009	1628115
私营独资企业	2246	1821	44901	42519	42411	40659
私营合伙企业	82599	34064	125918	59505	125686	59323
私营有限责任公司	195328	167439	2036623	1567234	1903783	1458843
私营股份有限公司	6111	3623	77129	69290	77129	69290
其他企业	39146	34570	52725	46478	52725	46478
港澳台商投资企业	**499810**	**432026**	**2302901**	**1984235**	**2299058**	**1982317**
港澳台合资经营企业	483243	432026	2281982	1984235	2278138	1982317
港澳台合作经营企业	16567		20919		20919	
港澳台独资经营企业						
港澳台商投资股份有限公司						
外商投资企业	**711664**	**1410377**	**6952754**	**5279417**	**5709739**	**4293366**
中外合资经营企业	232241	246619	3637947	2852840	3459512	2696168
中外合作经营企业	424999	1117258	3132432	2311714	2067853	1482335
外资企业	54424	46500	182375	114863	182375	114863
外商投资股份有限公司						

3—8 限额以上连锁专业店情况

（按登记注册类型分）

登记注册类型	门店总数（个）		营业面积（平方米）		从业人员（人）	
	2005 年	2004 年	2005 年	2004 年	2005 年	2004 年
总　计	**54241**	**47825**	**51865204**	**47004279**	**595175**	**505060**
内资企业	**53801**	**47500**	**51575003**	**46795256**	**584755**	**499194**
国有企业	10828	9589	14651676	13286921	83111	78781
集体企业	106	107	29822	24242	1214	1165
股份合作企业	582	572	484604	483026	5206	4884
联营企业	307	284	319938	238638	18847	12818
国有联营企业	130	110	16301	14071	966	896
集体联营企业						
国有与集体联营企业	169	165	273637	193067	17261	11202
其他联营企业	8	9	30000	31500	620	720
有限责任公司	16671	13467	3592913	2599862	151398	109337
国有独资公司	1383	1179	70052	61719	4066	3747
其他有限责任公司	15288	12288	3522861	2538143	147332	105590
股份有限公司	18660	17636	29970754	28094391	241599	221794
私营企业	6006	5192	2489437	2030821	81631	68573
私营独资企业	9	8	2337	2398	98	101
私营合伙企业						
私营有限责任公司	5979	5166	2483547	2025320	81395	68339
私营股份有限公司	18	18	3553	3103	138	133
其他企业	641	653	35859	37355	1749	1842
港澳台商投资企业	**110**	**111**	**11309**	**11002**	**879**	**878**
港澳台合资经营企业	87	94	8699	8812	635	682
港澳台合作经营企业						
港澳台独资经营企业	18	12	2310	1890	205	166
港澳台商投资股份有限公司	5	5	300	300	39	30
外商投资企业	**330**	**214**	**278892**	**198021**	**9541**	**4988**
中外合资经营企业	269	157	266929	186975	8679	4138
中外合作经营企业						
外资企业	61	57	11963	11046	862	850
外商投资股份有限公司						

3—8 续表1

登记注册类型	商品购进总额（万元）		统一配送商品购进额		自有配送中心配送商品购进额	
	2005年	2004年	2005年	2004年	2005年	2004年
总　计	**54410013**	**40186241**	**44482628**	**32119259**	**40902961**	**29480867**
内资企业	**53584243**	**39770256**	**43657522**	**31704064**	**40283040**	**29092488**
国有企业	10393777	8184432	7598452	5905683	7471604	5775094
集体企业	38976	35616	38976	35616	27397	25055
股份合作企业	971840	739487	971637	739220	962987	730829
联营企业	1429208	1387870	750213	881416	750213	881416
国有联营企业	81144	82676	25665	22896	25665	22896
集体联营企业						
国有与集体联营企业	1326377	1277917	703967	832286	703967	832286
其他联营企业	21687	27277	20581	26234	20581	26234
有限责任公司	6039209	4405714	5516509	4013312	5220987	3770697
国有独资公司	92404	79160	90005	79160	90005	79160
其他有限责任公司	5946804	4326554	5426504	3934152	5130982	3691538
股份有限公司	29159802	20148900	25047956	17290337	23232150	15942742
私营企业	5539057	4848986	3721406	2819228	2605329	1947402
私营独资企业	1645	1840	1645	1840	604	571
私营合伙企业						
私营有限责任公司	5533262	4844009	3715611	2814251	2603040	1945509
私营股份有限公司	4150	3138	4150	3138	1685	1323
其他企业	12374	19251	12374	19251	12374	19251
港澳台商投资企业	**20461**	**16767**	**19797**	**15977**	**18798**	**15074**
港澳台合资经营企业	16294	12700	16294	12700	15295	11797
港澳台合作经营企业						
港澳台独资经营企业	664	790				
港澳台商投资股份有限公司	3504	3277	3504	3277	3504	3277
外商投资企业	**805309**	**399218**	**805309**	**399218**	**601123**	**373305**
中外合资经营企业	796424	388843	796424	388843	597390	369604
中外合作经营企业						
外资企业	8884	10375	8884	10375	3733	3701
外商投资股份有限公司						

3—8　续表2

登记注册类型	非自有配送中心配送商品购进额		商品销售额（万元）		商品零售额	
	2005年	2004年	2005年	2004年	2005年	2004年
总　计	**3579667**	**2638393**	**60859489**	**46458374**	**39642623**	**29986845**
内资企业	**3374482**	**2611576**	**60130080**	**46104651**	**39072093**	**29680864**
国有企业	126848	130589	12425440	10434775	8663149	7280057
集体企业	11579	10561	46900	44447	44602	40781
股份合作企业	8650	8391	970770	739337	968727	738034
联营企业			1380206	1334246	1164031	939931
国有联营企业			34525	28830	28992	24611
集体联营企业						
国有与集体联营企业			1323529	1287071	1112887	896975
其他联营企业			22152	18345	22152	18345
有限责任公司	295522	242614	6807812	4720358	5394196	3793724
国有独资公司			90291	78026	52849	46172
其他有限责任公司	295522	242614	6717521	4642333	5341347	3747552
股份有限公司	1815805	1347595	32771508	23668968	17582954	12040138
私营企业	1116078	871826	5709613	5135645	5238595	4822600
私营独资企业	1041	1269	2016	2064	1578	1738
私营合伙企业						
私营有限责任公司	1112571	868742	5704691	5131474	5234922	4819033
私营股份有限公司	2465	1815	2905	2107	2096	1829
其他企业			17831	26875	15839	25599
港澳台商投资企业	**999**	**903**	**20376**	**18372**	**12998**	**12108**
港澳台合资经营企业	999	903	15399	13631	10175	9370
港澳台合作经营企业						
港澳台独资经营企业			1587	1579	1587	1579
港澳台商投资股份有限公司			3389	3162	1236	1159
外商投资企业	**204186**	**25913**	**709033**	**335350**	**557532**	**293873**
中外合资经营企业	199035	19239	689111	318862	539476	278007
中外合作经营企业						
外资企业	5151	6674	19922	16488	18056	15866
外商投资股份有限公司						

3—9 限额以上连锁加油站情况

（按登记注册类型分）

登记注册类型	门店总数（个）		营业面积（平方米）		从业人员（人）	
	2005年	2004年	2005年	2004年	2005年	2004年
总　计	21411	20181	40290158	38514880	189923	176486
内资企业	21409	20179	40284428	38509150	189845	176408
国有企业	6344	5564	11717724	11116592	48616	45479
集体企业						
股份合作企业	419	420	461687	462787	3921	3710
联营企业	2	2	5831	5831	40	40
国有联营企业	2	2	5831	5831	40	40
集体联营企业						
国有与集体联营企业						
其他联营企业						
有限责任公司	19	19	33460	33460	241	244
国有独资公司						
其他有限责任公司	19	19	33460	33460	241	244
股份有限公司	14606	14144	28064156	26887630	136918	126751
私营企业						
私营独资企业						
私营合伙企业						
私营有限责任公司						
私营股份有限公司						
其他企业	19	30	1570	2850	109	184
港澳台商投资企业						
港澳台合资经营企业						
港澳台合作经营企业						
港澳台独资经营企业						
港澳台商投资股份有限公司						
外商投资企业	2	2	5730	5730	78	78
中外合资经营企业	2	2	5730	5730	78	78
中外合作经营企业						
外资企业						
外商投资股份有限公司						

3—9 续表1

登记注册类型	商品购进总额（万元）		统一配送商品购进额		自有配送中心配送商品购进额	
	2005年	2004年	2005年	2004年	2005年	2004年
总　计	**33300254**	**24068168**	**28135165**	**20303971**	**26622106**	**19151812**
内资企业	**33293370**	**24055649**	**28128281**	**20291452**	**26622106**	**19151812**
国有企业	7848208	6074262	6094328	4728096	6083626	4710660
集体企业						
股份合作企业	950327	719711	950327	719711	941835	711533
联营企业	55480	59780				
国有联营企业	55480	59780				
集体联营企业						
国有与集体联营企业						
其他联营企业						
有限责任公司	47130	27374	34652	18622	34652	18622
国有独资公司						
其他有限责任公司	47130	27374	34652	18622	34652	18622
股份有限公司	24385095	17166397	21041845	14816899	19554864	13702874
私营企业						
私营独资企业						
私营合伙企业						
私营有限责任公司						
私营股份有限公司						
其他企业	7130	8123	7130	8123	7130	8123
港澳台商投资企业						
港澳台合资经营企业						
港澳台合作经营企业						
港澳台独资经营企业						
港澳台商投资股份有限公司						
外商投资企业	**6884**	**12519**	**6884**	**12519**		
中外合资经营企业	6884	12519	6884	12519		
中外合作经营企业						
外资企业						
外商投资股份有限公司						

3—9 续表 2

登记注册类型	非自有配送中心配送商品购进额		商品销售额（万元）		商品零售额	
	2005 年	2004 年	2005 年	2004 年	2005 年	2004 年
总　　计	**1513059**	**1152159**	**38023121**	**29234987**	**21894583**	**16371933**
内资企业	**1506175**	**1139640**	**38016710**	**29229703**	**21888172**	**16366649**
国有企业	10702	17436	9871846	8324680	6720415	5717054
集体企业						
股份合作企业	8492	8178	951099	720183	951099	720183
联营企业			9481	7317	9481	7317
国有联营企业			9481	7317	9481	7317
集体联营企业						
国有与集体联营企业						
其他联营企业						
有限责任公司			50079	29823	50079	29823
国有独资公司						
其他有限责任公司			50079	29823	50079	29823
股份有限公司	1486981	1114026	27126000	20138362	14149302	9882427
私营企业						
私营独资企业						
私营合伙企业						
私营有限责任公司						
私营股份有限公司						
其他企业			8207	9338	7796	9845
港澳台商投资企业						
港澳台合资经营企业						
港澳台合作经营企业						
港澳台独资经营企业						
港澳台商投资股份有限公司						
外商投资企业	**6884**	**12519**	**6411**	**5284**	**6411**	**5284**
中外合资经营企业	6884	12519	6411	5284	6411	5284
中外合作经营企业						
外资企业						
外商投资股份有限公司						

3—10 限额以上连锁专卖店情况

（按登记注册类型分）

登记注册类型	门店总数（个）		营业面积（平方米）		从业人员（人）	
	2005 年	2004 年	2005 年	2004 年	2005 年	2004 年
总　计	**5718**	**4816**	**414011**	**341823**	**44610**	**38128**
内资企业	**4406**	**4219**	**324732**	**305256**	**33237**	**30207**
国有企业	162	161	13304	12260	1159	1167
集体企业	123	111	22497	13701	2396	1514
股份合作企业	4	2	2220	830	77	70
联营企业						
国有联营企业						
集体联营企业						
国有与集体联营企业						
其他联营企业						
有限责任公司	1790	1913	140035	150032	11944	11616
国有独资公司	88	78	3952	3242	369	320
其他有限责任公司	1702	1835	136083	146790	11575	11296
股份有限公司	831	699	37466	32473	3365	2947
私营企业	1496	1333	109210	95960	14296	12893
私营独资企业	521	523	24442	26300	4427	4778
私营合伙企业						
私营有限责任公司	975	810	84768	69660	9869	8115
私营股份有限公司						
其他企业						
港澳台商投资企业	**203**	**187**	**14241**	**13302**	**1299**	**1255**
港澳台合资经营企业	163	150	9143	8035	526	707
港澳台合作经营企业	3	4	429	623	95	82
港澳台独资经营企业	37	33	4669	4644	678	466
港澳台商投资股份有限公司						
外商投资企业	**1109**	**410**	**75038**	**23265**	**10074**	**6666**
中外合资经营企业	3	3	315	275	76	71
中外合作经营企业	1028	333	70020	18939	8658	5206
外资企业	78	74	4703	4051	1340	1389
外商投资股份有限公司						

3—10 续表1

登记注册类型	商品购进总额（万元）		统一配送商品购进额		自有配送中心配送商品购进额	
	2005年	2004年	2005年	2004年	2005年	2004年
总　　计	**1501091**	**1186351**	**780844**	**645119**	**729993**	**578303**
内资企业	**1066812**	**892782**	**436363**	**443786**	**388294**	**392236**
国有企业	101441	83078	15219	13085	15219	13085
集体企业	41334	35715	14641	11075	14307	10496
股份合作企业	261467	121250				
联营企业						
国有联营企业						
集体联营企业						
国有与集体联营企业						
其他联营企业						
有限责任公司	453254	479645	256160	293514	237309	272253
国有独资公司	196426	182800				
其他有限责任公司	256828	296845	256160	293514	237309	272253
股份有限公司	37731	36065	35712	34016	16182	15282
私营企业	171585	137029	114631	92096	105277	81121
私营独资企业	20122	18689	19492	18089	18275	16825
私营合伙企业						
私营有限责任公司	151463	118340	95139	74008	87002	64297
私营股份有限公司						
其他企业						
港澳台商投资企业	**24249**	**21066**	**24241**	**21060**	**24241**	**21060**
港澳台合资经营企业	13959	12030	13959	12030	13959	12030
港澳台合作经营企业	600	757	600	757	600	757
港澳台独资经营企业	9691	8279	9683	8273	9683	8273
港澳台商投资股份有限公司						
外商投资企业	**410030**	**272504**	**320240**	**180274**	**317457**	**165007**
中外合资经营企业	8865	8475	8865	8475	8865	8475
中外合作经营企业	380796	247852	291006	155621	288723	153373
外资企业	20369	16177	20369	16177	19869	3159
外商投资股份有限公司						

3—10 续表 2

登记注册类型	非自有配送中心配送商品购进额		商品销售额（万元）		商品零售额	
	2005 年	2004 年	2005 年	2004 年	2005 年	2004 年
总　计	**50852**	**66816**	**1554148**	**1305448**	**1108580**	**1017475**
内资企业	**48069**	**51550**	**1075985**	**931162**	**787656**	**733023**
国有企业			174469	168706	174086	168202
集体企业	334	579	57406	43309	56861	42661
股份合作企业			226523	121730	97373	79844
联营企业						
国有联营企业						
集体联营企业						
国有与集体联营企业						
其他联营企业						
有限责任公司	18851	21261	317435	357629	216914	253568
国有独资公司			11367	19215	11367	19215
其他有限责任公司	18851	21261	306068	338414	205547	234353
股份有限公司	19530	18734	65372	59348	65372	59348
私营企业	9354	10975	234780	180439	177050	129400
私营独资企业	1217	1264	27705	26383	2323	2348
私营合伙企业						
私营有限责任公司	8137	9711	207075	154057	174728	127052
私营股份有限公司						
其他企业						
港澳台商投资企业			**54194**	**102424**	**53346**	**102424**
港澳台合资经营企业			38901	37894	38679	37894
港澳台合作经营企业			1693	1874	1693	1874
港澳台独资经营企业			13600	62656	12974	62656
港澳台商投资股份有限公司						
外商投资企业	**2783**	**15267**	**423969**	**271863**	**267578**	**182029**
中外合资经营企业			7874	7784	7874	7784
中外合作经营企业	2283	2248	389841	241050	247539	165009
外资企业	500	13019	26254	23029	12164	9236
外商投资股份有限公司						

3—11 限额以上连锁便利店情况

（按登记注册类型分）

登记注册类型	门店总数（个）		营业面积（平方米）		从业人员（人）	
	2005年	2004年	2005年	2004年	2005年	2004年
总　计	**11218**	**8824**	**1536122**	**1297408**	**80256**	**70587**
内资企业	**10477**	**8311**	**1445151**	**1251307**	**73733**	**66717**
国有企业	410	401	47764	35359	4102	3391
集体企业	452	45	53097	29609	1870	1129
股份合作企业	15	14	7500	7400	174	204
联营企业						
国有联营企业						
集体联营企业						
国有与集体联营企业						
其他联营企业						
有限责任公司	8065	6568	1039932	911732	53816	50040
国有独资公司						
其他有限责任公司	8065	6568	1039932	911732	53816	50040
股份有限公司	188	129	64680	61220	2662	2483
私营企业	1312	1115	217564	192373	10689	8957
私营独资企业	50	46	21523	21528	1128	1068
私营合伙企业						
私营有限责任公司	1185	994	158497	131801	8664	7143
私营股份有限公司	77	75	37544	39044	897	746
其他企业	35	39	14614	13614	420	513
港澳台商投资企业	**390**	**259**	**56520**	**20762**	**3464**	**1961**
港澳台合资经营企业	368	246	48250	15693	2726	1617
港澳台合作经营企业	22	13	8270	5069	738	344
港澳台独资经营企业						
港澳台商投资股份有限公司						
外商投资企业	**351**	**254**	**34451**	**25339**	**3059**	**1909**
中外合资经营企业	351	254	34451	25339	3059	1909
中外合作经营企业						
外资企业						
外商投资股份有限公司						

3—11 续表1

登记注册类型	商品购进总额（万元）		统一配送商品购进额		自有配送中心配送商品购进额	
	2005年	2004年	2005年	2004年	2005年	2004年
总　计	**1877717**	**1450376**	**1708965**	**1256170**	**944919**	**681512**
内资企业	**1612148**	**1342610**	**1443395**	**1148404**	**721797**	**605719**
国有企业	44854	41510	21095	18052	20217	16975
集体企业	25939	25357	14105	10389	14045	10326
股份合作企业	127	307	127	307	127	307
联营企业						
国有联营企业						
集体联营企业						
国有与集体联营企业						
其他联营企业						
有限责任公司	1356319	1114479	1253039	985830	574853	485798
国有独资公司						
其他有限责任公司	1356319	1114479	1253039	985830	574853	485798
股份有限公司	16728	17217	14104	13866	14104	13866
私营企业	162541	139138	135285	115358	92812	73845
私营独资企业	1813	1748	1269	1224	1269	1224
私营合伙企业						
私营有限责任公司	130508	107190	121956	102195	79483	60682
私营股份有限公司	30221	30200	12060	11940	12060	11940
其他企业	5639	4602	5639	4602	5639	4602
港澳台商投资企业	**222686**	**75934**	**222686**	**75934**	**220357**	**73564**
港澳台合资经营企业	63578	31256	63578	31256	61249	28886
港澳台合作经营企业	159108	44678	159108	44678	159108	44678
港澳台独资经营企业						
港澳台商投资股份有限公司						
外商投资企业	**42884**	**31832**	**42884**	**31832**	**2765**	**2228**
中外合资经营企业	42884	31832	42884	31832	2765	2228
中外合作经营企业						
外资企业						
外商投资股份有限公司						

3—11 续表2

登记注册类型	非自有配送中心配送商品购进额		商品销售额（万元）		商品零售额	
	2005年	2004年	2005年	2004年	2005年	2004年
总　　计	764046	574658	2264336	1764485	1872303	1520125
内资企业	721598	542684	1967854	1640219	1736908	1438592
国有企业	878	1076	51166	51285	44725	44617
集体企业	61	62	31950	34573	31950	34573
股份合作企业			1020	980	1020	980
联营企业						
国有联营企业						
集体联营企业						
国有与集体联营企业						
其他联营企业						
有限责任公司	678187	500032	1667145	1382852	1470100	1206095
国有独资公司						
其他有限责任公司	678187	500032	1667145	1382852	1470100	1206095
股份有限公司			20279	18708	20279	18708
私营企业	42473	41513	190711	146076	166969	131871
私营独资企业			4293	3567	4293	3567
私营合伙企业						
私营有限责任公司	42473	41513	156139	113218	132397	99013
私营股份有限公司			30279	29291	30279	29291
其他企业			5583	5746	1865	1750
港澳台商投资企业	2329	2370	236044	80191	74956	37458
港澳台合资经营企业	2329	2370	70022	33571	70022	33571
港澳台合作经营企业			166022	46620	4934	3887
港澳台独资经营企业						
港澳台商投资股份有限公司						
外商投资企业	40119	29604	60439	44075	60439	44075
中外合资经营企业	40119	29604	60439	44075	60439	44075
中外合作经营企业						
外资企业						
外商投资股份有限公司						

3—12 限额以上连锁仓储会员店情况

（按登记注册类型分）

登记注册类型	门店总数（个）		营业面积（平方米）		从业人员（人）	
	2005年	2004年	2005年	2004年	2005年	2004年
总　计	157	82	296330	226486	10303	7427
内资企业	127	58	28752	26071	1148	969
国有企业						
集体企业						
股份合作企业						
联营企业						
国有联营企业						
集体联营企业						
国有与集体联营企业						
其他联营企业						
有限责任公司	92	34	24955	24105	1015	870
国有独资公司						
其他有限责任公司	92	34	24955	24105	1015	870
股份有限公司						
私营企业	35	24	3797	1966	133	99
私营独资企业						
私营合伙企业						
私营有限责任公司	35	24	3797	1966	133	99
私营股份有限公司						
其他企业						
港澳台商投资企业						
港澳台合资经营企业						
港澳台合作经营企业						
港澳台独资经营企业						
港澳台商投资股份有限公司						
外商投资企业	30	24	267578	200415	9155	6458
中外合资经营企业	3	1	58751	18088	1584	446
中外合作经营企业	27	23	208827	182327	7571	6012
外资企业						
外商投资股份有限公司						

3—12　续表 1

登记注册类型	商品购进总额（万元）		统一配送商品购进额		自有配送中心配送商品购进额	
	2005 年	2004 年	2005 年	2004 年	2005 年	2004 年
总　　计	787926	638316	771111	626685	33113	26725
内资企业	49928	38356	33113	26725	33113	26725
国有企业						
集体企业						
股份合作企业						
联营企业						
国有联营企业						
集体联营企业						
国有与集体联营企业						
其他联营企业						
有限责任公司	27993	25109	25694	23299	25694	23299
国有独资公司						
其他有限责任公司	27993	25109	25694	23299	25694	23299
股份有限公司						
私营企业	21935	13247	7419	3426	7419	3426
私营独资企业						
私营合伙企业						
私营有限责任公司	21935	13247	7419	3426	7419	3426
私营股份有限公司						
其他企业						
港澳台商投资企业						
港澳台合资经营企业						
港澳台合作经营企业						
港澳台独资经营企业						
港澳台商投资股份有限公司						
外商投资企业	737998	599960	737998	599960		
中外合资经营企业	58178	29597	58178	29597		
中外合作经营企业	679820	570364	679820	570364		
外资企业						
外商投资股份有限公司						

3—12　续表 2

登记注册类型	非自有配送中心配送商品购进额		商品销售额（万元）		商品零售额	
	2005 年	2004 年	2005 年	2004 年	2005 年	2004 年
总　　计	737998	599960	861336	706661	845508	696400
内资企业			46400	38316	30572	28055
国有企业						
集体企业						
股份合作企业						
联营企业						
国有联营企业						
集体联营企业						
国有与集体联营企业						
其他联营企业						
有限责任公司			23887	24736	23081	24736
国有独资公司						
其他有限责任公司			23887	24736	23081	24736
股份有限公司						
私营企业			22513	13580	7491	3319
私营独资企业						
私营合伙企业						
私营有限责任公司			22513	13580	7491	3319
私营股份有限公司						
其他企业						
港澳台商投资企业						
港澳台合资经营企业						
港澳台合作经营企业						
港澳台独资经营企业						
港澳台商投资股份有限公司						
外商投资企业	737998	599960	814936	668346	814936	668346
中外合资经营企业	58178	29597	60303	33700	60303	33700
中外合作经营企业	679820	570364	754633	634646	754633	634646
外资企业						
外商投资股份有限公司						

3—13 限额以上连锁家居建材商店情况

（按登记注册类型分）

登记注册类型	门店总数（个）		营业面积（平方米）		从业人员（人）	
	2005年	2004年	2005年	2004年	2005年	2004年
总　计	94	79	1300363	1129813	12437	13618
内资企业	68	60	923165	835115	7691	9558
国有企业						
集体企业						
股份合作企业						
联营企业						
国有联营企业						
集体联营企业						
国有与集体联营企业						
其他联营企业						
有限责任公司	55	47	742198	654148	5736	7679
国有独资公司						
其他有限责任公司	55	47	742198	654148	5736	7679
股份有限公司	11	11	174417	174417	1837	1762
私营企业	2	2	6550	6550	118	117
私营独资企业						
私营合伙企业						
私营有限责任公司	2	2	6550	6550	118	117
私营股份有限公司						
其他企业						
港澳台商投资企业						
港澳台合资经营企业						
港澳台合作经营企业						
港澳台独资经营企业						
港澳台商投资股份有限公司						
外商投资企业	26	19	377198	294698	4746	4060
中外合资经营企业	19	13	269600	198600	3318	2741
中外合作经营企业	3	3	57500	57500	488	519
外资企业	4	3	50098	38598	940	800
外商投资股份有限公司						

3—13 续表1

登记注册类型	商品购进总额（万元）		统一配送商品购进额		自有配送中心配送商品购进额	
	2005年	2004年	2005年	2004年	2005年	2004年
总　计	**890951**	**796158**	**415805**	**335099**	**127278**	**103222**
内资企业	**584623**	**562101**	**149811**	**135851**	**40564**	**37042**
国有企业						
集体企业						
股份合作企业						
联营企业						
国有联营企业						
集体联营企业						
国有与集体联营企业						
其他联营企业						
有限责任公司	494933	481673	60120	55423	16423	11658
国有独资公司						
其他有限责任公司	494933	481673	60120	55423	16423	11658
股份有限公司	87467	78519	87467	78519	24140	25384
私营企业	2224	1909	2224	1909		
私营独资企业						
私营合伙企业						
私营有限责任公司	2224	1909	2224	1909		
私营股份有限公司						
其他企业						
港澳台商投资企业						
港澳台合资经营企业						
港澳台合作经营企业						
港澳台独资经营企业						
港澳台商投资股份有限公司						
外商投资企业	**306328**	**234057**	**265994**	**199247**	**86714**	**66180**
中外合资经营企业	196030	134160	155696	99350	7961	4282
中外合作经营企业	36739	40598	36739	40598	5195	2599
外资企业	73558	59299	73558	59299	73558	59299
外商投资股份有限公司						

3—13 续表2

登记注册类型	非自有配送中心配送商品购进额		商品销售额（万元）		商品零售额	
	2005年	2004年	2005年	2004年	2005年	2004年
总　计	288527	231877	1028850	939943	890432	896290
内资企业	109247	98809	684573	651068	568925	625852
国有企业						
集体企业						
股份合作企业						
联营企业						
国有联营企业						
集体联营企业						
国有与集体联营企业						
其他联营企业						
有限责任公司	43697	43765	583971	560815	468323	535600
国有独资公司						
其他有限责任公司	43697	43765	583971	560815	468323	535600
股份有限公司	63326	53136	97541	87435	97541	87435
私营企业	2224	1909	3061	2817	3061	2817
私营独资企业						
私营合伙企业						
私营有限责任公司	2224	1909	3061	2817	3061	2817
私营股份有限公司						
其他企业						
港澳台商投资企业						
港澳台合资经营企业						
港澳台合作经营企业						
港澳台独资经营企业						
港澳台商投资股份有限公司						
外商投资企业	179280	133068	344277	288875	321507	270438
中外合资经营企业	147736	95068	223264	177960	200495	159523
中外合作经营企业	31544	37999	37566	41166	37566	41166
外资企业			83447	69749	83447	69749
外商投资股份有限公司						

3—14 限额以上直营连锁零售业情况

（按登记注册类型分）

登记注册类型	门店总数（个）		营业面积（平方米）		从业人员（人）	
	2005年	2004年	2005年	2004年	2005年	2004年
总　计	**61087**	**54841**	**74945260**	**66233608**	**1226552**	**1062057**
内资企业	**58126**	**52468**	**69280947**	**61768006**	**1076645**	**941779**
国有企业	11242	10133	15142361	13752796	117057	107179
集体企业	562	513	244894	218604	8659	8008
股份合作企业	725	641	972231	825185	17492	14666
联营企业	158	137	94758	87688	4031	4258
国有联营企业	130	110	16301	14071	966	896
集体联营企业						
国有与集体联营企业	20	18	48457	42117	2445	2642
其他联营企业	8	9	30000	31500	620	720
有限责任公司	18922	16382	11957258	9643470	371374	313726
国有独资公司	817	814	216363	195703	9930	9341
其他有限责任公司	18105	15568	11740895	9447767	361444	304385
股份有限公司	19503	18579	35400111	32862478	364024	333380
私营企业	6833	5894	5418411	4339591	192004	158505
私营独资企业	252	231	154020	140319	4117	3803
私营合伙企业	164	99	126216	83653	3166	1918
私营有限责任公司	6324	5478	4937667	3927583	179328	147758
私营股份有限公司	93	86	200508	188036	5393	5026
其他企业	181	189	50923	38194	2004	2057
港澳台商投资企业	**1393**	**1158**	**1993604**	**1604448**	**41686**	**31022**
港澳台合资经营企业	1326	1107	1969096	1592539	39631	29994
港澳台合作经营企业	26	17	17799	5692	1205	426
港澳台独资经营企业	36	29	6409	5917	811	572
港澳台商投资股份有限公司	5	5	300	300	39	30
外商投资企业	**1568**	**1215**	**3670709**	**2861154**	**108221**	**89256**
中外合资经营企业	1080	802	2140655	1619697	60230	48242
中外合作经营企业	345	271	1355477	1108293	43043	36020
外资企业	143	142	174577	133164	4948	4994
外商投资股份有限公司						

3—14 续表1

登记注册类型	商品购进总额（万元）		统一配送商品购进额		自有配送中心配送商品购进额	
	2005年	2004年	2005年	2004年	2005年	2004年
总　　计	81270157	63146432	64898758	50687252	53188021	41293615
内资企业	72028320	56689642	58109298	45427828	48670788	38214869
国有企业	11703057	9295967	8075376	6324063	7796709	6052292
集体企业	254566	256163	204156	200196	139160	123987
股份合作企业	1606926	1115312	1342202	991154	1333553	982763
联营企业	498824	674662	285021	417831	285021	417831
国有联营企业	81144	82676	25665	22896	25665	22896
集体联营企业						
国有与集体联营企业	395993	564709	238775	368701	238775	368701
其他联营企业	21687	27277	20581	26234	20581	26234
有限责任公司	15854649	12058574	13702767	10142457	9365975	7061899
国有独资公司	535694	476149	514545	439820	514545	439820
其他有限责任公司	15318954	11582425	13188222	9702637	8851430	6622079
股份有限公司	35450509	26232326	28961178	21129941	25704002	18503951
私营企业	6598687	6998144	5477497	6163694	4024413	5048223
私营独资企业	74781	64893	73607	63767	57961	50167
私营合伙企业	116461	53246	100524	50525	17924	16461
私营有限责任公司	6292387	6771487	5261013	6016549	3914750	4954180
私营股份有限公司	115058	108518	42354	32853	33777	27416
其他企业	61102	58493	61102	58493	21956	23923
港澳台商投资企业	2915114	1413591	1735506	1237795	1381061	929834
港澳台合资经营企业	2725069	1355899	1546132	1180899	1208253	872938
港澳台合作经营企业	176275	45435	176275	45435	159708	45435
港澳台独资经营企业	10268	8980	9596	8184	9596	8184
港澳台商投资股份有限公司	3504	3277	3504	3277	3504	3277
外商投资企业	6326723	5043199	5053954	4021628	3136172	2148913
中外合资经营企业	3540661	2431173	2556015	1665368	1843612	1224735
中外合作经营企业	2523183	2427824	2277875	2218856	1132570	852967
外资企业	262879	184203	220064	137404	159990	71211
外商投资股份有限公司						

3—14 续表 2

登记注册类型	非自有配送中心配送商品购进额		商品销售额（万元）		商品零售额	
	2005 年	2004 年	2005 年	2004 年	2005 年	2004 年
总 计	**11710737**	**9393637**	**95096430**	**73995117**	**68167287**	**52853004**
内资企业	**9438509**	**7212959**	**84125802**	**65620038**	**58942738**	**45568386**
国有企业	278666	271771	13902561	11584558	9307124	7800826
集体企业	64996	76209	270066	282948	255843	264603
股份合作企业	8650	8391	1636446	1158631	1442921	1114990
联营企业			414600	636256	259847	337311
国有联营企业			34525	28830	28992	24611
集体联营企业						
国有与集体联营企业			357923	589081	208702	294355
其他联营企业			22152	18345	22152	18345
有限责任公司	4336792	3080558	18839562	14575234	15489860	12073011
国有独资公司			548083	419690	406989	293119
其他有限责任公司	4336792	3080558	18291479	14155544	15082871	11779891
股份有限公司	3257175	2625990	41861587	31832202	25628932	18889363
私营企业	1453084	1115471	7132311	5476507	6494552	5018951
私营独资企业	15646	13600	69180	63635	50344	47889
私营合伙企业	82599	34064	124837	55337	124605	55156
私营有限责任公司	1346263	1062369	6815025	5238514	6197143	4797164
私营股份有限公司	8576	5438	123269	119020	122460	118742
其他企业	39146	34570	68670	73702	63660	69331
港澳台商投资企业	**354446**	**307962**	**2609084**	**2077361**	**2435927**	**2026446**
港澳台合资经营企业	337879	307962	2402007	1961524	2392718	1955344
港澳台合作经营企业	16567		188634	48494	27546	5761
港澳台独资经营企业			15053	64181	14427	64181
港澳台商投资股份有限公司			3389	3162	1236	1159
外商投资企业	**1917782**	**1872716**	**8361544**	**6297718**	**6788622**	**5258173**
中外合资经营企业	712403	440633	3893415	2885906	3542576	2669942
中外合作经营企业	1145305	1365889	4157995	3188737	2951867	2379571
外资企业	60075	66193	310134	223075	294178	208660
外商投资股份有限公司						

3—15 限额以上直营连锁百货商店情况

（按登记注册类型分）

登记注册类型	门店总数（个）		营业面积（平方米）		从业人员（人）	
	2005年	2004年	2005年	2004年	2005年	2004年
总　计	1231	1057	7321697	6196823	157270	142093
内资企业	1121	980	6091130	5225347	129300	118460
国有企业	74	57	525682	450238	18284	13300
集体企业	11	9	54350	47200	864	1048
股份合作企业	12	14	47000	48000	1654	1927
联营企业						
国有联营企业						
集体联营企业						
国有与集体联营企业						
其他联营企业						
有限责任公司	351	282	1443661	1235860	31721	29960
国有独资公司	24	19	170248	148946	7178	6398
其他有限责任公司	327	263	1273413	1086914	24543	23562
股份有限公司	485	456	3593166	3082057	57626	55398
私营企业	188	162	427271	361992	19151	16827
私营独资企业	10	7	7800	6010	350	273
私营合伙企业						
私营有限责任公司	164	143	378921	315632	18210	16063
私营股份有限公司	14	12	40550	40350	591	491
其他企业						
港澳台商投资企业	14	9	301987	206262	4355	3817
港澳台合资经营企业	14	9	301987	206262	4355	3817
港澳台合作经营企业						
港澳台独资经营企业						
港澳台商投资股份有限公司						
外商投资企业	96	68	928580	765214	23615	19816
中外合资经营企业	12	13	226467	220067	4357	4218
中外合作经营企业	84	55	702113	545147	19258	15598
外资企业						
外商投资股份有限公司						

3—15 续表1

登记注册类型	商品购进总额（万元）		统一配送商品购进额		自有配送中心配送商品购进额	
	2005年	2004年	2005年	2004年	2005年	2004年
总　计	**8593444**	**8764013**	**4490461**	**5416213**	**4238632**	**5213208**
内资企业	**7428170**	**7954509**	**3388288**	**4677142**	**3233166**	**4560245**
国有企业	1065813	751819	86079	40965	86079	40820
集体企业	26522	23759	26522	23759		
股份合作企业	8480	13246	8480	13246	8480	13246
联营企业						
国有联营企业						
集体联营企业						
国有与集体联营企业						
其他联营企业						
有限责任公司	1767162	1324753	1209037	891874	1152647	857062
国有独资公司	446654	383000	429664	363593	429664	363593
其他有限责任公司	1320508	941752	779374	528281	722983	493469
股份有限公司	4082895	3501383	1714538	1476676	1665116	1433759
私营企业	477298	2339550	343632	2230622	320844	2215359
私营独资企业	11141	9246	11141	9246		
私营合伙企业						
私营有限责任公司	444356	2304908	332491	2221376	320844	2215359
私营股份有限公司	21802	25396				
其他企业						
港澳台商投资企业	**265737**	**81737**	**265737**	**81737**	**265737**	**81737**
港澳台合资经营企业	265737	81737	265737	81737	265737	81737
港澳台合作经营企业						
港澳台独资经营企业						
港澳台商投资股份有限公司						
外商投资企业	**899537**	**727767**	**836436**	**657334**	**739728**	**571226**
中外合资经营企业	234911	233993	172826	164086	143048	142315
中外合作经营企业	664625	493774	663609	493248	596680	428911
外资企业						
外商投资股份有限公司						

3—15 续表2

登记注册类型	非自有配送中心配送商品购进额		商品销售额（万元）		商品零售额	
	2005年	2004年	2005年	2004年	2005年	2004年
总　　计	**251829**	**203005**	**10772210**	**8696032**	**9207659**	**7443638**
内资企业	**155122**	**116898**	**9246637**	**7508359**	**7682086**	**6255965**
国有企业		146	1242917	874447	666627	474447
集体企业	26522	23759	29950	27579	29562	27579
股份合作企业			10376	13712	10078	13712
联营企业						
国有联营企业						
集体联营企业						
国有与集体联营企业						
其他联营企业						
有限责任公司	56391	34812	1956214	1508683	1792929	1368891
国有独资公司			460398	341809	356747	247097
其他有限责任公司	56391	34812	1495816	1166874	1436183	1121794
股份有限公司	49422	42918	5519950	4690567	4714044	3995911
私营企业	22788	15263	487230	393371	468846	375426
私营独资企业	11141	9246	14269	11946		
私营合伙企业						
私营有限责任公司	11647	6017	444693	347924	440578	341925
私营股份有限公司			28268	33501	28268	33501
其他企业						
港澳台商投资企业			**379312**	**237427**	**379312**	**237427**
港澳台合资经营企业			379312	237427	379312	237427
港澳台合作经营企业						
港澳台独资经营企业						
港澳台商投资股份有限公司						
外商投资企业	**96708**	**86108**	**1146261**	**950245**	**1146261**	**950245**
中外合资经营企业	29779	21771	317253	296772	317253	296772
中外合作经营企业	66929	64337	829008	653473	829008	653473
外资企业						
外商投资股份有限公司						

3—16 限额以上直营连锁超级市场情况

（按登记注册类型分）

登记注册类型	门店总数（个）		营业面积（平方米）		从业人员（人）	
	2005年	2004年	2005年	2004年	2005年	2004年
总 计	**9655**	**8370**	**16078482**	**13274897**	**459456**	**394107**
内资企业	**8381**	**7222**	**12707730**	**10561086**	**374888**	**323682**
国有企业	464	475	419849	424836	14320	13786
集体企业	290	252	87412	76462	3379	2874
股份合作企业	228	148	439022	293242	10884	8060
联营企业						
国有联营企业						
集体联营企业						
国有与集体联营企业						
其他联营企业						
有限责任公司	3158	2661	5879622	4765525	159786	140136
国有独资公司	4	4	1276	2896	110	230
其他有限责任公司	3154	2657	5878346	4762629	159676	139906
股份有限公司	2046	1833	2889355	2506202	89395	78392
私营企业	2138	1810	2961032	2476981	96207	79665
私营独资企业	151	136	120470	108433	2173	1966
私营合伙企业	164	99	126216	83653	3166	1918
私营有限责任公司	1777	1534	2580285	2164356	86916	71945
私营股份有限公司	46	41	134061	120539	3952	3836
其他企业	57	43	31438	17838	917	769
港澳台商投资企业	**699**	**640**	**1610222**	**1354884**	**31777**	**23215**
港澳台合资经营企业	698	640	1601122	1354884	31405	23215
港澳台合作经营企业	1		9100		372	
港澳台独资经营企业						
港澳台商投资股份有限公司						
外商投资企业	**575**	**508**	**1760530**	**1358927**	**52791**	**47210**
中外合资经营企业	530	464	1276983	964690	39636	34852
中外合作经营企业	29	26	375274	314468	11286	10361
外资企业	16	18	108273	79769	1869	1997
外商投资股份有限公司						

3—16　续表1

登记注册类型	商品购进总额（万元）		统一配送商品购进额		自有配送中心配送商品购进额	
	2005年	2004年	2005年	2004年	2005年	2004年
总　计	**19142104**	**14909024**	**15480262**	**12436548**	**9297881**	**7242303**
内资企业	**13592751**	**10893979**	**12186925**	**9419890**	**7008371**	**5515743**
国有企业	525168	584552	472809	441882	320873	300543
集体企业	96869	94709	84884	78182	84884	78182
股份合作企业	370376	246091	367322	243450	367322	243450
联营企业						
国有联营企业						
集体联营企业						
国有与集体联营企业						
其他联营企业						
有限责任公司	6661175	5013964	6069987	4448612	2682764	2099565
国有独资公司	800	802				
其他有限责任公司	6660375	5013163	6069987	4448612	2682764	2099565
股份有限公司	4079693	3509716	3756931	3119997	2427858	1932565
私营企业	1812760	1407246	1388283	1050066	1117107	858307
私营独资企业	57147	49069	57147	49066	54901	47245
私营合伙企业	116461	53246	100524	50525	17924	16461
私营有限责任公司	1565017	1239347	1199894	927960	1019675	775708
私营股份有限公司	74135	65584	30718	22515	24607	18893
其他企业	46709	37701	46709	37701	7563	3131
港澳台商投资企业	**2382200**	**1219688**	**1203263**	**1044688**	**852146**	**740000**
港澳台合资经营企业	2365633	1219688	1186697	1044688	852146	740000
港澳台合作经营企业	16567		16567			
港澳台独资经营企业						
港澳台商投资股份有限公司						
外商投资企业	**3167154**	**2795357**	**2090073**	**1971970**	**1437365**	**986561**
中外合资经营企业	2197569	1607096	1317806	946719	1085564	700100
中外合作经营企业	807653	1088857	653151	972645	287107	280356
外资企业	161932	99404	119117	52605	64693	6105
外商投资股份有限公司						

3—16 续表 2

登记注册类型	非自有配送中心配送商品购进额		商品销售额（万元）		商品零售额	
	2005 年	2004 年	2005 年	2004 年	2005 年	2004 年
总 计	**6182381**	**5194245**	**24166659**	**19452135**	**19514497**	**15618044**
内资企业	**5178554**	**3904148**	**17333223**	**14040961**	**13927919**	**11099463**
国有企业	151936	141339	435693	426390	185598	204482
集体企业			92699	99375	84130	91340
股份合作企业			432345	287074	370311	286622
联营企业						
国有联营企业						
集体联营企业						
国有与集体联营企业						
其他联营企业						
有限责任公司	3387224	2349047	8324191	6738962	6805033	5496731
国有独资公司			969	1240	969	1236
其他有限责任公司	3387224	2349047	8323222	6737722	6804064	5495496
股份有限公司	1329073	1187432	5797854	4782169	4367428	3423219
私营企业	271176	191759	2197717	1660515	2062696	1550591
私营独资企业	2246	1821	44640	42096	42150	40236
私营合伙企业	82599	34064	124837	55337	124605	55156
私营有限责任公司	180219	152251	1951623	1493960	1819324	1386077
私营股份有限公司	6111	3623	76617	69122	76617	69122
其他企业	39146	34570	52725	46478	52725	46478
港澳台商投资企业	**351118**	**304689**	**1919446**	**1646057**	**1915602**	**1644139**
港澳台合资经营企业	334551	304689	1898527	1646057	1894683	1644139
港澳台合作经营企业	16567		20919		20919	
港澳台独资经营企业						
港澳台商投资股份有限公司						
外商投资企业	**652709**	**985409**	**4913990**	**3765117**	**3670976**	**2874441**
中外合资经营企业	232241	246619	2536886	2016062	2358451	1859390
中外合作经营企业	366044	692289	2194730	1634193	1130151	900189
外资企业	54424	46500	182375	114863	182375	114863
外商投资股份有限公司						

3—17 限额以上直营连锁专业店情况

（按登记注册类型分）

登记注册类型	门店总数（个）		营业面积（平方米）		从业人员（人）	
	2005年	2004年	2005年	2004年	2005年	2004年
总　计	**40266**	**36648**	**48457167**	**44069910**	**497149**	**422105**
内资企业	**39835**	**36340**	**48167329**	**43861571**	**486761**	**416293**
国有企业	10241	9136	14142624	12836166	79737	76025
集体企业	105	106	29672	24092	1205	1157
股份合作企业	466	463	476489	475713	4703	4405
联营企业	158	137	94758	87688	4031	4258
国有联营企业	130	110	16301	14071	966	896
集体联营企业						
国有与集体联营企业	20	18	48457	42117	2445	2642
其他联营企业	8	9	30000	31500	620	720
有限责任公司	8901	7658	2943577	2108376	123754	87124
国有独资公司	751	761	42943	42411	2474	2586
其他有限责任公司	8150	6897	2900634	2065965	121280	84538
股份有限公司	16743	16100	28667818	27025489	212083	194770
私营企业	3121	2619	1806160	1295825	60566	47761
私营独资企业	9	8	2337	2398	98	101
私营合伙企业						
私营有限责任公司	3094	2593	1800270	1290324	60330	47527
私营股份有限公司	18	18	3553	3103	138	133
其他企业	100	121	6231	8222	682	793
港澳台商投资企业	**110**	**111**	**11309**	**11002**	**879**	**878**
港澳台合资经营企业	87	94	8699	8812	635	682
港澳台合作经营企业						
港澳台独资经营企业	18	12	2310	1890	205	166
港澳台商投资股份有限公司	5	5	300	300	39	30
外商投资企业	**321**	**197**	**278529**	**197337**	**9509**	**4934**
中外合资经营企业	260	140	266566	186291	8647	4084
中外合作经营企业						
外资企业	61	57	11963	11046	862	850
外商投资股份有限公司						

3—17 续表1

登记注册类型	商品购进总额（万元）		统一配送商品购进额		自有配送中心配送商品购进额	
	2005年	2004年	2005年	2004年	2005年	2004年
总　　计	**49086723**	**35871527**	**41637852**	**30250020**	**38094340**	**27664707**
内资企业	**48262933**	**35457812**	**40814726**	**29837095**	**37476399**	**27278598**
国有企业	9969916	7838375	7481827	5811427	7355974	5682216
集体企业	38976	35616	38976	35616	27397	25055
股份合作企业	966476	734417	966273	734151	957623	725760
联营企业	498824	674662	285021	417831	285021	417831
国有联营企业	81144	82676	25665	22896	25665	22896
集体联营企业						
国有与集体联营企业	395993	564709	238775	368701	238775	368701
其他联营企业	21687	27277	20581	26234	20581	26234
有限责任公司	5575449	4034341	5106047	3685233	4836082	3467186
国有独资公司	86094	76227	84881	76227	84881	76227
其他有限责任公司	5489355	3958114	5021166	3609006	4751201	3390959
股份有限公司	27164951	19107766	23370909	16424194	21559744	15086082
私营企业	4038988	3016045	3556320	2712054	2445205	1857878
私营独资企业	1645	1840	1645	1840	604	571
私营合伙企业						
私营有限责任公司	4033193	3011067	3550524	2707076	2442916	1855985
私营股份有限公司	4150	3138	4150	3138	1685	1323
其他企业	9353	16590	9353	16590	9353	16590
港澳台商投资企业	**20461**	**16767**	**19797**	**15977**	**18798**	**15074**
港澳台合资经营企业	16294	12700	16294	12700	15295	11797
港澳台合作经营企业						
港澳台独资经营企业	664	790				
港澳台商投资股份有限公司	3504	3277	3504	3277	3504	3277
外商投资企业	**803329**	**396948**	**803329**	**396948**	**599143**	**371035**
中外合资经营企业	794445	386573	794445	386573	595410	367334
中外合作经营企业						
外资企业	8884	10375	8884	10375	3733	3701
外商投资股份有限公司						

3—17 续表2

登记注册类型	非自有配送中心配送商品购进额		商品销售额（万元）		商品零售额	
	2005年	2004年	2005年	2004年	2005年	2004年
总 计	**3543512**	**2585313**	**55001522**	**41579700**	**35240480**	**26078363**
内资企业	**3338327**	**2558497**	**54275045**	**41227994**	**34672881**	**25774400**
国有企业	125853	129210	12011988	10075501	8249761	6920848
集体企业	11579	10561	46729	44304	44431	40638
股份合作企业	8650	8391	966183	735135	964139	733832
联营企业			414600	636256	259847	337311
国有联营企业			34525	28830	28992	24611
集体联营企业						
国有与集体联营企业			357923	589081	208702	294355
其他联营企业			22152	18345	22152	18345
有限责任公司	269965	218047	6310093	4326955	5050625	3506711
国有独资公司			84121	75133	46679	43279
其他有限责任公司	269965	218047	6225972	4251822	5003947	3463433
股份有限公司	1811165	1338112	30403796	22229944	16407474	11340710
私营企业	1111115	854176	4110593	3157521	3687533	2873247
私营独资企业	1041	1269	2016	2064	1578	1738
私营合伙企业						
私营有限责任公司	1107609	851091	4105672	3153349	3683860	2869679
私营股份有限公司	2465	1815	2905	2107	2096	1829
其他企业			11063	22379	9071	21103
港澳台商投资企业	**999**	**903**	**20376**	**18372**	**12998**	**12108**
港澳台合资经营企业	999	903	15399	13631	10175	9370
港澳台合作经营企业						
港澳台独资经营企业			1587	1579	1587	1579
港澳台商投资股份有限公司			3389	3162	1236	1159
外商投资企业	**204186**	**25913**	**706101**	**333333**	**554600**	**291856**
中外合资经营企业	199035	19239	686179	316845	536544	275989
中外合作经营企业						
外资企业	5151	6674	19922	16488	18056	15866
外商投资股份有限公司						

3—18 限额以上直营连锁加油站情况

（按登记注册类型分）

登记注册类型	门店总数（个）		营业面积（平方米）		从业人员（人）	
	2005 年	2004 年	2005 年	2004 年	2005 年	2004 年
总　计	**20863**	**19671**	**39378691**	**37648907**	**184907**	**171774**
内资企业	**20861**	**19669**	**39372961**	**37643177**	**184829**	**171696**
国有企业	6203	5436	11577464	10989742	47874	44758
集体企业						
股份合作企业	419	420	461687	462787	3921	3710
联营企业	2	2	5831	5831	40	40
国有联营企业	2	2	5831	5831	40	40
集体联营企业						
国有与集体联营企业						
其他联营企业						
有限责任公司	19	19	33460	33460	241	244
国有独资公司						
其他有限责任公司	19	19	33460	33460	241	244
股份有限公司	14199	13762	27292949	26148507	132644	122760
私营企业						
私营独资企业						
私营合伙企业						
私营有限责任公司						
私营股份有限公司						
其他企业	19	30	1570	2850	109	184
港澳台商投资企业						
港澳台合资经营企业						
港澳台合作经营企业						
港澳台独资经营企业						
港澳台商投资股份有限公司						
外商投资企业	**2**	**2**	**5730**	**5730**	**78**	**78**
中外合资经营企业	2	2	5730	5730	78	78
中外合作经营企业						
外资企业						
外商投资股份有限公司						

3—18 续表1

登记注册类型	商品购进总额（万元）		统一配送商品购进额		自有配送中心配送商品购进额	
	2005年	2004年	2005年	2004年	2005年	2004年
总　计	**32659766**	**23598706**	**27581682**	**19910650**	**26068623**	**18758491**
内资企业	**32652882**	**23586187**	**27574798**	**19898131**	**26068623**	**18758491**
国有企业	7741695	5996217	6002574	4661652	5991872	4644216
集体企业						
股份合作企业	950327	719711	950327	719711	941835	711533
联营企业	55480	59780				
国有联营企业	55480	59780				
集体联营企业						
国有与集体联营企业						
其他联营企业						
有限责任公司	47130	27374	34652	18622	34652	18622
国有独资公司						
其他有限责任公司	47130	27374	34652	18622	34652	18622
股份有限公司	23851121	16774982	20580115	14490022	19093134	13375997
私营企业						
私营独资企业						
私营合伙企业						
私营有限责任公司						
私营股份有限公司						
其他企业	7130	8123	7130	8123	7130	8123
港澳台商投资企业						
港澳台合资经营企业						
港澳台合作经营企业						
港澳台独资经营企业						
港澳台商投资股份有限公司						
外商投资企业	**6884**	**12519**	**6884**	**12519**		
中外合资经营企业	6884	12519	6884	12519		
中外合作经营企业						
外资企业						
外商投资股份有限公司						

3—18　续表2

登记注册类型	非自有配送中心配送商品购进额		商品销售额（万元）		商品零售额	
	2005年	2004年	2005年	2004年	2005年	2004年
总　计	**1513059**	**1152159**	**37348263**	**28697419**	**21615200**	**16126621**
内资企业	**1506175**	**1139640**	**37341852**	**28692135**	**21608789**	**16121337**
国有企业	10702	17436	9785622	8241014	6634191	5633388
集体企业						
股份合作企业	8492	8178	951099	720183	951099	720183
联营企业			9481	7317	9481	7317
国有联营企业			9481	7317	9481	7317
集体联营企业						
国有与集体联营企业						
其他联营企业						
有限责任公司			50079	29823	50079	29823
国有独资公司						
其他有限责任公司			50079	29823	50079	29823
股份有限公司	1486981	1114026	26537365	19684459	13956143	9720780
私营企业						
私营独资企业						
私营合伙企业						
私营有限责任公司						
私营股份有限公司						
其他企业			8207	9338	7796	9845
港澳台商投资企业						
港澳台合资经营企业						
港澳台合作经营企业						
港澳台独资经营企业						
港澳台商投资股份有限公司						
外商投资企业	**6884**	**12519**	**6411**	**5284**	**6411**	**5284**
中外合资经营企业	6884	12519	6411	5284	6411	5284
中外合作经营企业						
外资企业						
外商投资股份有限公司						

3—19 限额以上直营连锁专卖店情况

（按登记注册类型分）

登记注册类型	门店总数（个）		营业面积（平方米）		从业人员（人）	
	2005 年	2004 年	2005 年	2004 年	2005 年	2004 年
总　　计	**1970**	**1772**	**209300**	**190549**	**24107**	**21683**
内资企业	**1523**	**1402**	**179413**	**166134**	**17103**	**15584**
国有企业	90	98	8662	8237	799	847
集体企业	100	94	14621	10011	1628	1166
股份合作企业	4	2	2220	830	77	70
联营企业						
国有联营企业						
集体联营企业						
国有与集体联营企业						
其他联营企业						
有限责任公司	536	537	64578	71848	5012	5433
国有独资公司	38	30	1896	1450	168	127
其他有限责任公司	498	507	62682	70398	4844	5306
股份有限公司	98	90	14935	14883	683	693
私营企业	695	581	74397	60325	8904	7375
私营独资企业	32	34	1890	1950	368	395
私营合伙企业						
私营有限责任公司	663	547	72507	58375	8536	6980
私营股份有限公司						
其他企业						
港澳台商投资企业	**180**	**139**	**13566**	**11538**	**1211**	**1151**
港澳台合资经营企业	159	118	9038	6888	510	663
港澳台合作经营企业	3	4	429	623	95	82
港澳台独资经营企业	18	17	4099	4027	606	406
港澳台商投资股份有限公司						
外商投资企业	**267**	**231**	**16321**	**12877**	**5793**	**4948**
中外合资经营企业	3	3	315	275	76	71
中外合作经营企业	202	164	11763	8851	4440	3530
外资企业	62	64	4243	3751	1277	1347
外商投资股份有限公司						

3—19 续表1

登记注册类型	商品购进总额（万元）		统一配送商品购进额		自有配送中心配送商品购进额	
	2005年	2004年	2005年	2004年	2005年	2004年
总　　计	**1121687**	**848590**	**599195**	**476779**	**572113**	**433717**
内资企业	**735940**	**571294**	**303247**	**291719**	**277633**	**262576**
国有企业	101441	83078	15219	13085	15219	13085
集体企业	41334	35715	14641	11075	14307	10496
股份合作企业	261467	121250				
联营企业						
国有联营企业						
集体联营企业						
国有与集体联营企业						
其他联营企业						
有限责任公司	176882	205579	174068	186128	162332	172931
国有独资公司	2146	16120				
其他有限责任公司	174736	189459	174068	186128	162332	172931
股份有限公司	21481	20945	19463	18903	15273	14510
私营企业	133336	104727	79856	62530	70502	51554
私营独资企业	3035	2991	2405	2391	1188	1127
私营合伙企业						
私营有限责任公司	130301	101736	77451	60138	69314	50427
私营股份有限公司						
其他企业						
港澳台商投资企业	**24030**	**19465**	**24022**	**19459**	**24022**	**19459**
港澳台合资经营企业	13827	10517	13827	10517	13827	10517
港澳台合作经营企业	600	757	600	757	600	757
港澳台独资经营企业	9604	8190	9596	8184	9596	8184
港澳台商投资股份有限公司						
外商投资企业	**361716**	**257831**	**271925**	**165601**	**270458**	**151682**
中外合资经营企业	8865	8475	8865	8475	8865	8475
中外合作经营企业	334346	234231	244555	142001	243587	141101
外资企业	18505	15125	18505	15125	18005	2106
外商投资股份有限公司						

3—19 续表 2

登记注册类型	非自有配送中心配送商品购进额		商品销售额（万元）		商品零售额	
	2005 年	2004 年	2005 年	2004 年	2005 年	2004 年
总　　计	**27081**	**43062**	**1269744**	**1042732**	**863308**	**789340**
内资企业	**25614**	**29143**	**841515**	**692401**	**591564**	**527964**
国有企业			164849	160658	164465	160155
集体企业	334	579	42563	42800	42018	42152
股份合作企业			226523	121730	97373	79844
联营企业						
国有联营企业						
集体联营企业						
国有与集体联营企业						
其他联营企业						
有限责任公司	11736	13196	201632	206822	104390	106368
国有独资公司			2595	1508	2595	1508
其他有限责任公司	11736	13196	199037	205314	101795	104860
股份有限公司	4190	4393	24303	24621	24303	24621
私营企业	9354	10975	181645	135769	159015	114824
私营独资企业	1217	1264	3961	3961	2323	2348
私营合伙企业						
私营有限责任公司	8137	9711	177684	131808	156692	112476
私营股份有限公司						
其他企业						
港澳台商投资企业			**53907**	**95313**	**53059**	**95313**
港澳台合资经营企业			38748	30837	38526	30837
港澳台合作经营企业			1693	1874	1693	1874
港澳台独资经营企业			13466	62602	12840	62602
港澳台商投资股份有限公司						
外商投资企业	**1468**	**13919**	**374322**	**255018**	**218685**	**166064**
中外合资经营企业			7874	7784	7874	7784
中外合作经营企业	968	900	342058	225259	200510	150097
外资企业	500	13019	24390	21976	10301	8183
外商投资股份有限公司						

3—20 限额以上直营连锁便利店情况

（按登记注册类型分）

登记注册类型	门店总数（个）		营业面积（平方米）		从业人员（人）	
	2005年	2004年	2005年	2004年	2005年	2004年
总　计	**7658**	**6762**	**1239449**	**1102943**	**64389**	**59652**
内资企业	**7109**	**6391**	**1162878**	**1067492**	**59402**	**56634**
国有企业	373	367	45544	33319	3917	3221
集体企业	48	43	31139	29539	1091	1124
股份合作企业	15	14	7500	7400	174	204
联营企业						
国有联营企业						
集体联营企业						
国有与集体联营企业						
其他联营企业						
有限责任公司	5875	5157	865817	789718	44490	42564
国有独资公司						
其他有限责任公司	5875	5157	865817	789718	44490	42564
股份有限公司	120	89	60420	59430	2400	2365
私营企业	654	696	139204	135952	6925	6661
私营独资企业	50	46	21523	21528	1128	1068
私营合伙企业						
私营有限责任公司	589	635	95337	90380	5085	5027
私营股份有限公司	15	15	22344	24044	712	566
其他企业	24	25	13254	12134	405	495
港澳台商投资企业	**390**	**259**	**56520**	**20762**	**3464**	**1961**
港澳台合资经营企业	368	246	48250	15693	2726	1617
港澳台合作经营企业	22	13	8270	5069	738	344
港澳台独资经营企业						
港澳台商投资股份有限公司						
外商投资企业	**159**	**112**	**20051**	**14689**	**1523**	**1057**
中外合资经营企业	159	112	20051	14689	1523	1057
中外合作经营企业						
外资企业						
外商投资股份有限公司						

3—20 续表1

登记注册类型	商品购进总额（万元）		统一配送商品购进额		自有配送中心配送商品购进额	
	2005年	2004年	2005年	2004年	2005年	2004年
总　计	**1596750**	**1266880**	**1452660**	**1091146**	**824665**	**609733**
内资企业	**1350777**	**1173892**	**1206687**	**998158**	**601543**	**533940**
国有企业	40719	38144	19441	16705	18563	15629
集体企业	24365	25117	12632	10317	12572	10254
股份合作企业	127	307	127	307	127	307
联营企业						
国有联营企业						
集体联营企业						
国有与集体联营企业						
其他联营企业						
有限责任公司	1154358	976705	1057812	851888	490034	430198
国有独资公司						
其他有限责任公司	1154358	976705	1057812	851888	490034	430198
股份有限公司	14023	13997	11871	11651	11871	11651
私营企业	112146	115421	99764	103088	63337	61699
私营独资企业	1813	1748	1269	1224	1269	1224
私营合伙企业						
私营有限责任公司	95362	99273	91009	94664	54583	53276
私营股份有限公司	14971	14400	7485	7200	7485	7200
其他企业	5039	4202	5039	4202	5039	4202
港澳台商投资企业	**222686**	**75934**	**222686**	**75934**	**220357**	**73564**
港澳台合资经营企业	63578	31256	63578	31256	61249	28886
港澳台合作经营企业	159108	44678	159108	44678	159108	44678
港澳台独资经营企业						
港澳台商投资股份有限公司						
外商投资企业	**23288**	**17054**	**23288**	**17054**	**2765**	**2228**
中外合资经营企业	23288	17054	23288	17054	2765	2228
中外合作经营企业						
外资企业						
外商投资股份有限公司						

3—20 续表 2

登记注册类型	非自有配送中心配送商品购进额		商品销售额（万元）		商品零售额	
	2005 年	2004 年	2005 年	2004 年	2005 年	2004 年
总　　计	**627995**	**481413**	**1945424**	**1535956**	**1556461**	**1294967**
内资企业	**605144**	**464218**	**1674014**	**1430178**	**1446139**	**1231923**
国有企业	878	1076	47114	47562	40673	40894
集体企业	61	62	29958	34333	29958	34333
股份合作企业			1020	980	1020	980
联营企业						
国有联营企业						
集体联营企业						
国有与集体联营企业						
其他联营企业						
有限责任公司	567779	421690	1443347	1212058	1248572	1037772
国有独资公司						
其他有限责任公司	567779	421690	1443347	1212058	1248572	1037772
股份有限公司			18142	17466	18142	17466
私营企业	36427	41389	129552	112934	105910	98729
私营独资企业			4293	3567	4293	3567
私营合伙企业						
私营有限责任公司	36427	41389	109780	95076	86138	80871
私营股份有限公司			15479	14291	15479	14291
其他企业			4883	4846	1865	1750
港澳台商投资企业	**2329**	**2370**	**236044**	**80191**	**74956**	**37458**
港澳台合资经营企业	2329	2370	70022	33571	70022	33571
港澳台合作经营企业			166022	46620	4934	3887
港澳台独资经营企业						
港澳台商投资股份有限公司						
外商投资企业	**20523**	**14825**	**35366**	**25586**	**35366**	**25586**
中外合资经营企业	20523	14825	35366	25586	35366	25586
中外合作经营企业						
外资企业						
外商投资股份有限公司						

3—21 限额以上直营连锁仓储会员店情况

（按登记注册类型分）

登记注册类型	门店总数（个）		营业面积（平方米）		从业人员（人）	
	2005年	2004年	2005年	2004年	2005年	2004年
总　计	105	82	295290	226486	10199	7427
内资企业	75	58	27712	26071	1044	969
国有企业						
集体企业						
股份合作企业						
联营企业						
国有联营企业						
集体联营企业						
国有与集体联营企业						
其他联营企业						
有限责任公司	40	34	23915	24105	911	870
国有独资公司						
其他有限责任公司	40	34	23915	24105	911	870
股份有限公司						
私营企业	35	24	3797	1966	133	99
私营独资企业						
私营合伙企业						
私营有限责任公司	35	24	3797	1966	133	99
私营股份有限公司						
其他企业						
港澳台商投资企业						
港澳台合资经营企业						
港澳台合作经营企业						
港澳台独资经营企业						
港澳台商投资股份有限公司						
外商投资企业	30	24	267578	200415	9155	6458
中外合资经营企业	3	1	58751	18088	1584	446
中外合作经营企业	27	23	208827	182327	7571	6012
外资企业						
外商投资股份有限公司						

3—21 续表1

登记注册类型	商品购进总额（万元）		统一配送商品购进额		自有配送中心配送商品购进额	
	2005年	2004年	2005年	2004年	2005年	2004年
总　计	787400	638316	771111	626685	33113	26725
内资企业	49402	38356	33113	26725	33113	26725
国有企业						
集体企业						
股份合作企业						
联营企业						
国有联营企业						
集体联营企业						
国有与集体联营企业						
其他联营企业						
有限责任公司	27467	25109	25694	23299	25694	23299
国有独资公司						
其他有限责任公司	27467	25109	25694	23299	25694	23299
股份有限公司						
私营企业	21935	13247	7419	3426	7419	3426
私营独资企业						
私营合伙企业						
私营有限责任公司	21935	13247	7419	3426	7419	3426
私营股份有限公司						
其他企业						
港澳台商投资企业						
港澳台合资经营企业						
港澳台合作经营企业						
港澳台独资经营企业						
港澳台商投资股份有限公司						
外商投资企业	737998	599960	737998	599960		
中外合资经营企业	58178	29597	58178	29597		
中外合作经营企业	679820	570364	679820	570364		
外资企业						
外商投资股份有限公司						

3—21 续表2

登记注册类型	非自有配送中心配送商品购进额		商品销售额（万元）		商品零售额	
	2005年	2004年	2005年	2004年	2005年	2004年
总　计	737998	599960	860656	706661	845508	696400
内资企业			45720	38316	30572	28055
国有企业						
集体企业						
股份合作企业						
联营企业						
国有联营企业						
集体联营企业						
国有与集体联营企业						
其他联营企业						
有限责任公司			23207	24736	23081	24736
国有独资公司						
其他有限责任公司			23207	24736	23081	24736
股份有限公司						
私营企业			22513	13580	7491	3319
私营独资企业						
私营合伙企业						
私营有限责任公司			22513	13580	7491	3319
私营股份有限公司						
其他企业						
港澳台商投资企业						
港澳台合资经营企业						
港澳台合作经营企业						
港澳台独资经营企业						
港澳台商投资股份有限公司						
外商投资企业	737998	599960	814936	668346	814936	668346
中外合资经营企业	58178	29597	60303	33700	60303	33700
中外合作经营企业	679820	570364	754633	634646	754633	634646
外资企业						
外商投资股份有限公司						

3—22 限额以上直营连锁家居建材商店情况

（按登记注册类型分）

登记注册类型	门店总数（个）		营业面积（平方米）		从业人员（人）	
	2005 年	2004 年	2005 年	2004 年	2005 年	2004 年
总　计	93	78	1293763	1123213	12383	13558
内资企业	67	59	916565	828515	7637	9498
国有企业						
集体企业						
股份合作企业						
联营企业						
国有联营企业						
集体联营企业						
国有与集体联营企业						
其他联营企业						
有限责任公司	54	46	735598	647548	5682	7619
国有独资公司						
其他有限责任公司	54	46	735598	647548	5682	7619
股份有限公司	11	11	174417	174417	1837	1762
私营企业	2	2	6550	6550	118	117
私营独资企业						
私营合伙企业						
私营有限责任公司	2	2	6550	6550	118	117
私营股份有限公司						
其他企业						
港澳台商投资企业						
港澳台合资经营企业						
港澳台合作经营企业						
港澳台独资经营企业						
港澳台商投资股份有限公司						
外商投资企业	26	19	377198	294698	4746	4060
中外合资经营企业	19	13	269600	198600	3318	2741
中外合作经营企业	3	3	57500	57500	488	519
外资企业	4	3	50098	38598	940	800
外商投资股份有限公司						

3—22 续表1

登记注册类型	商品购进总额（万元）		统一配送商品购进额		自有配送中心配送商品购进额	
	2005年	2004年	2005年	2004年	2005年	2004年
总　　计	888108	792501	415805	335099	127278	103222
内资企业	581780	558444	149811	135851	40564	37042
国有企业						
集体企业						
股份合作企业						
联营企业						
国有联营企业						
集体联营企业						
国有与集体联营企业						
其他联营企业						
有限责任公司	492090	478016	60120	55423	16423	11658
国有独资公司						
其他有限责任公司	492090	478016	60120	55423	16423	11658
股份有限公司	87467	78519	87467	78519	24140	25384
私营企业	2224	1909	2224	1909		
私营独资企业						
私营合伙企业						
私营有限责任公司	2224	1909	2224	1909		
私营股份有限公司						
其他企业						
港澳台商投资企业						
港澳台合资经营企业						
港澳台合作经营企业						
港澳台独资经营企业						
港澳台商投资股份有限公司						
外商投资企业	306328	234057	265994	199247	86714	66180
中外合资经营企业	196030	134160	155696	99350	7961	4282
中外合作经营企业	36739	40598	36739	40598	5195	2599
外资企业	73558	59299	73558	59299	73558	59299
外商投资股份有限公司						

3—22 续表 2

登记注册类型	非自有配送中心配送商品购进额		商品销售额（万元）		商品零售额	
	2005 年	2004 年	2005 年	2004 年	2005 年	2004 年
总　计	288527	231877	1025674	936048	887256	892395
内资企业	109247	98809	681397	647173	565749	621957
国有企业						
集体企业						
股份合作企业						
联营企业						
国有联营企业						
集体联营企业						
国有与集体联营企业						
其他联营企业						
有限责任公司	43697	43765	580795	556920	465147	531705
国有独资公司						
其他有限责任公司	43697	43765	580795	556920	465147	531705
股份有限公司	63326	53136	97541	87435	97541	87435
私营企业	2224	1909	3061	2817	3061	2817
私营独资企业						
私营合伙企业						
私营有限责任公司	2224	1909	3061	2817	3061	2817
私营股份有限公司						
其他企业						
港澳台商投资企业						
港澳台合资经营企业						
港澳台合作经营企业						
港澳台独资经营企业						
港澳台商投资股份有限公司						
外商投资企业	179280	133068	344277	288875	321507	270438
中外合资经营企业	147736	95068	223264	177960	200495	159523
中外合作经营企业	31544	37999	37566	41166	37566	41166
外资企业			83447	69749	83447	69749
外商投资股份有限公司						

3—23 限额以上加盟连锁零售业情况

（按登记注册类型分）

登记注册类型	门店总数（个）		营业面积（平方米）		从业人员（人）	
	2005 年	2004 年	2005 年	2004 年	2005 年	2004 年
总　计	**29389**	**22790**	**7082119**	**5792150**	**261683**	**220228**
内资企业	**27097**	**21322**	**5608188**	**4666869**	**200499**	**172903**
国有企业	718	587	533155	485403	8595	10376
集体企业	508	60	35624	4570	1793	487
股份合作企业	221	183	68115	47313	1013	780
联营企业	149	147	225180	150950	14816	8560
国有联营企业						
集体联营企业						
国有与集体联营企业	149	147	225180	150950	14816	8560
其他联营企业						
有限责任公司	12779	9489	1392147	1026644	60691	49865
国有独资公司	687	471	80165	71100	4331	3354
其他有限责任公司	12092	9018	1311982	955544	56360	46511
股份有限公司	7605	6361	2372204	1973195	77412	68955
私营企业	4565	3949	950775	948181	35097	32813
私营独资企业	493	493	23442	25020	4114	4435
私营合伙企业	15	22	5300	11400	114	265
私营有限责任公司	3990	3371	905233	895461	30584	27863
私营股份有限公司	67	63	16800	16300	285	250
其他企业	552	546	30988	30613	1082	1067
港澳台商投资企业	**99**	**114**	**337480**	**286502**	**8595**	**6658**
港澳台合资经营企业	80	98	336910	285885	8523	6598
港澳台合作经营企业						
港澳台独资经营企业	19	16	570	617	72	60
港澳台商投资股份有限公司						
外商投资企业	**2193**	**1354**	**1136451**	**838779**	**52589**	**40667**
中外合资经营企业	1319	1150	659741	565768	30689	25456
中外合作经营企业	858	194	476250	272711	21837	15169
外资企业	16	10	460	300	63	42
外商投资股份有限公司						

3—23 续表 1

登记注册类型	商品购进总额（万元）		统一配送商品购进额		自有配送中心配送商品购进额	
	2005 年	2004 年	2005 年	2004 年	2005 年	2004 年
总　计	**9170765**	**8154151**	**5468964**	**4768718**	**4547620**	**3523088**
内资企业	**7711030**	**6623700**	**4807132**	**3841367**	**4186748**	**3232848**
国有企业	443450	367063	133056	113223	131907	111784
集体企业	2402	1038	1874	389	1473	72
股份合作企业	45364	33070	45364	33070	45364	33070
联营企业	930384	713208	465192	463585	465192	463585
国有联营企业						
集体联营企业						
国有与集体联营企业	930384	713208	465192	463585	465192	463585
其他联营企业						
有限责任公司	1163483	930293	895799	706897	745020	588902
国有独资公司	326467	230189	131001	63509	131001	63509
其他有限责任公司	837016	700104	764798	643388	614019	525394
股份有限公司	3453153	2623719	2970910	2323680	2528974	1867874
私营企业	1669173	1952248	291315	197463	265197	164500
私营独资企业	17424	15996	17424	15996	17424	15996
私营合伙企业	1096	3924	803	1023	803	1023
私营有限责任公司	1635061	1916297	268172	175472	242054	142510
私营股份有限公司	15592	16031	4917	4971	4917	4971
其他企业	3621	3062	3621	3062	3621	3062
港澳台商投资企业	**360112**	**318221**	**360112**	**318221**	**211420**	**190884**
港澳台合资经营企业	360025	318133	360025	318133	211333	190796
港澳台合作经营企业						
港澳台独资经营企业	87	89	87	89	87	89
港澳台商投资股份有限公司						
外商投资企业	**1099623**	**1212230**	**301720**	**609130**	**149451**	**99355**
中外合资经营企业	919951	703909	122048	100809	102452	86030
中外合作经营企业	177808	507268	177808	507268	45136	12272
外资企业	1864	1053	1864	1053	1864	1053
外商投资股份有限公司						

3—23　续表 2

登记注册类型	非自有配送中心配送商品购进额		商品销售额（万元）		商品零售额	
	2005 年	2004 年	2005 年	2004 年	2005 年	2004 年
总　计	**921344**	**1245630**	**11587316**	**9941041**	**9935917**	**8777815**
内资企业	**620384**	**608519**	**8868607**	**7795197**	**7217961**	**6728225**
国有企业	1149	1439	444106	391144	444041	391080
集体企业	401	317	17987	1918	17987	1768
股份合作企业			55657	38327	55657	38327
联营企业			965606	697990	904185	602620
国有联营企业						
集体联营企业						
国有与集体联营企业			965606	697990	904185	602620
其他联营企业						
有限责任公司	150779	117994	1201938	990104	953017	853835
国有独资公司			71060	69778	65448	64860
其他有限责任公司	150779	117994	1130878	920326	887569	788975
股份有限公司	441936	455805	4370097	3534570	3114257	2759724
私营企业	26118	32963	1805748	2135749	1722048	2076375
私营独资企业			24005	22845	261	423
私营合伙企业			1081	4168	1081	4168
私营有限责任公司	26118	32963	1765350	2093569	1705394	2056617
私营股份有限公司			15312	15168	15312	15168
其他企业			7468	5396	6768	4496
港澳台商投资企业	**148692**	**127337**	**493985**	**491898**	**493985**	**491898**
港澳台合资经营企业	148692	127337	493851	491844	493851	491844
港澳台合作经营企业						
港澳台独资经营企业			134	54	134	54
港澳台商投资股份有限公司						
外商投资企业	**152269**	**509775**	**2224725**	**1653946**	**2223971**	**1557692**
中外合资经营企业	19596	14779	1129066	857283	1129066	857283
中外合作经营企业	132673	494996	1093795	795609	1093041	699355
外资企业			1864	1053	1864	1053
外商投资股份有限公司						

3－24 限额以上加盟连锁百货商店情况

（按登记注册类型分）

登记注册类型	门店总数（个）		营业面积（平方米）		从业人员（人）	
	2005年	2004年	2005年	2004年	2005年	2004年
总　　计	**2207**	**1959**	**616632**	**505438**	**24333**	**24296**
内资企业	**2200**	**1950**	**475032**	**338505**	**22156**	**22151**
国有企业	16	20	15335	27120	4647	7010
集体企业						
股份合作企业						
联营企业						
国有联营企业						
集体联营企业						
国有与集体联营企业						
其他联营企业						
有限责任公司	91	85	148000	91146	4838	4466
国有独资公司	5	5	51000	50000	2538	2000
其他有限责任公司	86	80	97000	41146	2300	2466
股份有限公司	2084	1841	283197	206039	12153	10336
私营企业	9	4	28500	14200	518	339
私营独资企业						
私营合伙企业						
私营有限责任公司	9	4	28500	14200	518	339
私营股份有限公司						
其他企业						
港澳台商投资企业	**5**	**7**	**85400**	**110733**	**1615**	**1609**
港澳台合资经营企业	5	7	85400	110733	1615	1609
港澳台合作经营企业						
港澳台独资经营企业						
港澳台商投资股份有限公司						
外商投资企业	**2**	**2**	**56200**	**56200**	**562**	**536**
中外合资经营企业						
中外合作经营企业	2	2	56200	56200	562	536
外资企业						
外商投资股份有限公司						

3—24 续表1

登记注册类型	商品购进总额（万元）		统一配送商品购进额		自有配送中心配送商品购进额	
	2005年	2004年	2005年	2004年	2005年	2004年
总　计	623316	365401	453290	238727	300734	169987
内资企业	474460	227300	304434	100626	224280	100565
国有企业	15323	17620	14767	17620	14614	17559
集体企业						
股份合作企业						
联营企业						
国有联营企业						
集体联营企业						
国有与集体联营企业						
其他联营企业						
有限责任公司	133771	69780	132103	68519	132103	68519
国有独资公司	125877	60576	125877	60576	125877	60576
其他有限责任公司	7894	9205	6225	7943	6225	7943
股份有限公司	318440	137650	155083	14473	75083	14473
私营企业	6926	2249	2481	14	2481	14
私营独资企业						
私营合伙企业						
私营有限责任公司	6926	2249	2481	14	2481	14
私营股份有限公司						
其他企业						
港澳台商投资企业	76453	69422	76453	69422	76453	69422
港澳台合资经营企业	76453	69422	76453	69422	76453	69422
港澳台合作经营企业						
港澳台独资经营企业						
港澳台商投资股份有限公司						
外商投资企业	72403	68680	72403	68680		
中外合资经营企业						
中外合作经营企业	72403	68680	72403	68680		
外资企业						
外商投资股份有限公司						

3—24 续表 2

登记注册类型	非自有配送中心配送商品购进额		商品销售额（万元）		商品零售额	
	2005 年	2004 年	2005 年	2004 年	2005 年	2004 年
总　计	**152556**	**68741**	**799496**	**602365**	**722931**	**551431**
内资企业	**80154**	**61**	**580944**	**353460**	**504379**	**302525**
国有企业	154	61	16896	20085	16896	20085
集体企业						
股份合作企业						
联营企业						
国有联营企业						
集体联营企业						
国有与集体联营企业						
其他联营企业						
有限责任公司			113580	126710	99965	110577
国有独资公司			56118	49178	50506	44260
其他有限责任公司			57462	77532	49459	66317
股份有限公司	80000		444889	204885	381939	170085
私营企业			5579	1780	5579	1779
私营独资企业						
私营合伙企业						
私营有限责任公司			5579	1780	5579	1779
私营股份有限公司						
其他企业						
港澳台商投资企业			**110242**	**146610**	**110242**	**146610**
港澳台合资经营企业			110242	146610	110242	146610
港澳台合作经营企业						
港澳台独资经营企业						
港澳台商投资股份有限公司						
外商投资企业	**72403**	**68680**	**108310**	**102296**	**108310**	**102296**
中外合资经营企业						
中外合作经营企业	72403	68680	108310	102296	108310	102296
外资企业						
外商投资股份有限公司						

3—25 限额以上加盟连锁超级市场情况

（按登记注册类型分）

登记注册类型	门店总数（个）		营业面积（平方米）		从业人员（人）	
	2005年	2004年	2005年	2004年	2005年	2004年
总计	**5766**	**4507**	**2542786**	**1999344**	**102559**	**85411**
内资企业	**4547**	**3434**	**1284610**	**1064482**	**49489**	**42959**
国有企业	6	17	1906	1465	29	120
集体企业						
股份合作企业	105	74	60000	40000	510	301
联营企业						
国有联营企业						
集体联营企业						
国有与集体联营企业						
其他联营企业						
有限责任公司	1421	807	337599	237214	11793	9467
国有独资公司						
其他有限责任公司	1421	807	337599	237214	11793	9467
股份有限公司	2803	2335	759280	678874	32799	29223
私营企业	212	201	125825	106929	4358	3848
私营独资企业	4	4	890	670	55	52
私营合伙企业	15	22	5300	11400	114	265
私营有限责任公司	188	172	118035	93559	4089	3461
私营股份有限公司	5	3	1600	1300	100	70
其他企业						
港澳台商投资企业	**71**	**59**	**251405**	**174005**	**6892**	**4945**
港澳台合资经营企业	71	59	251405	174005	6892	4945
港澳台合作经营企业						
港澳台独资经营企业						
港澳台商投资股份有限公司						
外商投资企业	**1148**	**1014**	**1006771**	**760857**	**46178**	**37507**
中外合资经营企业	1118	991	644978	554434	29121	24550
中外合作经营企业	30	23	361793	206423	17057	12957
外资企业						
外商投资股份有限公司						

3—25 续表1

登记注册类型	商品购进总额（万元）		统一配送商品购进额		自有配送中心配送商品购进额	
	2005年	2004年	2005年	2004年	2005年	2004年
总　　计	**2559592**	**2948322**	**1732543**	**2327069**	**1160131**	**1320576**
内资企业	**1318822**	**1589295**	**1289675**	**1571143**	**924911**	**1116955**
国有企业	131	20	10		10	
集体企业						
股份合作企业	40000	28000	40000	28000	40000	28000
联营企业						
国有联营企业						
集体联营企业						
国有与集体联营企业						
其他联营企业						
有限责任公司	84252	73642	75916	68970	68217	61951
国有独资公司						
其他有限责任公司	84252	73642	75916	68970	68217	61951
股份有限公司	1120906	1426596	1120298	1425736	778343	993755
私营企业	73533	61038	53451	48437	38342	33249
私营独资企业	336	299	336	299	336	299
私营合伙企业	1096	3924	803	1023	803	1023
私营有限责任公司	71759	56584	51971	46884	36862	31696
私营股份有限公司	342	231	342	231	342	231
其他企业						
港澳台商投资企业	**283440**	**247198**	**283440**	**247198**	**134748**	**119861**
港澳台合资经营企业	283440	247198	283440	247198	134748	119861
港澳台合作经营企业						
港澳台独资经营企业						
港澳台商投资股份有限公司						
外商投资企业	**957330**	**1111828**	**159427**	**508728**	**100472**	**83760**
中外合资经营企业	898375	686860	100472	83760	100472	83760
中外合作经营企业	58955	424968	58955	424968		
外资企业						
外商投资股份有限公司						

3—25 续表 2

登记注册类型	非自有配送中心配送商品购进额		商品销售额（万元）		商品零售额	
	2005 年	2004 年	2005 年	2004 年	2005 年	2004 年
总　计	572411	1006493	4321700	3963836	4245572	3859839
内资企业	364764	454188	1899482	2111359	1823354	2102736
国有企业			85	15	85	15
集体企业						
股份合作企业			51070	34125	51070	34125
联营企业						
国有联营企业						
集体联营企业						
国有与集体联营企业						
其他联营企业						
有限责任公司	7700	7020	247181	144493	172253	136828
国有独资公司						
其他有限责任公司	7700	7020	247181	144493	172253	136828
股份有限公司	341956	431981	1514291	1854693	1513633	1854243
私营企业	15109	15188	86855	78033	86313	77525
私营独资企业			261	423	261	423
私营合伙企业			1081	4168	1081	4168
私营有限责任公司	15109	15188	85001	73274	84459	72766
私营股份有限公司			512	168	512	168
其他企业						
港澳台商投资企业	148692	127337	383455	338178	383455	338178
港澳台合资经营企业	148692	127337	383455	338178	383455	338178
港澳台合作经营企业						
港澳台独资经营企业						
港澳台商投资股份有限公司						
外商投资企业	58955	424968	2038763	1514300	2038763	1418925
中外合资经营企业			1101061	836778	1101061	836778
中外合作经营企业	58955	424968	937702	677522	937702	582147
外资企业						
外商投资股份有限公司						

3—26 限额以上加盟连锁专业店情况

（按登记注册类型分）

登记注册类型	门店总数（个）		营业面积（平方米）		从业人员（人）	
	2005年	2004年	2005年	2004年	2005年	2004年
总 计	**13975**	**11177**	**3408037**	**2934369**	**98026**	**82955**
内资企业	**13966**	**11160**	**3407674**	**2933685**	**97994**	**82901**
国有企业	587	453	509052	450755	3374	2756
集体企业	1	1	150	150	9	8
股份合作企业	116	109	8115	7313	503	479
联营企业	149	147	225180	150950	14816	8560
国有联营企业						
集体联营企业						
国有与集体联营企业	149	147	225180	150950	14816	8560
其他联营企业						
有限责任公司	7770	5809	649336	491486	27644	22213
国有独资公司	632	418	27109	19308	1592	1161
其他有限责任公司	7138	5391	622227	472178	26052	21052
股份有限公司	1917	1536	1302936	1068902	29516	27024
私营企业	2885	2573	683277	734996	21065	20812
私营独资企业						
私营合伙企业						
私营有限责任公司	2885	2573	683277	734996	21065	20812
私营股份有限公司						
其他企业	541	532	29628	29133	1067	1049
港澳台商投资企业						
港澳台合资经营企业						
港澳台合作经营企业						
港澳台独资经营企业						
港澳台商投资股份有限公司						
外商投资企业	**9**	**17**	**363**	**684**	**32**	**54**
中外合资经营企业	9	17	363	684	32	54
中外合作经营企业						
外资企业						
外商投资股份有限公司						

3—26 续表1

登记注册类型	商品购进总额（万元）		统一配送商品购进额		自有配送中心配送商品购进额	
	2005年	2004年	2005年	2004年	2005年	2004年
总　计	**5323290**	**4314714**	**2844776**	**1869239**	**2808622**	**1816160**
内资企业	**5321310**	**4312444**	**2842796**	**1866969**	**2806642**	**1813889**
国有企业	423861	346057	116625	94257	115630	92878
集体企业						
股份合作企业	5364	5070	5364	5070	5364	5070
联营企业	930384	713208	465192	463585	465192	463585
国有联营企业						
集体联营企业						
国有与集体联营企业	930384	713208	465192	463585	465192	463585
其他联营企业						
有限责任公司	463759	371373	410462	328078	384905	303511
国有独资公司	6310	2933	5124	2933	5124	2933
其他有限责任公司	457449	368440	405338	325146	379781	300579
股份有限公司	1994851	1041134	1677046	866143	1672406	856660
私营企业	1500069	1832942	165086	107175	160124	89524
私营独资企业						
私营合伙企业						
私营有限责任公司	1500069	1832942	165086	107175	160124	89524
私营股份有限公司						
其他企业	3021	2662	3021	2662	3021	2662
港澳台商投资企业						
港澳台合资经营企业						
港澳台合作经营企业						
港澳台独资经营企业						
港澳台商投资股份有限公司						
外商投资企业	**1980**	**2270**	**1980**	**2270**	**1980**	**2270**
中外合资经营企业	1980	2270	1980	2270	1980	2270
中外合作经营企业						
外资企业						
外商投资股份有限公司						

3—26 续表2

登记注册类型	非自有配送中心配送商品购进额		商品销售额（万元）		商品零售额	
	2005年	2004年	2005年	2004年	2005年	2004年
总　计	**36155**	**53080**	**5857967**	**4878674**	**4402144**	**3908482**
内资企业	**36155**	**53080**	**5855035**	**4876657**	**4399212**	**3906465**
国有企业	995	1379	413453	359274	413388	359210
集体企业			171	143	171	143
股份合作企业			4587	4202	4587	4202
联营企业			965606	697990	904185	602620
国有联营企业						
集体联营企业						
国有与集体联营企业			965606	697990	904185	602620
其他联营企业						
有限责任公司	25557	24567	497719	393404	343571	287012
国有独资公司			6170	2893	6170	2893
其他有限责任公司	25557	24567	491549	390511	337401	284119
股份有限公司	4640	9483	2367712	1439024	1175480	699428
私营企业	4963	17651	1599019	1978124	1551062	1949354
私营独资企业						
私营合伙企业						
私营有限责任公司	4963	17651	1599019	1978124	1551062	1949354
私营股份有限公司						
其他企业			6768	4496	6768	4496
港澳台商投资企业						
港澳台合资经营企业						
港澳台合作经营企业						
港澳台独资经营企业						
港澳台商投资股份有限公司						
外商投资企业			**2932**	**2017**	**2932**	**2017**
中外合资经营企业			2932	2017	2932	2017
中外合作经营企业						
外资企业						
外商投资股份有限公司						

3—27 限额以上加盟连锁加油站情况

（按登记注册类型分）

登记注册类型	门店总数（个）		营业面积（平方米）		从业人员（人）	
	2005年	2004年	2005年	2004年	2005年	2004年
总　　计	548	510	911467	865973	5016	4712
内资企业	548	510	911467	865973	5016	4712
国有企业	141	128	140260	126850	742	721
集体企业						
股份合作企业						
联营企业						
国有联营企业						
集体联营企业						
国有与集体联营企业						
其他联营企业						
有限责任公司						
国有独资公司						
其他有限责任公司						
股份有限公司	407	382	771207	739123	4274	3991
私营企业						
私营独资企业						
私营合伙企业						
私营有限责任公司						
私营股份有限公司						
其他企业						
港澳台商投资企业						
港澳台合资经营企业						
港澳台合作经营企业						
港澳台独资经营企业						
港澳台商投资股份有限公司						
外商投资企业						
中外合资经营企业						
中外合作经营企业						
外资企业						
外商投资股份有限公司						

3—27 续表1

登记注册类型	商品购进总额（万元）		统一配送商品购进额		自有配送中心配送商品购进额	
	2005年	2004年	2005年	2004年	2005年	2004年
总　　计	**640488**	**469461**	**553483**	**393321**	**553483**	**393321**
内资企业	**640488**	**469461**	**553483**	**393321**	**553483**	**393321**
国有企业	106513	78045	91753	66444	91753	66444
集体企业						
股份合作企业						
联营企业						
国有联营企业						
集体联营企业						
国有与集体联营企业						
其他联营企业						
有限责任公司						
国有独资公司						
其他有限责任公司						
股份有限公司	533974	391416	461730	326877	461730	326877
私营企业						
私营独资企业						
私营合伙企业						
私营有限责任公司						
私营股份有限公司						
其他企业						
港澳台商投资企业						
港澳台合资经营企业						
港澳台合作经营企业						
港澳台独资经营企业						
港澳台商投资股份有限公司						
外商投资企业						
中外合资经营企业						
中外合作经营企业						
外资企业						
外商投资股份有限公司						

3—27 续表2

登记注册类型	非自有配送中心配送商品购进额		商品销售额（万元）		商品零售额	
	2005年	2004年	2005年	2004年	2005年	2004年
总　　计			674859	537568	279383	245312
内资企业			674859	537568	279383	245312
国有企业			86224	83665	86224	83665
集体企业						
股份合作企业						
联营企业						
国有联营企业						
集体联营企业						
国有与集体联营企业						
其他联营企业						
有限责任公司						
国有独资公司						
其他有限责任公司						
股份有限公司			588635	453903	193159	161647
私营企业						
私营独资企业						
私营合伙企业						
私营有限责任公司						
私营股份有限公司						
其他企业						
港澳台商投资企业						
港澳台合资经营企业						
港澳台合作经营企业						
港澳台独资经营企业						
港澳台商投资股份有限公司						
外商投资企业						
中外合资经营企业						
中外合作经营企业						
外资企业						
外商投资股份有限公司						

3—28 限额以上加盟连锁专卖店情况

（按登记注册类型分）

登记注册类型	门店总数（个）		营业面积（平方米）		从业人员（人）	
	2005年	2004年	2005年	2004年	2005年	2004年
总　计	**3748**	**3044**	**204711**	**151274**	**20503**	**16445**
内资企业	**2883**	**2817**	**145319**	**139122**	**16134**	**14623**
国有企业	72	63	4642	4023	360	320
集体企业	23	17	7876	3690	768	348
股份合作企业						
联营企业						
国有联营企业						
集体联营企业						
国有与集体联营企业						
其他联营企业						
有限责任公司	1254	1376	75457	78184	6932	6183
国有独资公司	50	48	2056	1792	201	193
其他有限责任公司	1204	1328	73401	76392	6731	5990
股份有限公司	733	609	22531	17590	2682	2254
私营企业	801	752	34813	35635	5392	5518
私营独资企业	489	489	22552	24350	4059	4383
私营合伙企业						
私营有限责任公司	312	263	12261	11285	1333	1135
私营股份有限公司						
其他企业						
港澳台商投资企业	**23**	**48**	**675**	**1764**	**88**	**104**
港澳台合资经营企业	4	32	105	1147	16	44
港澳台合作经营企业						
港澳台独资经营企业	19	16	570	617	72	60
港澳台商投资股份有限公司						
外商投资企业	**842**	**179**	**58717**	**10388**	**4281**	**1718**
中外合资经营企业						
中外合作经营企业	826	169	58257	10088	4218	1676
外资企业	16	10	460	300	63	42
外商投资股份有限公司						

3—28 续表1

登记注册类型	商品购进总额（万元）		统一配送商品购进额		自有配送中心配送商品购进额	
	2005年	2004年	2005年	2004年	2005年	2004年
总　　计	**379405**	**337762**	**181650**	**168340**	**157879**	**144586**
内资企业	**330872**	**321487**	**133117**	**152066**	**110661**	**129660**
国有企业						
集体企业						
股份合作企业						
联营企业						
国有联营企业						
集体联营企业						
国有与集体联营企业						
其他联营企业						
有限责任公司	276372	274066	82092	107386	74977	99321
国有独资公司	194280	166680				
其他有限责任公司	82092	107386	82092	107386	74977	99321
股份有限公司	16250	15119	16249	15113	909	772
私营企业	38250	32302	34775	29567	34775	29567
私营独资企业	17088	15697	17088	15697	17088	15697
私营合伙企业						
私营有限责任公司	21162	16604	17688	13870	17688	13870
私营股份有限公司						
其他企业						
港澳台商投资企业	**219**	**1601**	**219**	**1601**	**219**	**1601**
港澳台合资经营企业	132	1512	132	1512	132	1512
港澳台合作经营企业						
港澳台独资经营企业	87	89	87	89	87	89
港澳台商投资股份有限公司						
外商投资企业	**48314**	**14673**	**48314**	**14673**	**46999**	**13325**
中外合资经营企业						
中外合作经营企业	46451	13620	46451	13620	45136	12272
外资企业	1864	1053	1864	1053	1864	1053
外商投资股份有限公司						

3—28 续表2

登记注册类型	非自有配送中心配送商品购进额		商品销售额（万元）		商品零售额	
	2005年	2004年	2005年	2004年	2005年	2004年
总　计	**23771**	**23755**	**284404**	**262716**	**245272**	**228135**
内资企业	**22456**	**22407**	**234470**	**238760**	**196092**	**205059**
国有企业			9620	8047	9620	8047
集体企业			14843	509	14843	509
股份合作企业						
联营企业						
国有联营企业						
集体联营企业						
国有与集体联营企业						
其他联营企业						
有限责任公司	7115	8065	115803	150807	112524	147200
国有独资公司			8772	17707	8772	17707
其他有限责任公司	7115	8065	107031	133100	103752	129493
股份有限公司	15340	14342	41069	34727	41069	34727
私营企业			53135	44670	18035	14576
私营独资企业			23744	22422		
私营合伙企业						
私营有限责任公司			29391	22248	18035	14576
私营股份有限公司						
其他企业						
港澳台商投资企业			**287**	**7111**	**287**	**7111**
港澳台合资经营企业			153	7057	153	7057
港澳台合作经营企业						
港澳台独资经营企业			134	54	134	54
港澳台商投资股份有限公司						
外商投资企业	**1315**	**1348**	**49647**	**16845**	**48893**	**15966**
中外合资经营企业						
中外合作经营企业	1315	1348	47783	15792	47029	14913
外资企业			1864	1053	1864	1053
外商投资股份有限公司						

3—29 限额以上加盟连锁便利店情况

（按登记注册类型分）

登记注册类型	门店总数（个）		营业面积（平方米）		从业人员（人）	
	2005 年	2004 年	2005 年	2004 年	2005 年	2004 年
总　计	3560	2062	296673	194465	15867	10935
内资企业	3368	1920	282273	183815	14331	10083
国有企业	37	34	2220	2040	185	170
集体企业	404	2	21958	70	779	5
股份合作企业						
联营企业						
国有联营企业						
集体联营企业						
国有与集体联营企业						
其他联营企业						
有限责任公司	2190	1411	174115	122014	9326	7476
国有独资公司						
其他有限责任公司	2190	1411	174115	122014	9326	7476
股份有限公司	68	40	4260	1790	262	118
私营企业	658	419	78360	56421	3764	2296
私营独资企业						
私营合伙企业						
私营有限责任公司	596	359	63160	41421	3579	2116
私营股份有限公司	62	60	15200	15000	185	180
其他企业	11	14	1360	1480	15	18
港澳台商投资企业						
港澳台合资经营企业						
港澳台合作经营企业						
港澳台独资经营企业						
港澳台商投资股份有限公司						
外商投资企业	192	142	14400	10650	1536	852
中外合资经营企业	192	142	14400	10650	1536	852
中外合作经营企业						
外资企业						
外商投资股份有限公司						

3—29 续表1

登记注册类型	商品购进总额（万元）		统一配送商品购进额		自有配送中心配送商品购进额	
	2005年	2004年	2005年	2004年	2005年	2004年
总　计	**280967**	**183497**	**256304**	**165024**	**120254**	**71779**
内资企业	**261371**	**168718**	**236708**	**150246**	**120254**	**71779**
国有企业	4135	3366	1654	1346	1654	1346
集体企业	1575	240	1473	72	1473	72
股份合作企业						
联营企业						
国有联营企业						
集体联营企业						
国有与集体联营企业						
其他联营企业						
有限责任公司	201961	137774	195227	133942	84819	55600
国有独资公司						
其他有限责任公司	201961	137774	195227	133942	84819	55600
股份有限公司	2706	3220	2233	2215	2233	2215
私营企业	50396	23718	35522	12270	29475	12146
私营独资企业						
私营合伙企业						
私营有限责任公司	35146	7918	30947	7530	24900	7406
私营股份有限公司	15250	15800	4575	4740	4575	4740
其他企业	600	400	600	400	600	400
港澳台商投资企业						
港澳台合资经营企业						
港澳台合作经营企业						
港澳台独资经营企业						
港澳台商投资股份有限公司						
外商投资企业	**19596**	**14779**	**19596**	**14779**		
中外合资经营企业	19596	14779	19596	14779		
中外合作经营企业						
外资企业						
外商投资股份有限公司						

3—29 续表 2

登记注册类型	非自有配送中心配送商品购进额		商品销售额（万元）		商品零售额	
	2005 年	2004 年	2005 年	2004 年	2005 年	2004 年
总　　计	**136050**	**93245**	**318913**	**228529**	**315842**	**225157**
内资企业	**116454**	**78467**	**293840**	**210041**	**290769**	**206669**
国有企业			4052	3723	4052	3723
集体企业			1992	240	1992	240
股份合作企业						
联营企业						
国有联营企业						
集体联营企业						
国有与集体联营企业						
其他联营企业						
有限责任公司	110408	78342	223799	170795	221529	168323
国有独资公司						
其他有限责任公司	110408	78342	223799	170795	221529	168323
股份有限公司			2137	1241	2137	1241
私营企业	6047	124	61160	33142	61059	33142
私营独资企业						
私营合伙企业						
私营有限责任公司	6047	124	46360	18142	46259	18142
私营股份有限公司			14800	15000	14800	15000
其他企业			700	900		
港澳台商投资企业						
港澳台合资经营企业						
港澳台合作经营企业						
港澳台独资经营企业						
港澳台商投资股份有限公司						
外商投资企业	**19596**	**14779**	**25073**	**18488**	**25073**	**18488**
中外合资经营企业	19596	14779	25073	18488	25073	18488
中外合作经营企业						
外资企业						
外商投资股份有限公司						

3—30 限额以上加盟连锁仓储会员店情况

（按登记注册类型分，2005 年）

登记注册类型	门店总数（个）	营业面积（平方米）	从业人员（人）	商品购进总额（万元）	商品销售额（万元）
总 计	52	1040	104	526	680
内资企业	52	1040	104	526	680
国有企业					
集体企业					
股份合作企业					
联营企业					
国有联营企业					
集体联营企业					
国有与集体联营企业					
其他联营企业					
有限责任公司	52	1040	104	526	680
国有独资公司					
其他有限责任公司	52	1040	104	526	680
股份有限公司					
私营企业					
私营独资企业					
私营合伙企业					
私营有限责任公司					
私营股份有限公司					
其他企业					
港澳台商投资企业					
港澳台合资经营企业					
港澳台合作经营企业					
港澳台独资经营企业					
港澳台商投资股份有限公司					
外商投资企业					
中外合资经营企业					
中外合作经营企业					
外资企业					
外商投资股份有限公司					

3—31　限额以上加盟连锁家居建材商店情况

（按登记注册类型分）

登记注册类型	门店总数（个）		营业面积（平方米）		从业人员（人）	
	2005 年	2004 年	2005 年	2004 年	2005 年	2004 年
总　　计	1	1	6600	6600	54	60
内资企业	1	1	6600	6600	54	60
国有企业						
集体企业						
股份合作企业						
联营企业						
国有联营企业						
集体联营企业						
国有与集体联营企业						
其他联营企业						
有限责任公司	1	1	6600	6600	54	60
国有独资公司						
其他有限责任公司	1	1	6600	6600	54	60
股份有限公司						
私营企业						
私营独资企业						
私营合伙企业						
私营有限责任公司						
私营股份有限公司						
其他企业						
港澳台商投资企业						
港澳台合资经营企业						
港澳台合作经营企业						
港澳台独资经营企业						
港澳台商投资股份有限公司						
外商投资企业						
中外合资经营企业						
中外合作经营企业						
外资企业						
外商投资股份有限公司						

3—31 续表1

登记注册类型	商品购进总额（万元）		商品销售额（万元）		商品零售额	
	2005年	2004年	2005年	2004年	2005年	2004年
总　计	2843	3657	3176	3895	3176	3895
内资企业	2843	3657	3176	3895	3176	3895
国有企业						
集体企业						
股份合作企业						
联营企业						
国有联营企业						
集体联营企业						
国有与集体联营企业						
其他联营企业						
有限责任公司	2843	3657	3176	3895	3176	3895
国有独资公司						
其他有限责任公司	2843	3657	3176	3895	3176	3895
股份有限公司						
私营企业						
私营独资企业						
私营合伙企业						
私营有限责任公司						
私营股份有限公司						
其他企业						
港澳台商投资企业						
港澳台合资经营企业						
港澳台合作经营企业						
港澳台独资经营企业						
港澳台商投资股份有限公司						
外商投资企业						
中外合资经营企业						
中外合作经营企业						
外资企业						
外商投资股份有限公司						

3—32 各地区限额以上连锁零售业集团(企业)数

(按业态分,2005 年)

单位:个

地区	合计	百货商店	超级市场	专业店	加油站	专卖店	便利店	仓储会员店	家居建材商店	其他
全国	**1416**	**79**	**406**	**715**	**83**	**100**	**90**	**7**	**15**	**4**
北京	132	3	31	49	1	31	12	1	1	4
天津	17		6	6	1	3	1		1	
河北	36	2	18	9		3	4			
山西	32	2	11	14	1	1	4			
内蒙古	12	1	4	7	1					
辽宁	25	1	6	12	2	2	4			
吉林	12	1	4	7	1					
黑龙江	17	1	4	12	1					
上海	71	1	36	17	1	4	7	1	5	
江苏	118	2	37	65	2	6	7		1	
浙江	143		50	67	2	10	14		2	
安徽	44	2	20	21	2	1				
福建	81	6	16	55	19	2	2			
江西	29	4	3	21	2	1				
山东	79	13	18	41	2	2	3	1	1	
河南	73	5	31	22		5	9	1		
湖北	86	5	23	49	8	7	2			
湖南	45	2	13	22	3	4	4			
广东	142	16	33	69	9	13	5	2	4	
广西	37		4	31	15		2			
海南	7		2	5	1					
重庆	38	2	8	26	1	1	1			
四川	34	2	11	18	2	1	2			
贵州	19	2	1	13	2		2	1		
云南	24	1	4	17			2			
西藏										
陕西	13	1	3	6	1	1	2			
甘肃	8		2	6	1					
青海	6	2	1	3						
宁夏	7		3	4	1					
新疆	29	2	3	21	1	2	1			

3—33 各地区限额以上连锁零售业集团(企业)构成

(按业态分,2005 年)

单位:%

地区	合计	百货商店	超级市场	专业店	加油站	专卖店	便利店	仓储会员店	家居建材商店	其他
全国	100.0	100.0	100.0	100.0	100.0	100.0	100.0	100.0	100.0	100.0
北京	9.3	3.8	7.6	6.9	1.2	31.0	13.3	14.3	6.7	100.0
天津	1.2		1.5	0.8	1.2	3.0	1.1		6.7	
河北	2.5	2.5	4.4	1.3		3.0	4.4			
山西	2.3	2.5	2.7	2.0	1.2	1.0	4.4			
内蒙古	0.8	1.3	1.0	1.0	1.2					
辽宁	1.8	1.3	1.5	1.7	2.4	2.0	4.4			
吉林	0.8	1.3	1.0	1.0	1.2					
黑龙江	1.2	1.3	1.0	1.7	1.2					
上海	5.0	1.3	8.9	2.4	1.2	4.0	7.8	14.3	33.3	
江苏	8.3	2.5	9.1	9.1	2.4	6.0	7.8		6.7	
浙江	10.1		12.3	9.4	2.4	10.0	15.6		13.3	
安徽	3.1	2.5	4.9	2.9	2.4	1.0				
福建	5.7	7.6	3.9	7.7	22.9	2.0	2.2			
江西	2.0	5.1	0.7	2.9	2.4	1.0				
山东	5.6	16.5	4.4	5.7	2.4	2.0	3.3	14.3	6.7	
河南	5.2	6.3	7.6	3.1		5.0	10.0	14.3		
湖北	6.1	6.3	5.7	6.9	9.6	7.0	2.2			
湖南	3.2	2.5	3.2	3.1	3.6	4.0	4.4			
广东	10.0	20.3	8.1	9.7	11.8	13.0	5.6	28.6	26.7	
广西	2.6		1.0	4.3	18.1		2.2			
海南	0.5		0.5	0.7	1.2					
重庆	2.7	2.5	2.0	3.6	1.2	1.0	1.1			
四川	2.4	2.5	2.7	2.5	2.4	1.0	2.2			
贵州	1.3	2.5	0.2	1.8	2.4		2.2	14.3		
云南	1.7	1.3	1.0	2.4			2.2			
西藏										
陕西	0.9	1.3	0.7	0.8	1.2	1.0	2.2			
甘肃	0.6		0.5	0.8	1.2					
青海	0.4	2.5	0.2	0.4						
宁夏	0.5		0.7	0.6	1.2					
新疆	2.0	2.5	0.7	2.9	1.2	2.0	1.1			

3—34 各地区限额以上连锁零售业门店数

（按业态分）

单位：个

地　区	2005年	2004年	百货商店		超级市场		专业店		加油站	
			2005年	2004年	2005年	2004年	2005年	2004年	2005年	2004年
全　国	**90476**	**77631**	**3438**	**3016**	**15421**	**12877**	**54241**	**47825**	**21411**	**20181**
北　京	4726	4203	17	16	1137	1118	2072	1844	443	426
天　津	1183	1070	2	2	466	423	537	520	417	418
河　北	2100	1427	20	17	420	194	857	637	3	3
山　西	955	799	9	13	70	59	398	332	37	23
内蒙古	1355	1276	21	18	31	21	1270	1203	1183	1096
辽　宁	2951	2757	1	1	46	43	2240	2074	1295	1240
吉　林	505	462	74	73	51	51	332	312	13	17
黑龙江	810	625	148	149	37	38	599	412	151	151
上　海	10146	9179	10	6	2446	1980	3392	3176	536	496
江　苏	9778	8120	612	509	4000	3416	3871	3137	421	399
浙　江	8023	6055			1804	1349	3770	3463	1809	1747
安　徽	4882	3396	66	52	687	556	3943	2654	1698	1152
福　建	1924	1761	49	43	168	136	1557	1465	863	843
江　西	2072	1983	23	19	54	49	1831	1793	1105	1024
山　东	6816	6210	1749	1573	722	612	4115	3892	2760	2746
河　南	1961	1687	42	41	543	495	698	572		
湖　北	3085	2650	110	106	775	609	1825	1569	528	515
湖　南	2935	2551	34	25	208	160	2533	2173	1732	1604
广　东	8059	7313	210	155	746	693	5589	5146	2196	2117
广　西	2017	2004	2	2	256	173	1660	1772	1068	1132
海　南	323	315	1	1	7	9	282	290	231	235
重　庆	4663	4208	104	93	120	99	4307	3893	597	599
四　川	3083	2189	37	34	235	208	1630	1193	102	91
贵　州	1199	1112	21	18	12	9	1009	966	769	732
云　南	1731	1256	16	19	42	35	1585	1111	2	2
西　藏	8	12					2	4		
陕　西	612	585	5	4	99	94	180	178	10	10
甘　肃	1329	1267			71	77	1245	1180	1085	1038
青　海	119	91	48	18	23	25	38	40		
宁　夏	361	380			23	39	335	338	230	218
新　疆	666	602	7	9	24	21	539	486	127	107
港澳台及国外	99	86			98	86				

3—34 续表

单位:个

地区	专卖店		便利店		仓储会员店		家居建材商店		其他	
	2005年	2004年	2005年	2004年	2005年	2004年	2005年	2004年	2005年	2004年
全国	**5718**	**4816**	**11218**	**8824**	**157**	**82**	**94**	**79**	**189**	**112**
北京	669	540	631	565	3	1	8	7	189	112
天津	156	101	15	17	1	1	6	6		
河北	389	273	414	306						
山西	73	61	404	333			1	1		
内蒙古	33	34								
辽宁	110	95	546	536	2	2	6	6		
吉林	47	26					1			
黑龙江	24	24			1	1	1	1		
上海	274	244	3992	3748	4	4	28	21		
江苏	472	445	817	609	3	2	3	2		
浙江	493	399	1950	838	2	2	4	4		
安徽	184	132					2	2		
福建	112	91	35	24	2	2	1			
江西	163	121			1	1				
山东	118	58	97	58	9	12	6	5		
河南	491	467	130	112	57					
湖北	237	226	132	134	2	2	4	4		
湖南	97	135	61	56	1	1	1	1		
广东	807	753	652	525	37	25	18	16		
广西	78	32	21	25						
海南	33	15								
重庆	54	48	76	73	1	1	1	1		
四川	195	142	982	609	1	1	3	2		
贵州	42	21	87	75	28	23				
云南	65	69	22	22	1					
西藏	5	7	1	1						
陕西	190	168	137	140	1	1				
甘肃	13	10								
青海	10	8								
宁夏	3	3								
新疆	80	68	16	18						
港澳台及国外	1									

3—35 各地区限额以上直营连锁零售业门店数

（按业态分）

单位：个

地区	2005年	2004年	百货商店		超级市场		专业店		加油站	
			2005年	2004年	2005年	2004年	2005年	2004年	2005年	2004年
全国	61087	54841	1231	1057	9655	8370	40266	36648	20863	19671
北京	3673	3353	17	16	789	790	1719	1522	443	426
天津	1061	993	2	2	465	422	498	481	417	418
河北	1191	895	20	17	183	161	773	532	3	3
山西	441	397	9	13	68	57	224	179	37	23
内蒙古	1301	1216	21	18	23	16	1257	1182	1183	1096
辽宁	2204	2063	1	1	42	39	1728	1543	1213	1159
吉林	270	349	74	73	51	48	144	228	13	17
黑龙江	697	540	148	149	37	38	506	350	151	151
上海	7402	6828	8	4	1453	1220	2962	2751	442	407
江苏	5412	4585	36	32	1723	1606	2792	2304	421	399
浙江	5380	4700			1103	794	3359	3129	1809	1747
安徽	2284	1633	56	31	330	252	1857	1289	1557	1024
福建	1618	1468	42	36	166	135	1362	1259	863	843
江西	1889	1835	23	19	36	29	1814	1770	1105	1024
山东	4415	4119	187	151	401	346	3714	3546	2760	2746
河南	1080	901	31	37	436	390	357	245		
湖北	2240	2009	93	89	662	533	1217	1124	522	509
湖南	2540	2270	33	25	197	149	2179	1947	1732	1604
广东	5662	5262	197	147	632	595	3841	3696	2183	2117
广西	1515	1554	2	2	191	124	1301	1403	1034	1096
海南	277	289			7	8	270	281	231	235
重庆	1955	1925	104	93	109	91	1652	1658	597	599
四川	1865	1415	37	34	172	164	758	681	102	91
贵州	1090	1031	21	18	12	9	942	906	751	715
云南	1108	838	16	19	33	29	1037	770		
西藏										
陕西	354	364	5	4	99	94	151	149	10	10
甘肃	1152	1092			71	77	1081	1015	927	887
青海	84	63	41	18	20	22	23	23		
宁夏	333	331			23	25	310	306	230	218
新疆	496	437	7	9	23	21	438	379	127	107
港澳台和国外	98	86			98	86				

3—35 续表 单位:个

地区	专卖店		便利店		仓储会员店		家居建材商店		其他	
	2005年	2004年	2005年	2004年	2005年	2004年	2005年	2004年	2005年	2004年
全国	**1970**	**1772**	**7658**	**6762**	**105**	**82**	**93**	**78**	**109**	**72**
北京	424	387	604	558	3	1	8	7	109	72
天津	74	64	15	17	1	1	6	6		
河北	59	53	156	132						
山西	17	18	122	129			1	1		
内蒙古										
辽宁	21	22	404	450	2	2	6	6		
吉林							1			
黑龙江	4	1			1	1	1	1		
上海	158	143	2790	2686	4	4	27	20		
江苏	172	137	683	502	3	2	3	2		
浙江	282	204	630	567	2	2	4	4		
安徽	39	59					2	2		
福建	10	12	35	24	2	2	1			
江西	15	16			1	1				
山东	12	15	86	44	9	12	6	5		
河南	121	117	130	112	5					
湖北	145	138	117	119	2	2	4	4		
湖南	68	91	61	56	1	1	1	1		
广东	310	262	627	521	37	25	18	16		
广西			21	25						
海南										
重庆	12	8	76	73	1	1	1	1		
四川	11	11	883	522	1	1	3	2		
贵州			87	75	28	23				
云南			21	20	1					
西藏										
陕西	2	2	96	114	1	1				
甘肃										
青海										
宁夏										
新疆	14	12	14	16						
港澳台和国外										

3—36 各地区限额以上加盟连锁零售业门店数

（按业态分）

单位:个

地区	2005年	2004年	百货商店		超级市场		专业店		加油站	
			2005年	2004年	2005年	2004年	2005年	2004年	2005年	2004年
全国	**29389**	**22790**	**2207**	**1959**	**5766**	**4507**	**13975**	**11177**	**548**	**510**
北京	1053	850			348	328	353	322		
天津	122	77			1	1	39	39		
河北	909	532			237	33	84	105		
山西	514	402			2	2	174	153		
内蒙古	54	60			8	5	13	21		
辽宁	747	694			4	4	512	531	82	81
吉林	235	113				3	188	84		
黑龙江	113	85					93	62		
上海	2744	2351	2	2	993	760	430	425	94	89
江苏	4366	3535	576	477	2277	1810	1079	833		
浙江	2643	1355			701	555	411	334		
安徽	2598	1763	10	21	357	304	2086	1365	141	128
福建	306	293	7	7	2	1	195	206		
江西	183	148			18	20	17	23		
山东	2401	2091	1562	1422	321	266	401	346		
河南	881	786	11	4	107	105	341	327		
湖北	845	641	17	17	113	76	608	445	6	6
湖南	395	281	1		11	11	354	226		
广东	2397	2051	13	8	114	98	1748	1450	13	
广西	502	450			65	49	359	369	34	36
海南	46	26	1	1		1	12	9		
重庆	2708	2283			11	8	2655	2235		
四川	1218	774			63	44	872	512		
贵州	109	81					67	60	18	17
云南	623	418			9	6	548	341	2	2
西藏	8	12					2	4		
陕西	258	221					29	29		
甘肃	177	175					164	165	158	151
青海	35	28	7		3	3	15	17		
宁夏	28	49				14	25	32		
新疆	170	165			1		101	107		
港澳台及国外	1									

3—36 续表

单位:个

地区	专卖店		便利店		仓储会员店		家居建材商店		其他	
	2005年	2004年	2005年	2004年	2005年	2004年	2005年	2004年	2005年	2004年
全国	**3748**	**3044**	**3560**	**2062**	**52**		**1**	**1**	**80**	**40**
北京	245	153	27	7					80	40
天津	82	37								
河北	330	220	258	174						
山西	56	43	282	204						
内蒙古	33	34								
辽宁	89	73	142	86						
吉林	47	26								
黑龙江	20	23								
上海	116	101	1202	1062			1	1		
江苏	300	308	134	107						
浙江	211	195	1320	271						
安徽	145	73								
福建	102	79								
江西	148	105								
山东	106	43	11	14						
河南	370	350			52					
湖北	92	88	15	15						
湖南	29	44								
广东	497	491	25	4						
广西	78	32								
海南	33	15								
重庆	42	40								
四川	184	131	99	87						
贵州	42	21								
云南	65	69	1	2						
西藏	5	7	1	1						
陕西	188	166	41	26						
甘肃	13	10								
青海	10	8								
宁夏	3	3								
新疆	66	56	2	2						
港澳台及国外	1									

3—37 各地区限额以上连锁零售业门店数

（按登记注册类型分）

单位：个

地区	合计		直营店		加盟店	
	2005年	2004年	2005年	2004年	2005年	2004年
全国	**90476**	**77631**	**61087**	**54841**	**29389**	**22790**
北京	4726	4203	3673	3353	1053	850
天津	1183	1070	1061	993	122	77
河北	2100	1427	1191	895	909	532
山西	955	799	441	397	514	402
内蒙古	1355	1276	1301	1216	54	60
辽宁	2951	2757	2204	2063	747	694
吉林	505	462	270	349	235	113
黑龙江	810	625	697	540	113	85
上海	10146	9179	7402	6828	2744	2351
江苏	9778	8120	5412	4585	4366	3535
浙江	8023	6055	5380	4700	2643	1355
安徽	4882	3396	2284	1633	2598	1763
福建	1924	1761	1618	1468	306	293
江西	2072	1983	1889	1835	183	148
山东	6816	6210	4415	4119	2401	2091
河南	1961	1687	1080	901	881	786
湖北	3085	2650	2240	2009	845	641
湖南	2935	2551	2540	2270	395	281
广东	8059	7313	5662	5262	2397	2051
广西	2017	2004	1515	1554	502	450
海南	323	315	277	289	46	26
重庆	4663	4208	1955	1925	2708	2283
四川	3083	2189	1865	1415	1218	774
贵州	1199	1112	1090	1031	109	81
云南	1731	1256	1108	838	623	418
西藏	8	12			8	12
陕西	612	585	354	364	258	221
甘肃	1329	1267	1152	1092	177	175
青海	119	91	84	63	35	28
宁夏	361	380	333	331	28	49
新疆	666	602	496	437	170	165
港澳台及国外	99	86	98	86	1	

3—38 各地区限额以上内资企业连锁零售业门店数

（按登记注册类型分）

单位：个

地区	合计		直营店		加盟店	
	2005年	2004年	2005年	2004年	2005年	2004年
全国	**85223**	**73790**	**58126**	**52468**	**27097**	**21322**
北京	4391	3999	3394	3149	997	850
天津	986	892	900	836	86	56
河北	1982	1407	1190	894	792	513
山西	954	799	440	397	514	402
内蒙古	1335	1260	1301	1216	34	44
辽宁	2887	2716	2188	2049	699	667
吉林	502	459	267	346	235	113
黑龙江	802	620	689	535	113	85
上海	9714	8839	7187	6656	2527	2183
江苏	8139	6744	4651	3990	3488	2754
浙江	7825	5898	5204	4561	2621	1337
安徽	4584	3202	2254	1624	2330	1578
福建	1868	1733	1589	1440	279	293
江西	2023	1974	1880	1826	143	148
山东	6663	6158	4364	4102	2299	2056
河南	1923	1668	1069	893	854	775
湖北	3023	2599	2199	1976	824	623
湖南	2926	2546	2531	2265	395	281
广东	6972	6473	4811	4574	2161	1899
广西	1961	2003	1514	1553	447	450
海南	300	315	277	289	23	26
重庆	4632	4178	1924	1895	2708	2283
四川	3028	2185	1860	1411	1168	774
贵州	1112	1041	1032	977	80	64
云南	1623	1153	1000	735	623	418
西藏	8	12			8	12
陕西	591	584	353	363	238	221
甘肃	1329	1267	1152	1092	177	175
青海	119	91	84	63	35	28
宁夏	361	380	333	331	28	49
新疆	659	595	489	430	170	165
港澳台及国外	1				1	

3—39 各地区限额以上国有企业连锁零售业门店数

（按登记注册类型分）

单位：个

地 区	合 计		直营店		加盟店	
	2005 年	2004 年	2005 年	2004 年	2005 年	2004 年
全 国	**11960**	**10720**	**11242**	**10133**	**718**	**587**
北 京	280	245	214	184	66	61
天 津	12	15	12	15		
河 北	682	438	666	425	16	13
山 西	26	25	26	25		
内 蒙 古						
辽 宁	308	293	308	293		
吉 林	16	16	16	16		
黑 龙 江	7	7	7	7		
上 海	2060	2016	2023	1982	37	34
江 苏	253	257	253	257		
浙 江	2109	2013	2109	2013		
安 徽	1838	1287	1687	1143	151	144
福 建	20	22	20	22		
江 西	102	103	99	99	3	4
山 东	324	281	227	225	97	56
河 南	74	74	33	42	41	32
湖 北	373	331	348	320	25	11
湖 南	1822	1659	1763	1611	59	48
广 东	469	441	277	298	192	143
广 西	10	17	10	17		
海 南						
重 庆	753	743	753	743		
四 川						
贵 州	51	51	51	51		
云 南						
西 藏						
陕 西	109	110	109	110		
甘 肃	12	12	12	12		
青 海						
宁 夏	98	130	75	89	23	41
新 疆	152	134	144	134	8	
港澳台及国外						

3—40 各地区限额以上集体企业连锁零售业门店数

（按登记注册类型分）

单位：个

地区	合计		直营店		加盟店	
	2005年	2004年	2005年	2004年	2005年	2004年
全国	**1070**	**573**	**562**	**513**	**508**	**60**
北京	146	97	44	41	102	56
天津	250	220	250	220		
河北	2	2	1	1	1	1
山西	2	2	2	2		
内蒙古	5	4	5	4		
辽宁	12	12	12	12		
吉林						
黑龙江	32	38	32	38		
上海						
江苏	31	32	31	32		
浙江	438	27	35	27	403	
安徽	20	15	20	15		
福建	23	24	23	24		
江西						
山东	4	4	4	4		
河南	65	60	65	60		
湖北	6	6	6	6		
湖南						
广东	12	8	11	7	1	1
广西						
海南						
重庆						
四川						
贵州						
云南	22	22	21	20	1	2
西藏						
陕西						
甘肃						
青海						
宁夏						
新疆						
港澳台及国外						

3—41 各地区限额以上股份合作企业连锁零售业门店数

（按登记注册类型分）

单位：个

地 区	合 计		直营店		加盟店	
	2005年	2004年	2005年	2004年	2005年	2004年
全 国	**946**	**824**	**725**	**641**	**221**	**183**
北 京	19	16	19	16		
天 津	417	418	417	418		
河 北	17	11	17	11		
山 西						
内蒙古						
辽 宁						
吉 林						
黑龙江	8	8	1	1	7	7
上 海						
江 苏	12	11	12	11		
浙 江	2	2	2	2		
安 徽	38	17	38	17		
福 建						
江 西						
山 东	298	216	193	142	105	74
河 南	66	52	15	14	51	38
湖 北						
湖 南						
广 东						
广 西	69	73	11	9	58	64
海 南						
重 庆						
四 川						
贵 州						
云 南						
西 藏						
陕 西						
甘 肃						
青 海						
宁 夏						
新 疆						
港澳台及国外						

3—42 各地区限额以上联营企业连锁零售业门店数

（按登记注册类型分）

单位：个

地区	合计		直营店		加盟店	
	2005年	2004年	2005年	2004年	2005年	2004年
全国	**307**	**284**	**158**	**137**	**149**	**147**
北京						
天津						
河北	18	18			18	18
山西						
内蒙古						
辽宁						
吉林						
黑龙江	6	5			6	5
上海						
江苏		1				1
浙江						
安徽						
福建	14	12	14	12		
江西						
山东	142	138	20	18	122	120
河南	3	3			3	3
湖北						
湖南						
广东	124	107	124	107		
广西						
海南						
重庆						
四川						
贵州						
云南						
西藏						
陕西						
甘肃						
青海						
宁夏						
新疆						
港澳台及国外						

3—43　各地区限额以上有限责任公司连锁零售业门店数

（按登记注册类型分）

单位：个

地　区	合　计		直营店		加盟店	
	2005年	2004年	2005年	2004年	2005年	2004年
全　国	**31701**	**25871**	**18922**	**16382**	**12779**	**9489**
北　京	2313	2144	1662	1574	651	570
天　津	144	97	93	69	51	28
河　北	692	444	305	271	387	173
山　西	356	255	208	187	148	68
内蒙古	92	108	84	95	8	13
辽　宁	1277	1132	842	704	435	428
吉　林	209	176	160	144	49	32
黑龙江	55	34	33	19	22	15
上　海	4608	4156	3418	3081	1190	1075
江　苏	3306	2663	2535	2132	771	531
浙　江	3062	2039	1737	1438	1325	601
安　徽	2185	1434	254	224	1931	1210
福　建	353	320	237	196	116	124
江　西	68	50	50	33	18	17
山　东	1113	844	875	679	238	165
河　南	862	757	387	337	475	420
湖　北	1090	901	602	539	488	362
湖　南	505	383	334	274	171	109
广　东	3026	2707	1221	1143	1805	1564
广　西	504	555	207	252	297	303
海　南	42	53	32	40	10	13
重　庆	2079	1865	878	884	1201	981
四　川	2143	1418	1374	931	769	487
贵　州	193	173	172	158	21	15
云　南	850	637	816	602	34	35
西　藏	5	7			5	7
陕　西	191	185	123	141	68	44
甘　肃	146	122	143	119	3	3
青　海						
宁　夏	24	20	22	18	2	2
新　疆	207	192	118	98	89	94
港澳台及国外	1				1	

3—44 各地区限额以上股份有限公司连锁零售业门店数

（按登记注册类型分）

单位：个

地区	合计		直营店		加盟店	
	2005年	2004年	2005年	2004年	2005年	2004年
全国	**27108**	**24940**	**19503**	**18579**	**7605**	**6361**
北京	1011	954	858	819	153	135
天津	38	27	7	7	31	20
河北	217	165	122	104	95	61
山西	81	51	60	39	21	12
内蒙古	1204	1113	1191	1102	13	11
辽宁	1036	997	940	904	96	93
吉林	261	243	86	181	175	62
黑龙江	518	443	511	432	7	11
上海	2665	2313	1383	1251	1282	1062
江苏	3465	2923	1043	938	2422	1985
浙江	898	762	279	229	619	533
安徽	280	249	96	95	184	154
福建	873	843	856	829	17	14
江西	1712	1679	1682	1646	30	33
山东	4571	4441	2905	2912	1666	1529
河南	195	103	139	50	56	53
湖北	998	940	858	829	140	111
湖南	308	241	226	187	82	54
广东	2316	2210	2279	2189	37	21
广西	1278	1264	1196	1198	82	66
海南	235	240	231	235	4	5
重庆	100	83	62	57	38	26
四川	434	409	350	344	84	65
贵州	775	735	751	715	24	20
云南	14	9			14	9
西藏	1	1			1	1
陕西	62	58	43	34	19	24
甘肃	1094	1044	928	887	166	157
青海	93	60	64	41	29	19
宁夏	231	219	230	218	1	1
新疆	144	121	127	107	17	14
港澳台及国外						

3—45 各地区限额以上私营企业连锁零售业门店数

（按登记注册类型分）

单位：个

地区	合计		直营店		加盟店	
	2005年	2004年	2005年	2004年	2005年	2004年
全国	**11398**	**9843**	**6833**	**5894**	**4565**	**3949**
北京	622	543	597	515	25	28
天津	125	115	121	107	4	8
河北	354	329	79	82	275	247
山西	489	466	144	144	345	322
内蒙古	34	35	21	15	13	20
辽宁	254	282	86	136	168	146
吉林	16	24	5	5	11	19
黑龙江	176	85	105	38	71	47
上海	337	304	319	292	18	12
江苏	1072	857	777	620	295	237
浙江	1316	1055	1042	852	274	203
安徽	223	200	159	130	64	70
福建	585	512	439	357	146	155
江西	141	142	49	48	92	94
山东	146	166	86	68	60	98
河南	658	619	430	390	228	229
湖北	556	421	385	282	171	139
湖南	266	226	183	156	83	70
广东	1025	1000	899	830	126	170
广西	52	59	42	42	10	17
海南	23	22	14	14	9	8
重庆	1156	952	228	208	928	744
四川	451	358	136	136	315	222
贵州	93	82	58	53	35	29
云南	737	485	163	113	574	372
西藏	2	4			2	4
陕西	229	231	78	78	151	153
甘肃	77	89	69	74	8	15
青海	26	31	20	22	6	9
宁夏	8	11	6	6	2	5
新疆	149	138	93	81	56	57
港澳台及国外						

3—46 各地区限额以上其他企业连锁零售业门店数

（按登记注册类型分）

单位：个

地区	合计		直营店		加盟店	
	2005年	2004年	2005年	2004年	2005年	2004年
全国	**733**	**735**	**181**	**189**	**552**	**546**
北京						
天津						
河北						
山西						
内蒙古						
辽宁						
吉林						
黑龙江						
上海	44	50	44	50		
江苏						
浙江						
安徽						
福建						
江西						
山东	65	68	54	54	11	14
河南						
湖北						
湖南	25	37	25	37		
广东						
广西	48	35	48	35		
海南						
重庆	544	535	3	3	541	532
四川						
贵州						
云南						
西藏						
陕西						
甘肃						
青海						
宁夏						
新疆	7	10	7	10		
港澳台及国外						

3—47 各地区限额以上港澳台商投资企业连锁零售业门店数

（按登记注册类型分）

单位：个

地 区	合 计		直营店		加盟店	
	2005 年	2004 年	2005 年	2004 年	2005 年	2004 年
全 国	1492	1272	1393	1158	99	114
北 京	30	26	30	26		
天 津	128	119	128	119		
河 北						
山 西						
内 蒙 古						
辽 宁	3	2	3	2		
吉 林						
黑 龙 江						
上 海	37	25	37	25		
江 苏	256	248	248	223	8	25
浙 江	133	112	133	109		3
安 徽						
福 建		3		3		
江 西						
山 东	33		33			
河 南						
湖 北	50	41	31	25	19	16
湖 南						
广 东	635	523	563	453	72	70
广 西						
海 南						
重 庆						
四 川	3	2	3	2		
贵 州	21	22	21	22		
云 南	60	58	60	58		
西 藏						
陕 西						
甘 肃						
青 海						
宁 夏						
新 疆	5	5	5	5		
港澳台及国外	98	86	98	86		

3—48 各地区限额以上外商投资企业连锁零售业门店数

（按登记注册类型分）

单位：个

地区	合计		直营店		加盟店	
	2005年	2004年	2005年	2004年	2005年	2004年
全国	**3761**	**2569**	**1568**	**1215**	**2193**	**1354**
北京	305	178	249	178	56	
天津	69	59	33	38	36	21
河北	118	20	1	1	117	19
山西	1		1			
内蒙古	20	16			20	16
辽宁	61	39	13	12	48	27
吉林	3	3	3	3		
黑龙江	8	5	8	5		
上海	395	315	178	147	217	168
江苏	1383	1128	513	372	870	756
浙江	65	45	43	30	22	15
安徽	298	194	30	9	268	185
福建	56	25	29	25	27	
江西	49	9	9	9	40	
山东	120	52	18	17	102	35
河南	38	19	11	8	27	11
湖北	12	10	10	8	2	2
湖南	9	5	9	5		
广东	452	317	288	235	164	82
广西	56	1	1	1	55	
海南	23				23	
重庆	31	30	31	30		
四川	52	2	2	2	50	
贵州	66	49	37	32	29	17
云南	48	45	48	45		
西藏						
陕西	21	1	1	1	20	
甘肃						
青海						
宁夏						
新疆	2	2	2	2		
港澳台及国外						

3—49 各地区限额以上连锁零售业营业面积

（按业态分）

单位：平方米

地 区	2005 年	2004 年	百货商店		超级市场		专业店		加油站	
			2005 年	2004 年	2005 年	2004 年	2005 年	2004 年	2005 年	2004 年
全 国	**82027379**	**72025758**	**7938329**	**6702261**	**18621268**	**15274241**	**51865204**	**47004279**	**40290158**	**38514880**
北 京	4341450	3747208	450485	440043	1711819	1368418	1406017	1313254	134532	119984
天 津	1034819	924973			362729	314834	600241	540650	458700	459800
河 北	2339406	1543517	134242	109538	459691	329376	1641392	1007794		
山 西	568459	491655	108173	132958	262941	246243	159692	81771	70000	42000
内蒙古	3204945	2768916	36400	34300	60310	23146	3108235	2711470	3079946	2689259
辽 宁	2805983	2634510	32123	32123	429873	386710	2261701	2132461	2111359	1992832
吉 林	181381	164422	31576	28348	103232	93025	46573	43049	1300	1600
黑龙江	325169	239836	91080	64900	130819	103800	103270	71136	23295	23295
上 海	7287340	6069759	87000	87000	4697977	3865921	1369921	1125508	852471	815072
江 苏	5105324	3987403	558242	474012	1787342	1492414	2702759	1970604	597083	592983
浙 江	6364680	5791943			1088447	849257	4983156	4757157	4522641	4370779
安 徽	2095507	1515592	573700	513200	209142	123702	1312020	877880	896760	605300
福 建	1395167	1283585	66306	62506	246449	202990	1077258	1013767	872090	869310
江 西	1078875	874541	316100	259000	35800	28063	725369	585981	612116	498656
山 东	6769416	5982235	1745922	1399645	794242	556914	4140372	3977175	3563855	3563430
河 南	921948	801560	65186	51531	610059	488892	111256	110219		
湖 北	2456242	2195846	965827	838307	914651	833937	534232	484995	201630	234070
湖 南	5495421	5096844	118258	106126	734655	501933	4612968	4457111	4277234	4199619
广 东	15972308	14498997	1888086	1546291	3074708	2518317	10595591	10092815	9064891	8939847
广 西	1853248	1931050			128505	248654	1712495	1665925	1615180	1578443
海 南	55254	59126			35060	38300	20194	20826	14643	14895
重 庆	2147318	1957098	468304	362329	129451	103412	1539293	1484867	1194000	1198000
四 川	1009525	812621	54500	19956	199375	183732	517552	406578	216031	203328
贵 州	2103755	2008391	12830	10430	1276	2896	2063467	1972123	1922500	1830000
云 南	388465	283452	930	1302	105986	87467	280552	193654		
西 藏										
陕 西	232518	224948	17340	14800	141130	137223	33600	33600	8600	8600
甘 肃	2593319	2403409			45850	46450	2547469	2356959	2514200	2322400
青 海	112788	103505	66357	64840	4000	4250	42431	34415		
宁 夏	1050091	996116			58668	44084	991423	952032	952813	913382
新 疆	737258	632700	49362	48776	57081	49881	624705	528503	512288	427996

3—49 续表

单位:平方米

地区	专卖店		便利店		仓储会员店		家居建材商店		其他	
	2005年	2004年	2005年	2004年	2005年	2004年	2005年	2004年	2005年	2004年
全国	**414011**	**341823**	**1536122**	**1297408**	**296330**	**226486**	**1300363**	**1129813**	**55752**	**49447**
北京	84202	66812	91576	74288	58751	18088	482848	416858	55752	49447
天津	15640	12670	4577	5187			51632	51632		
河北	9240	9154	94841	87655						
山西	2343	2043	35310	28640						
内蒙古										
辽宁	7200	7300	75086	75916						
吉林										
黑龙江										
上海	33379	27716	389886	367997	208827	182327	500350	413290		
江苏	19255	18395	22726	16978			15000	15000		
浙江	22165	15653	240412	139376			30500	30500		
安徽	645	810								
福建	380	470	4774	3852						
江西	1606	1497								
山东	7615	7575	63955	27976	3310	4950	14000	8000		
河南	44870	48483	89087	102435	1490					
湖北	13421	11153	28111	27454						
湖南	8817	9846	20723	21828						
广东	115321	73536	88772	71539	3797	1966	206033	194533		
广西			12248	16471						
海南										
重庆	1150	730	9120	5760						
四川	800	800	237298	201555						
贵州			6027	3787	20155	19155				
云南			997	1029						
西藏										
陕西	23452	25250	16996	14075						
甘肃										
青海										
宁夏										
新疆	2510	1930	3600	3610						

3—50 各地区限额以上直营连锁零售业营业面积

（按业态分）

单位：平方米

地 区	2005 年	2004 年	百货商店		超级市场		专业店		加油站	
			2005 年	2004 年	2005 年	2004 年	2005 年	2004 年	2005 年	2004 年
全 国	**74945260**	**66233608**	**7321697**	**6196823**	**16078482**	**13274897**	**48457167**	**44069910**	**39378691**	**37648907**
北 京	3695166	3020876	450485	440043	1640884	1310579	856170	659280	134532	119984
天 津	1034819	924973			362729	314834	600241	540650	458700	459800
河 北	2251916	1494899	134242	109538	407501	310240	1639892	1006182		
山 西	539374	473958	108173	132958	262941	246243	154412	79805	70000	42000
内蒙古	3204945	2768916	36400	34300	60310	23146	3108235	2711470	3079946	2689259
辽 宁	2619654	2454722	32123	32123	429573	386510	2096892	1969473	1991751	1877380
吉 林	168131	151231	31576	28348	103232	91134	33323	31749	1300	1600
黑龙江	318474	235026	91080	64900	130819	103800	96575	66326	23295	23295
上 海	5805484	4837582	30800	30800	3562168	2970972	1191188	947177	694521	659894
江 苏	3897492	3059499	472316	402853	1176687	944612	2197290	1665768	597083	592983
浙 江	6189723	5706001			1032300	804811	4958608	4739537	4522641	4370779
安 徽	1649257	1175498	507700	436200	207266	123402	933646	615086	756500	478450
福 建	1368492	1256871	49606	45806	245949	202990	1067783	1003753	872090	869310
江 西	1071279	866966	316100	259000	35800	28063	719024	579536	612116	498656
山 东	6207320	5609496	1520882	1252219	715654	504024	3883264	3806232	3563855	3563430
河 南	777904	714050	64851	51411	530610	458152	76485	80013		
湖 北	2321292	2074951	952327	826807	867547	791379	462766	421085	161130	193570
湖 南	5444769	5055970	118258	106126	712655	479933	4584566	4438392	4277234	4199619
广 东	14911491	13689997	1735902	1420958	2730840	2273163	10130096	9711240	9038891	8939847
广 西	1735485	1811925			110702	233180	1612535	1562274	1560031	1518150
海 南	54654	58666			35060	38300	19594	20366	14643	14895
重 庆	2003782	1837263	468304	362329	122125	96464	1403083	1371980	1194000	1198000
四 川	936011	752533	54500	19956	184505	170648	495153	392131	213231	200528
贵 州	2054192	1961007	12830	10430	1276	2896	2013904	1924739	1877500	1787500
云 南	325685	241290	930	1302	103010	85097	220786	153932		
西 藏										
陕 西	202372	197725	17340	14800	141130	137223	30600	31600	8600	8600
甘 肃	2269119	2081009			45850	46450	2223269	2034559	2190000	2000000
青 海	110939	102623	65610	64840	3610	4080	41719	33703		
宁 夏	1048291	992623			58668	42691	989623	949932	952813	913382
新 疆	727748	625462	49362	48776	57081	49881	616445	521940	512288	427996

3—50 续表

单位:平方米

地区	专卖店		便利店		仓储会员店		家居建材商店		其他	
	2005年	2004年	2005年	2004年	2005年	2004年	2005年	2004年	2005年	2004年
全国	**209300**	**190549**	**1239449**	**1102943**	**295290**	**226486**	**1293763**	**1123213**	**50112**	**48787**
北京	65483	53656	90433	73585	58751	18088	482848	416858	50112	48787
天津	15640	12670	4577	5187			51632	51632		
河北	7240	7454	63041	61485						
山西	2343	2043	11505	12909						
内蒙古										
辽宁	6900	6300	54166	60316						
吉林										
黑龙江										
上海	9631	9049	309120	290567	208827	182327	493750	406690		
江苏	16970	16270	19229	14996			15000	15000		
浙江	18658	12351	149657	118802			30500	30500		
安徽	645	810								
福建	380	470	4774	3852						
江西	355	367								
山东	7615	7575	62595	26496	3310	4950	14000	8000		
河南	16421	22039	89087	102435	450					
湖北	12091	9776	26561	25904						
湖南	8567	9691	20723	21828						
广东	16451	16698	88372	71439	3797	1966	206033	194533		
广西			12248	16471						
海南										
重庆	1150	730	9120	5760						
四川	400	400	201453	169398						
贵州			6027	3787	20155	19155				
云南			959	959						
西藏										
陕西	900	900	12402	13202						
甘肃										
青海										
宁夏										
新疆	1460	1300	3400	3565						

3—51 各地区限额以上加盟连锁零售业营业面积

（按业态分）

单位：平方米

地区	2005年	2004年	百货商店		超级市场		专业店		加油站	
			2005年	2004年	2005年	2004年	2005年	2004年	2005年	2004年
全　国	**7082119**	**5792150**	**616632**	**505438**	**2542786**	**1999344**	**3408037**	**2934369**	**911467**	**865973**
北　京	646284	726332			70935	57839	549847	653974		
天　津										
河　北	87490	48618			52190	19136	1500	1612		
山　西	29085	17697					5280	1966		
内蒙古										
辽　宁	186329	179788			300	200	164809	162988	119608	115452
吉　林	13250	13191				1891	13250	11300		
黑龙江	6695	4810					6695	4810		
上　海	1481856	1232177	56200	56200	1135809	894949	178733	178331	157950	155178
江　苏	1207832	927904	85926	71159	610655	547802	505469	304836		
浙　江	174957	85942			56147	44446	24548	17620		
安　徽	446250	340094	66000	77000	1876	300	378374	262794	140260	126850
福　建	26675	26714	16700	16700	500		9475	10014		
江　西	7596	7575					6345	6445		
山　东	562096	372739	225040	147426	78588	52890	257108	170943		
河　南	144044	87510	335	120	79449	30740	34771	30206		
湖　北	134950	120895	13500	11500	47104	42558	71466	63910	40500	40500
湖　南	50652	40874			22000	22000	28402	18719		
广　东	1060817	809000	152184	125333	343868	245154	465495	381575	26000	
广　西	117763	119125			17803	15474	99960	103651	55149	60293
海　南	600	460					600	460		
重　庆	143536	119835			7326	6948	136210	112887		
四　川	73514	60088			14870	13084	22399	14447	2800	2800
贵　州	49563	47384					49563	47384	45000	42500
云　南	62780	42162			2976	2370	59766	39722		
西　藏										
陕　西	30146	27223					3000	2000		
甘　肃	324200	322400					324200	322400	324200	322400
青　海	1849	882	747		390	170	712	712		
宁　夏	1800	3493				1393	1800	2100		
新　疆	9510	7238					8260	6563		

3—51 续表

单位:平方米

地区	专卖店		便利店		仓储会员店		家居建材商店		其他	
	2005年	2004年	2005年	2004年	2005年	2004年	2005年	2004年	2005年	2004年
全国	**204711**	**151274**	**296673**	**194465**	**1040**		**6600**	**6600**	**5640**	**660**
北京	18719	13156	1143	703					5640	660
天津										
河北	2000	1700	31800	26170						
山西			23805	15731						
内蒙古										
辽宁	300	1000	20920	15600						
吉林										
黑龙江										
上海	23748	18667	80766	77430			6600	6600		
江苏	2285	2125	3497	1982						
浙江	3507	3302	90755	20574						
安徽										
福建										
江西	1251	1130								
山东			1360	1480						
河南	28449	26444			1040					
湖北	1330	1377	1550	1550						
湖南	250	155								
广东	98870	56838	400	100						
广西										
海南										
重庆										
四川	400	400	35845	32157						
贵州										
云南			38	70						
西藏										
陕西	22552	24350	4594	873						
甘肃										
青海										
宁夏										
新疆	1050	630	200	45						

3—52 各地区限额以上连锁零售业从业人员

（按业态分）

单位：人

地　区	2005年	2004年	百货商店		超级市场		专业店		加油站	
			2005年	2004年	2005年	2004年	2005年	2004年	2005年	2004年
全　国	**1488235**	**1282285**	**181603**	**166389**	**562015**	**479518**	**595175**	**505060**	**189923**	**176486**
北　京	121229	113119	11111	11645	50472	45911	36882	34900	4284	3868
天　津	20203	18972			11567	10622	5614	5210	3861	3650
河　北	26434	21770	4736	3598	10733	8236	7074	5831		
山　西	20126	17981	4516	6212	8021	6075	4193	2956	612	461
内蒙古	15539	11072	1256	1179	1391	904	12892	8989	11780	7963
辽　宁	26915	25995	291	325	5188	4479	18841	18804	11911	11046
吉　林	5064	5444	333	319	2163	2773	2568	2352	198	198
黑龙江	10894	9699	2960	3166	2769	2445	5165	4088	1341	1154
上　海	231788	197662	1094	1057	149166	128397	32218	24608	6347	5662
江　苏	206208	178308	13663	12784	68250	59891	120424	102048	4131	4217
浙　江	70309	63419			29008	24673	32941	32411	17115	17426
安　徽	56409	46457	24283	21500	7587	5364	24399	19417	15162	12624
福　建	26210	21648	2024	1871	7714	6322	16110	13165	7542	7095
江　西	28089	25792	10499	8118	958	781	16118	16380	10324	11105
山　东	91174	75972	22468	21277	19675	16405	47195	37370	20448	18434
河　南	34244	31826	1654	1541	18437	16945	5632	4924		
湖　北	61492	54648	14244	13700	26653	23309	17274	14746	5212	4631
湖　南	63738	49942	4854	3997	37031	27822	20579	16679	7176	6901
广　东	214323	165424	43443	37854	78038	60819	73973	52872	22087	21572
广　西	20776	22076			5099	5930	15259	15477	10777	10740
海　南	3481	3646			379	432	3102	3214	2571	2615
重　庆	39812	36235	11812	10443	4723	4954	22622	20286	6913	6289
四　川	26686	22468	3112	2212	6264	6127	8143	6382	636	578
贵　州	10815	10643	467	428	110	230	8923	8684	5498	4889
云　南	19151	15842	143	158	4058	3341	14832	12214		
西　藏										
陕　西	18065	18124	945	1064	2869	2585	8916	8957	7146	7190
甘　肃	5168	4942			1468	1458	3700	3484	2706	2487
青　海	2156	2124	1108	1085	137	140	911	899		
宁　夏	5838	5550			1006	1099	4832	4451	3777	3323
新　疆	5899	5485	587	856	1081	1049	3843	3262	368	368

3—52 续表

单位:人

地区	专卖店		便利店		仓储会员店		家居建材商店		其他	
	2005年	2004年	2005年	2004年	2005年	2004年	2005年	2004年	2005年	2004年
全国	**44610**	**38128**	**80256**	**70587**	**10303**	**7427**	**12437**	**13618**	**1836**	**1558**
北京	9399	7611	6005	4959	1584	446	3940	6089	1836	1558
天津	1712	1842	123	196			1187	1102		
河北	602	540	3289	3565						
山西	183	130	3213	2608						
内蒙古										
辽宁	130	205	2465	2182						
吉林										
黑龙江										
上海	3436	2944	34201	31223	7571	6012	4102	3421		
江苏	1686	1571	1825	1634			360	380		
浙江	1881	1635	6088	4229			391	471		
安徽	140	176								
福建	21	26	341	264						
江西	514	513								
山东	168	166	1166	420	142	154	360	180		
河南	3625	3721	4778	4695	118					
湖北	2424	2018	897	875						
湖南	462	742	812	702						
广东	13569	9377	3070	2428	133	99	2097	1975		
广西			418	669						
海南										
重庆	95	52	560	500						
四川	70	80	9097	7667						
贵州			560	585	755	716				
云南			118	129						
西藏										
陕西	4201	4545	1134	973						
甘肃										
青海										
宁夏										
新疆	292	234	96	84						

3—53 各地区限额以上直营连锁零售业从业人员

（按业态分）

单位：人

地 区	2005 年	2004 年	百货商店		超级市场		专业店		加油站	
			2005 年	2004 年	2005 年	2004 年	2005 年	2004 年	2005 年	2004 年
全 国	**1226552**	**1062057**	**157270**	**142093**	**459456**	**394107**	**497149**	**422105**	**184907**	**171774**
北 京	107469	97328	11111	11645	48349	43927	27125	22227	4284	3868
天 津	20203	18972			11567	10622	5614	5210	3861	3650
河 北	23530	20001	4736	3598	9461	7579	6984	5733		
山 西	17510	16386	4516	6212	8021	6075	3797	2788	612	461
内蒙古	15539	11072	1256	1179	1391	904	12892	8989	11780	7963
辽 宁	23654	23050	291	325	5179	4471	15996	16107	11006	10155
吉 林	4457	4767	333	319	2163	2679	1961	1769	198	198
黑龙江	10443	9380	2960	3166	2769	2445	4714	3769	1341	1154
上 海	168667	144145	532	521	99103	86065	29459	21907	5092	4487
江 苏	145540	124016	7663	7784	39177	34050	95314	79058	4131	4217
浙 江	65407	60676			27910	23807	31888	31523	17115	17426
安 徽	44075	33839	17145	12500	7563	5344	19227	15819	14420	11903
福 建	24799	20535	1542	1426	7694	6322	15201	12497	7542	7095
江 西	27701	25426	10499	8118	958	781	16057	16320	10324	11105
山 东	66736	58980	14902	14305	18352	15484	31661	28289	20448	18434
河 南	27439	26431	1607	1531	15925	15572	3699	3119		
湖 北	55772	49806	13509	12990	23952	20961	15286	13246	5157	4576
湖 南	59748	46743	4854	3997	35311	26102	18337	15238	7176	6901
广 东	186375	146123	41660	36231	68991	55143	65214	46077	21907	21572
广 西	17807	19221			4238	5095	13151	13457	10408	10339
海 南	3421	3604			379	432	3042	3172	2571	2615
重 庆	32167	29768	11812	10443	4494	4773	15206	14000	6913	6289
四 川	23401	19890	3112	2212	5880	5772	7157	5884	626	568
贵 州	10406	10220	467	428	110	230	8514	8261	5210	4617
云 南	13435	11844	143	158	3972	3270	9205	8292		
西 藏										
陕 西	13569	13529	945	1064	2869	2585	8815	8871	7146	7190
甘 肃	3956	3755			1468	1458	2488	2297	1494	1300
青 海	2086	2071	1088	1085	123	123	875	863		
宁 夏	5787	5379			1006	987	4781	4392	3777	3323
新 疆	5453	5100	587	856	1081	1049	3489	2931	368	368

3—53 续表

单位:人

地区	专卖店		便利店		仓储会员店		家居建材商店		其他	
	2005年	2004年	2005年	2004年	2005年	2004年	2005年	2004年	2005年	2004年
全国	**24107**	**21683**	**64389**	**59652**	**10199**	**7427**	**12383**	**13558**	**1599**	**1432**
北京	7873	6659	5888	4903	1584	446	3940	6089	1599	1432
天津	1712	1842	123	196			1187	1102		
河北	272	284	2077	2807						
山西	183	130	993	1181						
内蒙古										
辽宁	110	160	2078	1987						
吉林										
黑龙江										
上海	739	674	27215	25605	7571	6012	4048	3361		
江苏	1423	1324	1603	1420			360	380		
浙江	1473	1358	3745	3517			391	471		
安徽	140	176								
福建	21	26	341	264						
江西	187	207								
山东	168	166	1151	402	142	154	360	180		
河南	1416	1514	4778	4695	14					
湖北	2232	1838	793	771						
湖南	434	704	812	702						
广东	5240	4186	3040	2412	133	99	2097	1975		
广西			418	669						
海南										
重庆	95	52	560	500						
四川	35	35	7217	5987						
贵州			560	585	755	716				
云南			115	124						
西藏										
陕西	142	162	798	847						
甘肃										
青海										
宁夏										
新疆	212	186	84	78						

3—54 各地区限额以上加盟连锁零售业从业人员

（按业态分）

单位：人

地　区	2005年	2004年	百货商店		超级市场		专业店		加油站	
			2005年	2004年	2005年	2004年	2005年	2004年	2005年	2004年
全　国	**261683**	**220228**	**24333**	**24296**	**102559**	**85411**	**98026**	**82955**	**5016**	**4712**
北　京	13760	15791			2123	1984	9757	12673		
天　津										
河　北	2904	1769			1272	657	90	98		
山　西	2616	1595					396	168		
内蒙古										
辽　宁	3261	2945			9	8	2845	2697	905	891
吉　林	607	677				94	607	583		
黑龙江	451	319					451	319		
上　海	63121	53517	562	536	50063	42332	2759	2701	1255	1175
江　苏	60668	54292	6000	5000	29073	25841	25110	22990		
浙　江	4902	2743			1098	866	1053	888		
安　徽	12334	12618	7138	9000	24	20	5172	3598	742	721
福　建	1411	1113	482	445	20		909	668		
江　西	388	366					61	60		
山　东	24438	16992	7566	6972	1323	921	15534	9081		
河　南	6805	5395	47	10	2512	1373	1933	1805		
湖　北	5720	4842	735	710	2701	2348	1988	1500	55	55
湖　南	3990	3199			1720	1720	2242	1441		
广　东	27948	19301	1783	1623	9047	5676	8759	6795	180	
广　西	2969	2855			861	835	2108	2020	369	401
海　南	60	42					60	42		
重　庆	7645	6467			229	181	7416	6286		
四　川	3285	2578			384	355	986	498	10	10
贵　州	409	423					409	423	288	272
云　南	5716	3998			86	71	5627	3922		
西　藏										
陕　西	4496	4595					101	86		
甘　肃	1212	1187					1212	1187	1212	1187
青　海	70	53	20		14	17	36	36		
宁　夏	51	171				112	51	59		
新　疆	446	385					354	331		

3—54 续表

单位:人

地区	专卖店		便利店		仓储会员店		家居建材商店		其他	
	2005年	2004年	2005年	2004年	2005年	2004年	2005年	2004年	2005年	2004年
全国	**20503**	**16445**	**15867**	**10935**	**104**		**54**	**60**	**237**	**126**
北京	1526	952	117	56					237	126
天津										
河北	330	256	1212	758						
山西			2220	1427						
内蒙古										
辽宁	20	45	387	195						
吉林										
黑龙江										
上海	2697	2270	6986	5618			54	60		
江苏	263	247	222	214						
浙江	408	277	2343	712						
安徽										
福建										
江西	327	306								
山东			15	18						
河南	2209	2207			104					
湖北	192	180	104	104						
湖南	28	38								
广东	8329	5191	30	16						
广西										
海南										
重庆										
四川	35	45	1880	1680						
贵州										
云南			3	5						
西藏										
陕西	4059	4383	336	126						
甘肃										
青海										
宁夏										
新疆	80	48	12	6						

3—55 各地区限额以上连锁零售业商品购进总额

（按业态分）

单位：万元

地区	2005年	2004年	百货商店		超级市场		专业店		加油站	
			2005年	2004年	2005年	2004年	2005年	2004年	2005年	2004年
全　国	**90440922**	**71300583**	**9216760**	**9129414**	**21701696**	**17857346**	**54410013**	**40186241**	**33300254**	**24068168**
北　京	9249652	7781478	499273	468260	3086955	2219610	4696757	4295904	1619974	1153179
天　津	1809094	1401285			468886	374255	1261453	960874	941835	711533
河　北	997388	709757	80985	58972	283316	231142	598447	382446		
山　西	559055	333248	31364	18917	46876	35735	470013	269385	352157	227107
内蒙古	1237518	800057	35498	30296	11036	5250	1190984	764511	1163100	741088
辽　宁	1877625	1338735	8578	9508	214167	154004	1474722	1032934	1345524	899066
吉　林	139449	139680	2982	2802	74996	82558	61471	54320	11995	11802
黑龙江	517892	482000	83702	74161	69716	160791	364475	247048	275227	176923
上　海	10548472	10170621	139332	133017	6202213	6832130	2312075	1674831	809948	487944
江　苏	10937634	7175403	1019878	766059	2307158	1679188	7510518	4635518	987591	668144
浙　江	6268568	4914338			1163940	917986	4831934	3797817	3952433	3057987
安　徽	3977432	2913538	1350856	950329	154934	93614	2467952	1866495	1899863	1457617
福　建	2128041	1520734	69335	52871	137036	77367	1920386	1388901	1540926	1159149
江　西	2041351	1486424	384520	311307	13894	12004	1636854	1158596	1462637	1057248
山　东	8275899	6217793	1485542	1096465	936069	728808	5792768	4364166	3870461	2594571
河　南	643624	577016	30217	26978	334252	273983	184773	138301		
湖　北	2992958	2456182	749296	761070	830230	675715	1373739	981480	883851	666762
湖　南	2440648	1757722	304072	239306	611164	336835	1499383	1156895	1125979	871230
广　东	14981902	12293810	1986379	3391081	4019645	2401848	8027354	5826921	5886221	4182812
广　西	1697109	1292269			118797	106305	1570980	1179001	1500885	1132362
海　南	284511	204661			13530	11503	270981	193158	265337	187432
重　庆	1878981	1471126	873089	635812	67822	55099	931597	774298	593968	466209
四　川	932299	681586	10149	13024	184666	124555	424120	271995	31597	22066
贵　州	1048138	841319	16674	18995	800	802	999861	793814	810731	602412
云　南	499378	388233	6508	7431	139733	114500	351347	264042		
西　藏										
陕　西	1089795	844707	24612	27542	132411	109402	902219	685040	866131	652131
甘　肃	793649	607961			8642	7705	785007	600256	771809	590479
青　海	28397	33566	16586	22571	1927	1896	9884	9100		
宁　夏	300612	250083			30763	10078	269849	240005	239912	211664
新　疆	263857	215252	7335	12646	36124	22678	218110	178193	90165	79251

3—55 续表

单位:万元

地区	专卖店		便利店		仓储会员店		家居建材商店		其他	
	2005年	2004年	2005年	2004年	2005年	2004年	2005年	2004年	2005年	2004年
全国	**1501091**	**1186351**	**1877717**	**1450376**	**787926**	**638316**	**890951**	**796158**	**54769**	**56379**
北京	522516	360987	109982	107603	58178	29597	221222	243137	54769	56379
天津	12843	10906	2585	2114			63326	53136		
河北	8719	9327	25920	27870						
山西	2002	1479	8801	7732						
内蒙古										
辽宁	85508	68673	94650	73616						
吉林										
黑龙江										
上海	31110	32030	750722	573832	679820	570364	433200	354418		
江苏	61849	58409	30270	31946			7961	4282		
浙江	50208	31257	197498	147495			24987	19784		
安徽	3690	3100								
福建	334	579	950	1018						
江西	6082	4518								
山东	11822	11632	39195	8872	1136	1334	9368	6516		
河南	54210	78053	39535	59702	639					
湖北	21130	19545	18564	18373						
湖南	16913	16520	9117	8166						
广东	588418	458488	207281	87341	21935	13247	130888	114884		
广西			7332	6962						
海南										
重庆	858	397	5615	5520						
四川	3579	3115	309784	268899						
贵州			4585	3934	26218	23775				
云南			1790	2261						
西藏										
陕西	18276	16824	12277	5900						
甘肃										
青海										
宁夏										
新疆	1024	514	1264	1222						

3—56 各地区限额以上连锁零售业统一配送商品购进额

（按业态分）

单位：万元

地区	2005年	2004年	百货商店		超级市场		专业店			
									加油站	
			2005年	2004年	2005年	2004年	2005年	2004年	2005年	2004年
全国	**70367722**	**55455970**	**4943751**	**5654940**	**17212805**	**14763618**	**44482628**	**32119259**	**28135165**	**20303971**
北京	4227182	3038646	43212	29332	2191075	1455064	1691954	1306954		
天津	1590607	1220731			372139	266876	1145622	893389	941835	711533
河北	690296	420156	29412	6531	201460	150776	435949	234816		
山西	510522	301401	16653	5965	35347	26200	447719	260026	352157	227107
内蒙古	1227982	796007	35498	30296	1500	1200	1190984	764511	1163100	741088
辽宁	168541	144675			19823	14252	91101	92934		
吉林	89397	93744	2982	2802	36050	45961	50365	44982	11995	11802
黑龙江	456704	337057	58591	51913	33638	38096	364475	247048	275227	176923
上海	9992627	9769866	139332	133017	6167641	6773989	2042341	1550463	809948	487944
江苏	8993835	5714975	721716	491570	1468226	1046002	6703814	4085527	987591	668144
浙江	5705638	4433650			1028349	771828	4426871	3482835	3558038	2753006
安徽	2893295	2140031	490830	354675	144889	84592	2253887	1697665	1693222	1295193
福建	1699116	1200764	43956	34955	123327	65238	1531050	1099613	1226075	902637
江西	1950314	1426044	297961	253423	13894	12004	1633503	1157185	1462637	1057248
山东	6393503	4825818	429203	323835	760100	564873	5153184	3916607	3870461	2594571
河南	507344	447831	14730	13415	288809	238470	142570	110561		
湖北	2003916	1498892	154797	186492	534671	361634	1277832	915661	865581	653715
湖南	1111880	740197	147880	125518	559999	298777	380534	293788	7130	8123
广东	11983845	10606459	1691109	3150431	2560490	2021227	7032317	4986812	5852224	4167158
广西	1568226	1181633			102948	92202	1458389	1082775	1388295	1036135
海南	278867	198935			13530	11503	265337	187432	265337	187432
重庆	1574174	1224816	591475	412205	67822	55099	908402	751596	593968	466209
四川	922907	671357	10149	13024	175274	116926	424120	269395	31597	22066
贵州	942098	752629	346	328			913049	726699	810731	602412
云南	490848	378403			139733	114500	350768	263520		
西藏										
陕西	1051270	807620			123117	102947	897602	681949	866131	652131
甘肃	790339	605313			5332	5058	785007	600256	771809	590479
青海	28197	33563	16586	22571	1927	1893	9684	9100		
宁夏	281789	248825			11940	8820	269849	240005	239912	211664
新疆	242468	195932	7335	12646	29756	17611	204353	165163	90165	79251

3—56 续表

单位:万元

地区	专卖店		便利店		仓储会员店		家居建材商店		其他	
	2005 年	2004 年	2005 年	2004 年	2005 年	2004 年	2005 年	2004 年	2005 年	2004 年
全国	**780844**	**645119**	**1708965**	**1256170**	**771111**	**626685**	**415805**	**335099**	**51814**	**55079**
北京	100214	87969	90734	74650	58178	29597			51814	55079
天津	6935	5217	2585	2114			63326	53136		
河北	8633	9211	14843	18823						
山西	2002	1479	8801	7732						
内蒙古										
辽宁	948	870	56670	36618						
吉林										
黑龙江										
上海	31110	32030	712775	538698	679820	570364	219609	171305		
江苏	61849	55647	30270	31946			7961	4282		
浙江	50208	31257	175222	127946			24987	19784		
安徽	3690	3100								
福建	334	579	450	380						
江西	4956	3433								
山东	11822	11632	39195	8872						
河南	54210	78053	7026	7333						
湖北	18536	17179	18081	17924						
湖南	14895	14471	8573	7642						
广东	386766	272142	205821	85829	7419	3426	99922	86591		
广西			6887	6657						
海南										
重庆	858	397	5615	5520						
四川	3579	3115	309784	268899						
贵州			3009	2304	25694	23299				
云南			347	384						
西藏										
陕西	18276	16824	12277	5900						
甘肃										
青海										
宁夏										
新疆	1024	514								

3—57 各地区限额以上连锁零售业自有配送中心配送商品购进额

（按业态分）

单位：万元

地区	2005年	2004年	百货商店		超级市场		专业店		加油站	
			2005年	2004年	2005年	2004年	2005年	2004年	2005年	2004年
全国	57735641	44816703	4539365	5383195	10458012	8562879	40902961	29480867	26622106	19151812
北京	1920813	1465138			809379	663531	969073	693510		
天津	1527281	1167596			372139	266876	1145622	893389	941835	711533
河北	589545	331223	29412	6531	102986	78239	435949	221552		
山西	507923	299157	16653	5965	34159	24807	446309	259174	352157	227107
内蒙古	1227982	796007	35498	30296	1500	1200	1190984	764511	1163100	741088
辽宁	157337	139510			19823	14252	88228	90126		
吉林	88860	93239	2445	2297	36050	45961	50365	44982	11995	11802
黑龙江	404747	294139	9170	8995	33638	38096	361939	247048	275227	176923
上海	4845010	4429230			2982237	3009153	1794529	1368832	809948	487944
江苏	7919727	5128818	641716	491570	1359775	954421	5846739	3620646	987591	668144
浙江	5349232	4144482			751776	550564	4376336	3435436	3549547	2744828
安徽	2866368	2130042	490830	354675	143002	82414	2228847	1689854	1693222	1295193
福建	1499506	1020047	4793	6220	99279	43426	1395255	970287	1099922	783946
江西	603702	429450	297961	253423	10267	8915	290518	163679	144762	84893
山东	6113876	4599955	429203	323835	516465	372749	5117192	3882867	3870461	2594571
河南	465899	409196	3435	3962	273148	224485	135509	104499		
湖北	2001674	1497462	154797	186492	532429	360204	1277832	915661	865581	653715
湖南	1111489	739750	147880	125518	559999	298777	380534	293788	7130	8123
广东	10726833	9664947	1649683	3122643	1439124	1204009	6947352	4898948	5822097	4135299
广西	1529490	1149211			102837	91983	1419765	1050573	1357881	1015061
海南	277536	197748			12199	10317	265337	187432	265337	187432
重庆	1554031	1204935	591475	412205	49039	37936	907045	748878	593968	466209
四川	774133	582488	10149	13024	33170	29486	422264	267966	31597	22066
贵州	941155	751789	346	328			912106	725858	810731	602412
云南	406070	310276			74942	64331	330841	245624		
西藏										
陕西	982924	758040			59700	53367	897602	681949	866131	652131
甘肃	790339	605313			5332	5058	785007	600256	771809	590479
青海	28197	33563	16586	22571	1927	1893	9684	9100		
宁夏	281789	248825			11940	8820	269849	240005	239912	211664
新疆	242174	195127	7335	12646	29756	17611	204353	164440	90165	79251

3—57 续表

单位:万元

地区	专卖店		便利店		仓储会员店		家居建材商店		其他	
	2005年	2004年	2005年	2004年	2005年	2004年	2005年	2004年	2005年	2004年
全国	**729993**	**578303**	**944919**	**681512**	**33113**	**26725**	**127278**	**103222**		
北京	86394	60546	55967	47550						
天津	6935	5217	2585	2114						
河北	6356	6078	14843	18823						
山西	2002	1479	8801	7732						
内蒙古										
辽宁	948	870	48338	34262						
吉林										
黑龙江										
上海	9209	10243	42612	29343			16423	11658		
江苏	61849	55627	1688	2272			7961	4282		
浙江	49300	30560	166624	125322			5195	2599		
安徽	3690	3100								
福建			180	114						
江西	4956	3433								
山东	11822	11632	39195	8872						
河南	46781	68916	7026	7333						
湖北	18536	17179	18081	17924						
湖南	14504	14024	8573	7642						
广东	383266	268630	202289	82609	7419	3426	97698	84682		
广西			6887	6657						
海南										
重庆	858	397	5615	5520						
四川	3579	3115	304972	268899						
贵州			3009	2304	25694	23299				
云南			287	321						
西藏										
陕西	18276	16824	7348	5900						
甘肃										
青海										
宁夏										
新疆	731	431								

3—58 各地区限额以上连锁零售业非自有配送中心配送商品购进额

（按业态分）

单位：万元

地 区	2005 年	2004 年	百货商店		超级市场		专业店		加油站	
			2005 年	2004 年	2005 年	2004 年	2005 年	2004 年	2005 年	2004 年
全 国	**12632081**	**10639267**	**404386**	**271746**	**6754792**	**6200738**	**3579667**	**2638393**	**1513059**	**1152159**
北 京	2306369	1573508	43212	29332	1381696	791535	722880	613443		
天 津	63326	53136								
河 北	100751	88933			98474	72537		13264		
山 西	2599	2244			1189	1392	1410	852		
内蒙古										
辽 宁	11206	5164					2873	2808		
吉 林	537	504	537	504						
黑龙江	51958	42918	49422	42918			2536			
上 海	5147616	5340635	139332	133017	3185403	3764836	247812	181632		
江 苏	1074107	586156	80000		108451	91581	857074	464881		
浙 江	356407	289169			276573	221263	50536	47398	8492	8178
安 徽	26927	9989			1886	2179	25040	7811		
福 建	199610	180718	39164	28735	24048	21812	135795	129326	126152	118691
江 西	1346612	996594			3627	3089	1342985	993505	1317875	972355
山 东	279627	225864			243635	192124	35991	33741		
河 南	41446	38635	11295	9452	15662	13984	7061	6062		
湖 北	2242	1430			2242	1430				
湖 南	391	447								
广 东	1257013	941512	41426	27788	1121367	817219	84965	87864	30127	31860
广 西	38735	32422			111	219	38624	32203	30413	21074
海 南	1331	1187			1331	1187				
重 庆	20142	19882			18784	17163	1358	2718		
四 川	148774	88869			142105	87441	1857	1428		
贵 州	943	840					943	840		
云 南	84779	68126			64792	50168	19927	17896		
西 藏										
陕 西	68346	49580			63417	49580				
甘 肃										
青 海										
宁 夏										
新 疆	294	805						722		

3—58　续表　　　　单位:万元

地　区	专卖店		便利店		仓储会员店		家居建材商店		其　他	
	2005 年	2004 年	2005 年	2004 年	2005 年	2004 年	2005 年	2004 年	2005 年	2004 年
全　国	**50852**	**66816**	**764046**	**574658**	**737998**	**599960**	**288527**	**231877**	**51814**	**55079**
北　京	13821	27423	34768	27100	58178	29597			51814	55079
天　津							63326	53136		
河　北	2277	3133								
山　西										
内蒙古										
辽　宁			8333	2356						
吉　林										
黑龙江										
上　海	21901	21786	670163	509355	679820	570364	203185	159647		
江　苏		19	28582	29674						
浙　江	908	698	8598	2624			19791	17185		
安　徽										
福　建	334	579	270	266						
江　西										
山　东										
河　南	7428	9136								
湖　北										
湖　南	391	447								
广　东	3500	3512	3532	3220			2224	1909		
广　西										
海　南										
重　庆										
四　川			4812							
贵　州										
云　南			61	62						
西　藏										
陕　西			4929							
甘　肃										
青　海										
宁　夏										
新　疆	294	83								

3—59 各地区限额以上直营连锁零售业商品购进总额

（按业态分）

单位：万元

地　区	2005 年	2004 年	百货商店		超级市场		专业店		加油站	
			2005 年	2004 年	2005 年	2004 年	2005 年	2004 年	2005 年	2004 年
全　国	**81270157**	**63146432**	**8593444**	**8764013**	**19142104**	**14909024**	**49086723**	**35871527**	**32659766**	**23598706**
北　京	7888823	6024375	499273	468260	3068946	2205733	3366613	2563224	1619974	1153179
天　津	1809094	1401285			468886	374255	1261453	960874	941835	711533
河　北	969889	690887	80985	58972	261443	219307	598065	382130		
山　西	553883	328471	31364	18917	46876	35735	470013	269385	352157	227107
内 蒙 古	1237518	800057	35498	30296	11036	5250	1190984	764511	1163100	741088
辽　宁	1750689	1243085	8578	9508	214040	153843	1389814	954421	1273279	834528
吉　林	137849	137819	2982	2802	74996	81997	59871	53020	11995	11802
黑 龙 江	511120	475794	83702	74161	69716	160791	357703	240842	275227	176923
上　海	8837666	7904378	66929	64337	5047826	5000433	1987008	1430651	508388	270093
江　苏	8182469	5590864	819878	664059	1473372	1030255	5801491	3813958	987591	668144
浙　江	6155669	4837541			1120822	883988	4823658	3790813	3952433	3057987
安　徽	3600088	2672835	1210408	872209	154810	93149	2231180	1704377	1793350	1379572
福　建	2115299	1509619	62489	48413	137016	77367	1914510	1382243	1540926	1159149
江　西	2036975	1483096	384520	311307	13894	12004	1636232	1157980	1462637	1057248
山　东	7167918	5424034	1374830	1061158	892037	698723	4840131	3636199	3870461	2594571
河　南	561623	489811	29464	26902	312430	256670	157189	116881		
湖　北	2941877	2413451	744632	756319	815913	659567	1345186	963286	864372	655579
湖　南	2408564	1727694	304072	239306	593278	316226	1485313	1147556	1125979	871230
广　东	13820542	11362991	1899359	3319070	3645762	2093553	7605309	5501749	5859021	4182812
广　西	1670726	1259264			106564	95554	1556830	1156747	1490667	1115406
海　南	284139	204394			13530	11503	270609	192891	265337	187432
重　庆	1848907	1442408	873089	635812	66517	53962	902828	746716	593968	466209
四　川	902116	656196	10149	13024	182968	123057	421503	268498	31597	22066
贵　州	1030543	826674	16674	18995	800	802	982266	779169	795474	590712
云　南	485415	376847	6508	7431	138896	113710	338367	253686		
西　藏										
陕　西	1065770	827559	24612	27542	132411	109402	900210	683589	866131	652131
甘　肃	705633	538773			8642	7705	696991	531068	683793	521291
青　海	27754	33360	16114	22571	1791	1727	9848	9063		
宁　夏	300577	249967			30763	10078	269814	239889	239912	211664
新　疆	261027	212902	7335	12646	36124	22678	215734	176112	90165	79251

3—59 续表

单位:万元

地区	专卖店		便利店		仓储会员店		家居建材商店		其他	
	2005年	2004年	2005年	2004年	2005年	2004年	2005年	2004年	2005年	2004年
全国	**1121687**	**848590**	**1596750**	**1266880**	**787400**	**638316**	**888108**	**792501**	**53942**	**55581**
北京	511211	351349	109438	107494	58178	29597	221222	243137	53942	55581
天津	12843	10906	2585	2114			63326	53136		
河北	7586	7534	21810	22944						
山西	2002	1479	3629	2955						
内蒙古										
辽宁	85351	68438	52906	56875						
吉林										
黑龙江										
上海	14481	15020	611245	472813	679820	570364	430357	350761		
江苏	52251	49413	27516	28897			7961	4282		
浙江	42684	25307	143518	117649			24987	19784		
安徽	3690	3100								
福建	334	579	950	1018						
江西	2328	1806								
山东	11822	11632	38595	8472	1136	1334	9368	6516		
河南	22893	29656	39535	59702	113					
湖北	19807	18256	16338	16024						
湖南	16784	16440	9117	8166						
广东	310110	233344	207178	87144	21935	13247	130888	114884		
广西			7332	6962						
海南										
重庆	858	397	5615	5520						
四川	2760	2395	284735	249223						
贵州			4585	3934	26218	23775				
云南			1645	2021						
西藏										
陕西	1188	1127	7348	5900						
甘肃										
青海										
宁夏										
新疆	704	414	1130	1054						

3—60 各地区限额以上直营连锁零售业统一配送商品购进额

（按业态分）

单位：万元

地区	2005年	2004年	百货商店		超级市场		专业店		加油站	
			2005年	2004年	2005年	2004年	2005年	2004年	2005年	2004年
全　国	64898758	50687252	4490461	5416213	15480262	12436548	41637852	30250020	27581682	19910650
北　京	4169416	2984509	43212	29332	2173066	1441187	1664304	1276692		
天　津	1590607	1220731			372139	266876	1145622	893389	941835	711533
河　北	681377	411100	29412	6531	197694	147750	435567	234500		
山　西	505350	296624	16653	5965	35347	26200	447719	260026	352157	227107
内蒙古	1227982	796007	35498	30296	1500	1200	1190984	764511	1163100	741088
辽　宁	133052	129782			19696	14091	82990	84005		
吉　林	87797	91883	2982	2802	36050	45400	48765	43682	11995	11802
黑龙江	449932	330851	58591	51913	33638	38096	357703	240842	275227	176923
上　海	8291787	7512363	66929	64337	5013254	4942292	1717274	1306283	508388	270093
江　苏	7375245	4957358	581716	487570	1427505	989730	5278297	3400228	987591	668144
浙　江	5594858	4357662			985311	737830	4418595	3475831	3558038	2753006
安　徽	2530826	1911163	350382	276555	144879	84359	2031875	1547149	1601469	1228749
福　建	1696059	1196601	43220	33988	123307	65238	1528748	1096416	1226075	902637
江　西	1947064	1423801	297961	253423	13894	12004	1632881	1156569	1462637	1057248
山　东	5848172	4305605	413746	311117	718158	535988	4665852	3438397	3870461	2594571
河　南	437180	367169	14533	13339	269498	221832	123231	95010		
湖　北	1955258	1457785	150137	181747	521562	346097	1250491	898475	846102	642532
湖　南	1079796	710175	147880	125518	542113	278168	366464	284449	7130	8123
广　东	11338959	10109983	1612191	3081009	2192210	1726681	6916413	4911315	5825024	4167158
广　西	1546065	1151843			94938	84666	1444239	1060521	1378077	1019179
海　南	278867	198935			13530	11503	265337	187432	265337	187432
重　庆	1557124	1208881	591475	412205	66517	53962	892658	736797	593968	466209
四　川	892774	646067	10149	13024	173626	115528	421503	265898	31597	22066
贵　州	924710	738347	346	328			895661	712417	795474	590712
云　南	476987	367185			138896	113710	337788	253164		
西　藏										
陕　西	1029099	791657			123117	102947	897447	681683	866131	652131
甘　肃	702323	536125			5332	5058	696991	531068	683793	521291
青　海	27554	33357	16114	22571	1791	1724	9648	9063		
宁　夏	281754	248709			11940	8820	269814	239889	239912	211664
新　疆	240788	194992	7335	12646	29756	17611	202993	164323	90165	79251

3—60 续表

单位:万元

地区	专卖店		便利店		仓储会员店		家居建材商店		其他	
	2005年	2004年	2005年	2004年	2005年	2004年	2005年	2004年	2005年	2004年
全国	**599195**	**476779**	**1452660**	**1091146**	**771111**	**626685**	**415805**	**335099**	**51413**	**54762**
北京	88909	78331	90334	74607	58178	29597			51413	54762
天津	6935	5217	2585	2114			63326	53136		
河北	7500	7418	11205	14902						
山西	2002	1479	3629	2955						
内蒙古										
辽宁	791	635	29575	31050						
吉林										
黑龙江										
上海	14481	15020	580421	442763	679820	570364	219609	171305		
江苏	52251	46651	27516	28897			7961	4282		
浙江	42684	25307	123281	98909			24987	19784		
安徽	3690	3100								
福建	334	579	450	380						
江西	2328	1806								
山东	11822	11632	38595	8472						
河南	22893	29656	7026	7333						
湖北	17213	15890	15855	15575						
湖南	14766	14397	8573	7642						
广东	305086	215328	205718	85632	7419	3426	99922	86591		
广西			6887	6657						
海南										
重庆	858	397	5615	5520						
四川	2760	2395	284735	249223						
贵州			3009	2304	25694	23299				
云南			303	312						
西藏										
陕西	1188	1127	7348	5900						
甘肃										
青海										
宁夏										
新疆	704	414								

3—61 各地区限额以上直营连锁零售业自有配送中心配送商品购进额

（按业态分）

单位：万元

地区	2005年	2004年	百货商店		超级市场		专业店		加油站	
			2005年	2004年	2005年	2004年	2005年	2004年	2005年	2004年
全国	53188021	41293615	4238632	5213208	9297881	7242303	38094340	27664707	26068623	18758491
北京	1872906	1418027			799773	655604	942077	663964		
天津	1527281	1167596			372139	266876	1145622	893389	941835	711533
河北	581759	323960	29412	6531	99220	75213	435567	221236		
山西	502751	294380	16653	5965	34159	24807	446309	259174	352157	227107
内蒙古	1227982	796007	35498	30296	1500	1200	1190984	764511	1163100	741088
辽宁	128314	125715			19696	14091	80953	82171		
吉林	87260	91378	2445	2297	36050	45400	48765	43682	11995	11802
黑龙江	397975	287933	9170	8995	33638	38096	355167	240842	275227	176923
上海	3745077	3194042			2215647	2024674	1474102	1127141	508388	270093
江苏	6396596	4408307	581716	487570	1328578	908972	4424403	2958580	987591	668144
浙江	5257190	4084362			723745	530045	4370231	3430425	3549547	2744828
安徽	2511831	1904370	350382	276555	142992	82181	2014767	1542534	1601469	1228749
福建	1498555	1018944	4057	5253	99259	43426	1395060	970151	1099922	783946
江西	600452	427207	297961	253423	10267	8915	289896	163063	144762	84893
山东	5570099	4080473	413746	311117	475667	344204	4630270	3405048	3870461	2594571
河南	402882	335619	3392	3947	254848	208582	116170	88965		
湖北	1953016	1456355	150137	181747	519320	344667	1250491	898475	846102	642532
湖南	1079444	709750	147880	125518	542113	278168	366464	284449	7130	8123
广东	10245228	9311995	1570765	3053221	1219536	1036800	6844710	4838266	5794897	4135299
广西	1508041	1121427			94827	84447	1406326	1030324	1347663	998105
海南	277536	197748			12199	10317	265337	187432	265337	187432
重庆	1537151	1189119	591475	412205	47734	36799	891470	734199	593968	466209
四川	744303	557268	10149	13024	31755	28158	419716	264469	31597	22066
贵州	923781	737577	346	328			894732	711646	795474	590712
云南	392807	299600			74703	64083	317861	235268		
西藏										
陕西	965682	742077			59700	53367	897447	681683	866131	652131
甘肃	702323	536125			5332	5058	696991	531068	683793	521291
青海	27554	33357	16114	22571	1791	1724	9648	9063		
宁夏	281754	248709			11940	8820	269814	239889	239912	211664
新疆	240494	194187	7335	12646	29756	17611	202993	163600	90165	79251

3—61 续表

单位:万元

地区	专卖店		便利店		仓储会员店		家居建材商店		其他	
	2005年	2004年	2005年	2004年	2005年	2004年	2005年	2004年	2005年	2004年
全国	**572113**	**433717**	**824665**	**609733**	**33113**	**26725**	**127278**	**103222**		
北京	75089	50908	55967	47550						
天津	6935	5217	2585	2114						
河北	6356	6078	11205	14902						
山西	2002	1479	3629	2955						
内蒙古										
辽宁	791	635	26874	28818						
吉林										
黑龙江										
上海	7881	7553	31024	23015			16423	11658		
江苏	52251	46631	1688	2272			7961	4282		
浙江	41776	24610	116242	96683			5195	2599		
安徽	3690	3100								
福建			180	114						
江西	2328	1806								
山东	11822	11632	38595	8472						
河南	21446	26791	7026	7333						
湖北	17213	15890	15855	15575						
湖南	14414	13972	8573	7642						
广东	302901	213164	202198	82436	7419	3426	97698	84682		
广西			6887	6657						
海南										
重庆	858	397	5615	5520						
四川	2760	2395	279923	249223						
贵州			3009	2304	25694	23299				
云南			243	249						
西藏										
陕西	1188	1127	7348	5900						
甘肃										
青海										
宁夏										
新疆	411	331								

3—62　各地区限额以上直营连锁零售业非自有配送中心配送商品购进额

（按业态分）

单位：万元

地　区	2005 年	2004 年	百货商店		超级市场		专业店		加油站	
			2005 年	2004 年	2005 年	2004 年	2005 年	2004 年	2005 年	2004 年
全　国	**11710737**	**9393637**	**251829**	**203005**	**6182381**	**5194245**	**3543512**	**2585313**	**1513059**	**1152159**
北　京	2296510	1566482	43212	29332	1373292	785584	722226	612728		
天　津	63326	53136								
河　北	99618	87140			98474	72537		13264		
山　西	2599	2244			1189	1392	1410	852		
内蒙古										
辽　宁	4739	4066					2037	1834		
吉　林	537	504	537	504						
黑龙江	51958	42918	49422	42918			2536			
上　海	4546710	4318321	66929	64337	2797607	2917618	243172	179142		
江　苏	978648	549051			98927	80758	853894	441648		
浙　江	337669	273301			261566	207785	48364	45406	8492	8178
安　徽	18995	6793			1886	2179	17108	4615		
福　建	197504	177657	39164	28735	24048	21812	133689	126265	126152	118691
江　西	1346612	996594			3627	3089	1342985	993505	1317875	972355
山　东	278073	225132			242491	191784	35582	33349		
河　南	34298	31551	11141	9391	14650	13250	7061	6045		
湖　北	2242	1430			2242	1430				
湖　南	352	425								
广　东	1093732	797988	41426	27788	972675	689882	71703	73049	30127	31860
广　西	38024	30416			111	219	37913	30197	30413	21074
海　南	1331	1187			1331	1187				
重　庆	19973	19762			18784	17163	1189	2598		
四　川	148471	88799			141871	87371	1788	1428		
贵　州	929	770					929	770		
云　南	84180	67585			64193	49627	19927	17896		
西　藏										
陕　西	63417	49580			63417	49580				
甘　肃										
青　海										
宁　夏										
新　疆	294	805						722		

3—62 续表

单位:万元

地区	专卖店		便利店		仓储会员店		家居建材商店		其他	
	2005年	2004年	2005年	2004年	2005年	2004年	2005年	2004年	2005年	2004年
全国	**27081**	**43062**	**627995**	**481413**	**737998**	**599960**	**288527**	**231877**	**51413**	**54762**
北京	13821	27423	34368	27057	58178	29597			51413	54762
天津							63326	53136		
河北	1144	1340								
山西										
内蒙古										
辽宁			2702	2232						
吉林										
黑龙江										
上海	6599	7467	549397	419748	679820	570364	203185	159647		
江苏		19	25828	26625						
浙江	908	698	7039	2226			19791	17185		
安徽										
福建	334	579	270	266						
江西										
山东										
河南	1446	2864								
湖北										
湖南	352	425								
广东	2185	2164	3520	3196			2224	1909		
广西										
海南										
重庆										
四川			4812							
贵州										
云南			61	62						
西藏										
陕西										
甘肃										
青海										
宁夏										
新疆	294	83								

3—63　各地区限额以上加盟连锁零售业商品购进总额

（按业态分）

单位：万元

地　区	2005年	2004年	百货商店		超级市场		专业店		加油站	
			2005年	2004年	2005年	2004年	2005年	2004年	2005年	2004年
全　国	**9170765**	**8154151**	**623316**	**365401**	**2559592**	**2948322**	**5323290**	**4314714**	**640488**	**469461**
北　京	1360829	1757103			18009	13877	1330144	1732680		
天　津										
河　北	27499	18870			21873	11835	382	316		
山　西	5172	4777								
内蒙古										
辽　宁	126936	95650			127	161	84908	78513	72245	64538
吉　林	1600	1861				561	1600	1300		
黑龙江	6772	6206					6772	6206		
上　海	1710806	2266243	72403	68680	1154387	1831697	325067	244180	301560	217851
江　苏	2755165	1584539	200000	102000	833786	648933	1709027	821560		
浙　江	112899	76797			43118	33998	8276	7004		
安　徽	377344	240703	140448	78120	124	465	236772	162118	106513	78045
福　建	12742	11115	6846	4458	20		5876	6658		
江　西	4376	3328					622	616		
山　东	1107981	793759	110712	35307	44032	30085	952637	727967		
河　南	82001	87205	753	76	21822	17313	27584	21420		
湖　北	51081	42731	4664	4751	14317	16148	28553	18194	19479	11183
湖　南	32084	30028			17886	20609	14070	9339		
广　东	1161360	930819	87020	72011	373883	308295	422045	325172	27200	
广　西	26383	33005			12233	10751	14150	22254	10218	16956
海　南	372	267					372	267		
重　庆	30074	28718			1305	1137	28769	27582		
四　川	30183	25390			1698	1498	2617	3497		
贵　州	17595	14645					17595	14645	15257	11700
云　南	13963	11386			837	790	12980	10356		
西　藏										
陕　西	24025	17148					2009	1451		
甘　肃	88016	69188					88016	69188	88016	69188
青　海	643	206	472		136	169	36	37		
宁　夏	35	116					35	116		
新　疆	2830	2350					2376	2081		

3—63 续表

单位:万元

地区	专卖店		便利店		仓储会员店		家居建材商店		其他	
	2005年	2004年	2005年	2004年	2005年	2004年	2005年	2004年	2005年	2004年
全国	**379405**	**337762**	**280967**	**183497**	**526**		**2843**	**3657**	**827**	**798**
北京	11305	9638	544	109					827	798
天津										
河北	1133	1793	4110	4926						
山西			5172	4777						
内蒙古										
辽宁	157	235	41744	16741						
吉林										
黑龙江										
上海	16629	17010	139477	101019			2843	3657		
江苏	9598	8996	2754	3049						
浙江	7524	5950	53980	29846						
安徽										
福建										
江西	3754	2712								
山东			600	400						
河南	31317	48397			526					
湖北	1323	1289	2226	2349						
湖南	129	80								
广东	278308	225144	103	197						
广西										
海南										
重庆										
四川	819	720	25049	19676						
贵州										
云南			145	240						
西藏										
陕西	17088	15697	4929							
甘肃										
青海										
宁夏										
新疆	320	100	134	168						

3—64　各地区限额以上加盟连锁零售业统一配送商品购进额

（按业态分）

单位：万元

地　　区	2005年	2004年	百货商店		超级市场		专业店		加油站	
			2005年	2004年	2005年	2004年	2005年	2004年	2005年	2004年
全　　国	**5468964**	**4768718**	**453290**	**238727**	**1732543**	**2327069**	**2844776**	**1869239**	**553483**	**393321**
北　　京	57766	54137			18009	13877	27650	30262		
天　　津										
河　　北	8919	9056			3766	3026	382	316		
山　　西	5172	4777								
内 蒙 古										
辽　　宁	35489	14893			127	161	8111	8929		
吉　　林	1600	1861				561	1600	1300		
黑 龙 江	6772	6206					6772	6206		
上　　海	1700840	2257503	72403	68680	1154387	1831697	325067	244180	301560	217851
江　　苏	1618590	757617	140000	4000	40721	56272	1425517	685299		
浙　　江	110780	75988			43038	33998	8276	7004		
安　　徽	362469	228868	140448	78120	10	233	222012	150516	91753	66444
福　　建	3057	4163	736	967	20		2302	3197		
江　　西	3250	2243					622	616		
山　　东	545331	520213	15457	12718	41942	28885	487332	478210		
河　　南	70164	80662	197	76	19311	16638	19339	15551		
湖　　北	48658	41107	4660	4745	13109	15537	27341	17186	19479	11183
湖　　南	32084	30022			17886	20609	14070	9339		
广　　东	644886	496476	78918	69422	368280	294546	115904	75497	27200	
广　　西	22161	29790			8010	7536	14150	22254	10218	16956
海　　南										
重　　庆	17050	15935			1305	1137	15744	14799		
四　　川	30133	25290			1648	1398	2617	3497		
贵　　州	17388	14282					17388	14282	15257	11700
云　　南	13861	11218			837	790	12980	10356		
西　　藏										
陕　　西	22171	15963					155	266		
甘　　肃	88016	69188					88016	69188	88016	69188
青　　海	643	206	472		136	169	36	37		
宁　　夏	35	116					35	116		
新　　疆	1680	940					1360	840		

3—64 续表

单位:万元

地区	专卖店		便利店		仓储会员店		家居建材商店		其他	
	2005年	2004年	2005年	2004年	2005年	2004年	2005年	2004年	2005年	2004年
全国	**181650**	**168340**	**256304**	**165024**					**401**	**317**
北京	11305	9638	400	43					401	317
天津										
河北	1133	1793	3638	3921						
山西			5172	4777						
内蒙古										
辽宁	157	235	27095	5568						
吉林										
黑龙江										
上海	16629	17010	132354	95935						
江苏	9598	8996	2754	3049						
浙江	7524	5950	51941	29037						
安徽										
福建										
江西	2628	1627								
山东			600	400						
河南	31317	48397								
湖北	1323	1289	2226	2349						
湖南	129	74								
广东	81680	56814	103	197						
广西										
海南										
重庆										
四川	819	720	25049	19676						
贵州										
云南			44	72						
西藏										
陕西	17088	15697	4929							
甘肃										
青海										
宁夏										
新疆	320	100								

3—65 各地区限额以上加盟连锁零售业自有配送中心配送商品购进额

（按业态分）

单位：万元

地区	2005年	2004年	百货商店		超级市场		专业店		加油站	
			2005年	2004年	2005年	2004年	2005年	2004年	2005年	2004年
全国	**4547620**	**3523088**	**300734**	**169987**	**1160131**	**1320576**	**2808622**	**1816160**	**553483**	**393321**
北京	47907	47111			9606	7927	26996	29546		
天津										
河北	7786	7263			3766	3026	382	316		
山西	5172	4777								
内蒙古										
辽宁	29023	13795			127	161	7275	7955		
吉林	1600	1861				561	1600	1300		
黑龙江	6772	6206					6772	6206		
上海	1099933	1235188			766590	984479	320427	241691	301560	217851
江苏	1523131	720511	60000	4000	31197	45449	1422336	662066		
浙江	92042	60120			28031	20519	6105	5011		
安徽	354537	225672	140448	78120	10	233	214080	147320	91753	66444
福建	951	1103	736	967	20		195	136		
江西	3250	2243					622	616		
山东	543777	519482	15457	12718	40798	28545	486922	477819		
河南	63017	73577	43	15	18300	15903	19339	15534		
湖北	48658	41107	4660	4745	13109	15537	27341	17186	19479	11183
湖南	32045	30000			17886	20609	14070	9339		
广东	481605	352952	78918	69422	219588	167209	102642	60682	27200	
广西	21449	27784			8010	7536	13439	20249	10218	16956
海南										
重庆	16880	15816			1305	1137	15575	14679		
四川	29830	25220			1415	1328	2548	3497		
贵州	17374	14212					17374	14212	15257	11700
云南	13263	10676			239	248	12980	10356		
西藏										
陕西	17242	15963					155	266		
甘肃	88016	69188					88016	69188	88016	69188
青海	643	206	472		136	169	36	37		
宁夏	35	116					35	116		
新疆	1680	940					1360	840		

3—65 续表

单位:万元

地区	专卖店		便利店		仓储会员店		家居建材商店		其他	
	2005年	2004年	2005年	2004年	2005年	2004年	2005年	2004年	2005年	2004年
全国	**157879**	**144586**	**120254**	**71779**						
北京	11305	9638								
天津										
河北			3638	3921						
山西			5172	4777						
内蒙古										
辽宁	157	235	21464	5444						
吉林										
黑龙江										
上海	1328	2690	11588	6328						
江苏	9598	8996								
浙江	7524	5950	50382	28639						
安徽										
福建										
江西	2628	1627								
山东			600	400						
河南	25335	42125								
湖北	1323	1289	2226	2349						
湖南	90	52								
广东	80365	55466	91	173						
广西										
海南										
重庆										
四川	819	720	25049	19676						
贵州										
云南			44	72						
西藏										
陕西	17088	15697								
甘肃										
青海										
宁夏										
新疆	320	100								

3—66 各地区限额以上加盟连锁零售业非自有配送中心配送商品购进额

（按业态分）

单位:万元

地区	2005年	2004年	百货商店		超级市场		专业店		加油站	
			2005年	2004年	2005年	2004年	2005年	2004年	2005年	2004年
全国	**921344**	**1245630**	**152556**	**68741**	**572411**	**1006493**	**36155**	**53080**		
北京	9859	7026			8404	5951	654	715		
天津										
河北	1133	1793								
山西										
内蒙古										
辽宁	6467	1098					836	974		
吉林										
黑龙江										
上海	600906	1022314	72403	68680	387796	847218	4640	2490		
江苏	95459	37105	80000		9524	10823	3180	23233		
浙江	18738	15868			15007	13478	2172	1992		
安徽	7932	3196					7932	3196		
福建	2106	3061					2106	3061		
江西										
山东	1554	732			1144	340	409	392		
河南	7148	7084	154	61	1012	734		17		
湖北										
湖南	39	22								
广东	163281	143524			148692	127337	13262	14815		
广西	711	2006					711	2006		
海南										
重庆	169	120					169	120		
四川	303	70			234	70	69			
贵州	14	70					14	70		
云南	599	541			599	541				
西藏										
陕西	4929									
甘肃										
青海										
宁夏										
新疆										

3—66 续表

单位:万元

地区	专卖店		便利店		仓储会员店		家居建材商店		其他	
	2005年	2004年	2005年	2004年	2005年	2004年	2005年	2004年	2005年	2004年
全国	**23771**	**23755**	**136050**	**93245**					**401**	**317**
北京			400	43					401	317
天津										
河北	1133	1793								
山西										
内蒙古										
辽宁			5631	124						
吉林										
黑龙江										
上海	15302	14319	120766	89607						
江苏			2754	3049						
浙江			1559	398						
安徽										
福建										
江西										
山东										
河南	5982	6272								
湖北										
湖南	39	22								
广东	1315	1348	12	24						
广西										
海南										
重庆										
四川										
贵州										
云南										
西藏										
陕西			4929							
甘肃										
青海										
宁夏										
新疆										

3—67 各地区限额以上连锁零售业商品销售额

（按业态分）

单位：万元

地　　区	2005年	2004年	百货商店		超级市场		专业店		加油站	
			2005年	2004年	2005年	2004年	2005年	2004年	2005年	2004年
全　　国	106683746	83936158	11571706	9298397	28488359	23415972	60859489	46458374	38023121	29234987
北　　京	10356147	9037330	764617	637482	3629971	2934212	4853082	4514083	1741495	1273709
天　　津	1787459	1423381			464854	367252	1233059	980701	941835	711533
河　　北	1048911	744427	110762	80069	293431	235472	599161	383957		
山　　西	610718	488788	97759	88403	195300	155422	287051	217315	172026	161522
内 蒙 古	1385949	908428	41636	33534	9810	4578	1334503	870316	1305737	845469
辽　　宁	2454151	1727513	24289	19110	246812	171831	1933146	1316280	1765846	1139718
吉　　林	143583	146165	3533	3373	75698	81472	64353	61320	13220	13210
黑 龙 江	577159	500211	115249	103759	99633	116446	362276	280007	256526	195034
上　　海	16456230	13930841	207745	197177	11091278	9687853	2850683	2151150	1398681	959576
江　　苏	13185545	8628760	1290537	976585	2953676	2332802	8816510	5203601	995679	735006
浙　　江	6789374	5415247			1295682	1012715	5177053	4164574	4295172	3374781
安　　徽	4204786	3147691	1470093	1033179	154132	94069	2576982	2017372	2018308	1618825
福　　建	2408320	1724370	72416	55583	275824	197729	2053012	1465168	1612903	1212354
江　　西	2216138	1666763	401309	345199	14537	12162	1792786	1303958	1593292	1193814
山　　东	9758995	7416969	1878986	1412599	1161427	898936	6657881	5073072	4719632	3280039
河　　南	661113	602586	35060	31758	332887	282488	203741	158152		
湖　　北	3909602	3278773	1332743	1251255	1160571	929690	1355798	990988	882136	649922
湖　　南	3245875	3112302	210877	157090	504770	319468	2504980	2609240	2171686	2330998
广　　东	15820662	12523458	2441297	1978015	3701237	2954914	8864292	7062997	6410387	5149573
广　　西	1890900	1392330			152340	125215	1730689	1259647	1658087	1209501
海　　南	300487	219035			15484	15294	285004	203741	276139	195038
重　　庆	2079639	1716035	923187	752190	78884	63436	1069995	893374	704574	567187
四　　川	1063953	755350	22151	11772	195348	135655	506949	328281	114049	77068
贵　　州	1138133	953973	16316	14905	969	1240	1094172	910487	872507	689814
云　　南	501327	383527	6725	7688	171677	142681	321148	230902		
西　　藏										
陕　　西	1167043	922248	32020	32000	134448	109709	963070	748772	935783	722466
甘　　肃	819999	647902			9062	8120	810937	639782	798031	628671
青　　海	59139	63279	45816	50354	1811	2157	11512	10770		
宁　　夏	339086	265313			32424	10576	306663	254737	274369	226077
新　　疆	303324	193164	26587	25321	34383	12380	239003	153634	95025	74083

3—67 续表

单位:万元

地区	专卖店		便利店		仓储会员店		家居建材商店		其他	
	2005年	2004年	2005年	2004年	2005年	2004年	2005年	2004年	2005年	2004年
全国	**1554148**	**1305448**	**2264336**	**1764485**	**861336**	**706661**	**1028850**	**939943**	**55523**	**46879**
北京	573548	426788	126899	128099	60303	33700	292206	316088	55524	46879
天津	22150	18786	3656	3122			63739	53521		
河北	7367	8560	38189	36369						
山西	4092	3320	26515	24328						
内蒙古										
辽宁	151844	148956	98059	71337						
吉林										
黑龙江										
上海	68948	64105	1026410	815207	754633	634646	456533	380704		
江苏	68876	69519	35583	29982			20364	16269		
浙江	87889	67453	200901	147950			27851	22556		
安徽	3580	3071								
福建	697	869	6372	5021						
江西	7506	5443								
山东	10550	10659	37689	10752	1450	1589	11013	9363		
河南	49201	67503	39419	62686	806					
湖北	37858	84048	22631	22793						
湖南	17027	18653	8220	7852						
广东	411471	279166	222707	93343	22513	13580	157144	141442		
广西			7871	7467						
海南										
重庆	972	487	6602	6549						
四川	3379	2915	336127	276729						
贵州			5045	4196	21631	23146				
云南			1778	2257						
西藏										
陕西	25382	24035	12123	7732						
甘肃										
青海										
宁夏										
新疆	1809	1114	1542	715						

3—68 各地区限额以上直营连锁零售业商品销售额

（按业态分）

单位：万元

地区	2005年	2004年	百货商店		超级市场		专业店		加油站	
			2005年	2004年	2005年	2004年	2005年	2004年	2005年	2004年
全国	**95096430**	**73995117**	**10772210**	**8696032**	**24166659**	**19452135**	**55001522**	**41579700**	**37348263**	**28697419**
北京	8891460	7162458	764617	637482	3577547	2891709	3479919	2701243	1741495	1273709
天津	1787459	1423381			464854	367252	1233059	980701	941835	711533
河北	1022700	719257	110762	80069	274724	217278	598775	383639		
山西	595531	475266	97759	88403	195300	155422	287050	217314	172026	161522
内蒙古	1385949	908428	41636	33534	9810	4578	1334503	870316	1305737	845469
辽宁	2323859	1626642	24289	19110	246632	171601	1842902	1231864	1693601	1075180
吉林	140790	143202	3533	3373	75698	80879	61560	58950	13220	13210
黑龙江	571237	495116	115249	103759	99633	116446	356354	274912	256526	195034
上海	13238091	10813512	99435	94881	8551292	7139456	2489923	1864071	1061646	692355
江苏	9830975	6435278	1017587	821785	1906920	1472467	6796766	4038830	995679	735006
浙江	6652942	5318607			1234176	967913	5164036	4153589	4295172	3374781
安徽	3916043	2909375	1397365	964001	154056	93914	2361043	1848389	1932084	1535160
福建	2393952	1711671	66465	51530	275774	197729	2044645	1456522	1612903	1212354
江西	2211083	1663032	401309	345199	14537	12162	1792252	1303426	1593292	1193814
山东	8508814	6548937	1676615	1297539	1104840	861942	5667357	4357994	4719632	3280039
河南	578717	524916	34774	31673	312296	271728	169470	129957		
湖北	3849921	3234411	1327710	1246094	1145510	913646	1323479	975063	863092	643288
湖南	3210614	3080769	210877	157090	486989	300668	2487757	2596552	2171686	2330998
广东	14592456	11523927	2309575	1826282	3226724	2604879	8362792	6674471	6376750	5149573
广西	1861609	1356578			138525	112836	1715213	1236274	1647463	1192173
海南	299987	218562			15484	15294	284504	203268	276139	195038
重庆	2043225	1684780	923187	752190	77711	62459	1034754	863096	704574	567187
四川	1027606	726311	22151	11772	193765	134135	503132	322981	113749	76798
贵州	1117408	938123	16316	14905	969	1240	1073447	894637	855507	676932
云南	496533	379163	6725	7688	170781	141836	317395	227622		
西藏										
陕西	1136537	895298	32020	32000	134448	109709	961237	746092	935783	722466
甘肃	721249	562872			9062	8120	712187	554752	699281	543641
青海	58944	62972	45671	50354	1797	1886	11476	10733		
宁夏	338848	265087			32424	10573	306425	254514	274369	226077
新疆	291892	187187	26587	25321	34383	12380	228111	147928	95025	74083

3—68 续表

单位:万元

地区	专卖店		便利店		仓储会员店		家居建材商店		其他	
	2005年	2004年	2005年	2004年	2005年	2004年	2005年	2004年	2005年	2004年
全国	**1269744**	**1042732**	**1945424**	**1535956**	**860656**	**706661**	**1025674**	**936048**	**54543**	**45853**
北京	536942	408436	125385	127948	60303	33700	292206	316088	54543	45853
天津	22150	18786	3656	3122			63739	53521		
河北	6234	6767	32204	31503						
山西	4092	3320	11329	10807						
内蒙古										
辽宁	151621	148393	58414	55675						
吉林										
黑龙江										
上海	26695	25665	862756	677984	754633	634646	453357	376809		
江苏	56577	58997	32762	26929			20364	16269		
浙江	77489	53482	149392	121067			27851	22556		
安徽	3580	3071								
福建	697	869	6372	5021						
江西	2985	2244								
山东	10550	10659	36989	9852	1450	1589	11013	9363		
河南	22633	28872	39419	62686	126					
湖北	32860	79287	20361	20321						
湖南	16771	18608	8220	7852						
广东	291148	170008	222560	93264	22513	13580	157144	141442		
广西			7871	7467						
海南										
重庆	972	487	6602	6549						
四川	2660	2295	305899	255129						
贵州			5045	4196	21631	23146				
云南			1633	2017						
西藏										
陕西	1638	1613	7194	5884						
甘肃										
青海										
宁夏										
新疆	1449	874	1362	684						

3—69 各地区限额以上加盟连锁零售业商品销售额

（按业态分）

单位：万元

地区	2005年	2004年	百货商店		超级市场		专业店		加油站	
			2005年	2004年	2005年	2004年	2005年	2004年	2005年	2004年
全　国	**11587316**	**9941041**	**799496**	**602365**	**4321700**	**3963836**	**5857967**	**4878674**	**674859**	**537568**
北　京	1464687	1874872			52424	42503	1373163	1812840		
天　津										
河　北	26211	25170			18707	18194	386	318		
山　西	15187	13522					1	1		
内蒙古										
辽　宁	130292	100871			180	230	90244	84416	72245	64538
吉　林	2793	2963				593	2793	2370		
黑龙江	5922	5095					5922	5095		
上　海	3218139	3117329	108310	102296	2539986	2548397	360760	287079	337035	267221
江　苏	3354570	2193482	272950	154800	1046756	860335	2019744	1164771		
浙　江	136432	96640			61506	44802	13017	10985		
安　徽	288743	238316	72728	69178	76	155	215939	168983	86224	83665
福　建	14368	12699	5951	4053	50		8367	8646		
江　西	5055	3731					534	532		
山　东	1250181	868032	202371	115060	56587	36994	990524	715078		
河　南	82396	77670	286	85	20591	10760	34271	28195		
湖　北	59681	44362	5033	5161	15061	16044	32319	15925	19044	6634
湖　南	35261	31533			17781	18800	17223	12688		
广　东	1228206	999531	131722	151733	474513	350035	501500	388526	33637	
广　西	29291	35752			13815	12379	15476	23373	10624	17328
海　南	500	473					500	473		
重　庆	36414	31255			1173	977	35241	30278		
四　川	36347	29039			1583	1520	3817	5300	300	270
贵　州	20725	15850					20725	15850	17000	12882
云　南	4794	4364			896	845	3753	3280		
西　藏										
陕　西	30506	26950					1833	2680		
甘　肃	98750	85030					98750	85030	98750	85030
青　海	195	307	145		14	271	36	37		
宁　夏	238	226				3	238	223		
新　疆	11432	5977					10892	5706		

3—69 续表

单位:万元

地区	专卖店		便利店		仓储会员店		家居建材商店		其他	
	2005年	2004年	2005年	2004年	2005年	2004年	2005年	2004年	2005年	2004年
全国	**284404**	**262716**	**318913**	**228529**	**680**		**3176**	**3895**	**981**	**1026**
北京	36606	18352	1514	151					981	1026
天津										
河北	1133	1793	5985	4866						
山西			15186	13521						
内蒙古										
辽宁	223	563	39645	15662						
吉林										
黑龙江										
上海	42253	38440	163654	137223			3176	3895		
江苏	12299	10522	2821	3053						
浙江	10400	13971	51509	26883						
安徽										
福建										
江西	4521	3199								
山东			700	900						
河南	26568	38631			680					
湖北	4998	4761	2270	2472						
湖南	256	45								
广东	120323	109158	147	79						
广西										
海南										
重庆										
四川	719	620	30228	21600						
贵州										
云南			145	240						
西藏										
陕西	23744	22422	4929	1848						
甘肃										
青海										
宁夏										
新疆	360	240	180	31						

3－70　各地区限额以上连锁零售业商品零售额

（按业态分）

单位：万元

地　区	2005年	2004年	百货商店		超级市场		专业店		加油站	
			2005年	2004年	2005年	2004年	2005年	2004年	2005年	2004年
全　国	**78103204**	**61630819**	**9930590**	**7995069**	**23760069**	**19477883**	**39642623**	**29986845**	**21894583**	**16371933**
北　京	9175535	8157331	764228	637357	3566145	2885642	4002553	3792709	1015010	689276
天　津	1778486	1375449			464854	367252	1224086	932769	941835	711533
河　北	871406	588896	104473	80069	286017	229091	437670	237389		
山　西	492039	345708	97759	88403	195300	154450	170275	76751	58233	22737
内蒙古	1181922	721392	34234	27572	4009	2500	1143680	691320	1117202	669260
辽　宁	1483941	1100730	24289	19110	256399	176810	964735	691370	801701	522564
吉　林	126423	135138	3533	3373	64962	76837	57928	54929	13220	13210
黑龙江	491815	426742	102675	94485	99633	116446	289507	215811	185845	133230
上　海	11777511	10123910	207745	197177	7978573	6918087	1423216	1218968	4732	57619
江　苏	8502264	5685890	932578	718426	2485270	2002110	4991501	2881954	181609	124661
浙　江	4515459	3427310			1249553	972063	2966948	2225386	2409748	1726307
安　徽	2596311	2031783	878083	612861	145998	86109	1568650	1329870	1420624	1195207
福　建	1847871	1268944	72416	55583	264797	197729	1503589	1009742	1087623	774058
江　西	1601187	1168699	352600	300128	14537	12162	1231065	854164	1069177	751465
山　东	4885528	3760302	1544774	1205465	702370	570730	2581398	1955739	998757	686384
河　南	582700	550403	19504	19273	304017	258595	170671	142427		
湖　北	3148032	2583163	1250572	1076684	829452	710247	1015643	698337	639568	433793
湖　南	3133214	3015690	123623	77777	503787	319468	2481287	2592576	2150598	2315626
广　东	13126756	9993038	2413846	1951281	3567289	2817495	6702780	4878717	4476625	3129750
广　西	629190	480452			116054	112304	505265	360680	434336	310596
海　南	299652	217547			15484	15294	284168	202253	276139	195038
重　庆	1406779	1163307	855576	691420	78131	62647	465497	402205	155006	124781
四　川	918050	637446	22151	11772	192697	132925	472841	315216	95920	64641
贵　州	882217	694883	16160	14737	969	1236	839548	652486	630460	447295
云　南	387223	311295	6725	7688	170176	140965	208545	160387		
西　藏										
陕　西	823506	615266	32020	32000	134448	109709	644915	465826	617763	439534
甘　肃	817700	645008			8217	7317	809483	637692	798031	628671
青　海	57985	62533	45816	50354	1811	2157	10358	10023		
宁　夏	280755	179529			24738	7129	256017	172400	236796	153978
新　疆	281749	163035	25212	22073	34383	12380	218803	126752	78025	50719

3—70 续表

单位:万元

地区	专卖店		便利店		仓储会员店		家居建材商店		其他	
	2005年	2004年	2005年	2004年	2005年	2004年	2005年	2004年	2005年	2004年
全国	**1108580**	**1017475**	**1872303**	**1520125**	**845508**	**696400**	**890432**	**896290**	**53100**	**40733**
北京	391666	332588	123539	118515	60303	33700	214004	316088	53100	40733
天津	22150	18786	3656	3122			63739	53521		
河北	5058	5979	38189	36369						
山西	2189	1775	26515	24328						
内蒙古										
辽宁	151043	148690	87474	64751						
吉林										
黑龙江										
上海	68948	64105	948079	753878	754633	634646	396317	337051		
江苏	38844	37926	33708	29206			20364	16269		
浙江	83851	65384	187258	141920			27851	22556		
安徽	3580	2943								
福建	697	869	6372	5021						
江西	2985	2244								
山东	10550	10659	33972	6756	1450	1589	11013	9363		
河南	49089	67422	39419	62686						
湖北	37858	84048	14507	13847						
湖南	16297	18018	8220	7852						
广东	217615	151528	60590	49256	7491	3319	157144	141442		
广西			7871	7467						
海南										
重庆	972	487	6602	6549						
四川	3379	2915	226982	174620						
贵州			3909	3278	21631	23146				
云南			1778	2257						
西藏										
陕西			12123	7732						
甘肃										
青海										
宁夏										
新疆	1809	1114	1542	715						

3—71 各地区限额以上直营连锁零售业商品零售额

（按业态分）

单位：万元

地区	2005年	2004年	百货商店		超级市场		专业店		加油站	
			2005年	2004年	2005年	2004年	2005年	2004年	2005年	2004年
全国	**68167287**	**52853004**	**9207659**	**7443638**	**19514497**	**15618044**	**35240480**	**26078363**	**21615200**	**16126621**
北京	7714747	6286853	764228	637357	3514379	2843146	2629670	1980396	1015010	689276
天津	1778486	1375449			464854	367252	1224086	932769	941835	711533
河北	845195	563726	104473	80069	267310	210897	437284	237071		
山西	476853	332187	97759	88403	195300	154450	170275	76751	58233	22737
内蒙古	1181922	721392	34234	27572	4009	2500	1143680	691320	1117202	669260
辽宁	1377828	1019430	24289	19110	256219	176580	898671	626525	753636	475131
吉林	123630	132175	3533	3373	64962	76244	55135	52559	13220	13210
黑龙江	485893	421647	102675	94485	99633	116446	283585	210716	185845	133230
上海	8966278	7358805	99435	94881	5509309	4465065	1398640	1188738	3880	47248
江苏	6046494	4003645	722578	598426	1438514	1148231	3804910	2185004	181609	124661
浙江	4380180	3331199			1188588	927770	2954126	2214525	2409748	1726307
安徽	2441820	1882188	810967	548601	145922	85954	1481351	1244690	1334400	1111542
福建	1833503	1256245	66465	51530	264747	197729	1495222	1001096	1087623	774058
江西	1600718	1168232	352600	300128	14537	12162	1230596	853697	1069177	751465
山东	3709677	3001406	1350406	1101621	649990	535386	1652296	1336032	998757	686384
河南	506439	475298	19218	19188	283426	247835	141855	116798		
湖北	3103908	2546144	1245539	1071524	814391	694203	996610	687283	633810	432030
湖南	3099406	2985013	123623	77777	486006	300668	2465516	2580743	2150598	2315626
广东	11943915	9017845	2282124	1799548	3092776	2467460	6241754	4511336	4456625	3129750
广西	608089	458131			102239	99925	497979	350738	431902	306699
海南	299152	217074			15484	15294	283668	201780	276139	195038
重庆	1373214	1135246	855576	691420	76958	61670	433105	375121	155006	124781
四川	881703	608407	22151	11772	191114	131405	469024	309916	95620	64371
贵州	861492	679033	16160	14737	969	1236	818823	636636	613460	434413
云南	382429	306931	6725	7688	169280	140120	204792	157107		
西藏										
陕西	816744	610738	32020	32000	134448	109709	643082	463146	617763	439534
甘肃	718950	559978			8217	7317	710733	552662	699281	543641
青海	57790	62226	45671	50354	1797	1886	10322	9986		
宁夏	280517	179303			24738	7126	255779	172177	236796	153978
新疆	270317	157058	25212	22073	34383	12380	207911	121046	78025	50719

3—71 续表

单位:万元

地区	专卖店		便利店		仓储会员店		家居建材商店		其他	
	2005年	2004年	2005年	2004年	2005年	2004年	2005年	2004年	2005年	2004年
全国	**863308**	**789340**	**1556461**	**1294967**	**845508**	**696400**	**887256**	**892395**	**52119**	**39857**
北京	358021	317946	122025	118364	60303	33700	214004	316088	52119	39857
天津	22150	18786	3656	3122			63739	53521		
河北	3925	4186	32204	31503						
山西	2189	1775	11329	10807						
内蒙古										
辽宁	150820	148127	47829	49089						
吉林										
黑龙江										
上海	26695	25665	784425	616655	754633	634646	393141	333156		
江苏	29242	29562	30887	26153			20364	16269		
浙江	73768	51311	135849	115037			27851	22556		
安徽	3580	2943								
福建	697	869	6372	5021						
江西	2985	2244								
山东	10550	10659	33972	6756	1450	1589	11013	9363		
河南	22521	28791	39419	62686						
湖北	32860	79287	14507	13847						
湖南	16041	17973	8220	7852						
广东	102183	45563	60443	49177	7491	3319	157144	141442		
广西			7871	7467						
海南										
重庆	972	487	6602	6549						
四川	2660	2295	196754	153020						
贵州			3909	3278	21631	23146				
云南			1633	2017						
西藏										
陕西			7194	5884						
甘肃										
青海										
宁夏										
新疆	1449	874	1362	684						

3—72 各地区限额以上加盟连锁零售业商品零售额

（按业态分）

单位：万元

地区	2005年	2004年	百货商店		超级市场		专业店		加油站	
			2005年	2004年	2005年	2004年	2005年	2004年	2005年	2004年
全国	**9935917**	**8777815**	**722931**	**551431**	**4245572**	**3859839**	**4402144**	**3908482**	**279383**	**245312**
北京	1460788	1870478			51766	42496	1372883	1812313		
天津										
河北	26211	25170			18707	18194	386	318		
山西	15186	13521								
内蒙古										
辽宁	106113	81300			180	230	66064	64845	48065	47433
吉林	2793	2963				593	2793	2370		
黑龙江	5922	5095					5922	5095		
上海	2811233	2765105	108310	102296	2469264	2453022	24576	30230	852	10371
江苏	2455770	1682245	210000	120000	1046756	853879	1186591	696950		
浙江	135279	96111			60965	44293	12822	10861		
安徽	154491	149595	67116	64260	76	155	87299	85180	86224	83665
福建	14368	12699	5951	4053	50		8367	8646		
江西	469	467					469	467		
山东	1175851	758896	194368	103844	52380	35344	929102	619707		
河南	76261	75105	286	85	20591	10760	28816	25629		
湖北	44124	37019	5033	5160	15061	16044	19033	11054	5758	1763
湖南	33808	30677			17781	18800	15771	11833		
广东	1182841	975193	131722	151733	474513	350035	461026	367381	20000	
广西	21101	22321			13815	12379	7286	9942	2434	3897
海南	500	473					500	473		
重庆	33565	28061			1173	977	32392	27084		
四川	36347	29039			1583	1520	3817	5300	300	270
贵州	20725	15850					20725	15850	17000	12882
云南	4794	4364			896	845	3753	3280		
西藏										
陕西	6762	4528					1833	2680		
甘肃	98750	85030					98750	85030	98750	85030
青海	195	307	145		14	271	36	37		
宁夏	238	226				3	238	223		
新疆	11432	5977					10892	5706		

3—72 续表

单位:万元

地区	专卖店		便利店		仓储会员店		家居建材商店		其他	
	2005年	2004年	2005年	2004年	2005年	2004年	2005年	2004年	2005年	2004年
全国	**245272**	**228135**	**315842**	**225157**			**3176**	**3895**	**981**	**876**
北京	33645	14642	1514	151					981	876
天津										
河北	1133	1793	5985	4866						
山西			15186	13521						
内蒙古										
辽宁	223	563	39645	15662						
吉林										
黑龙江										
上海	42253	38440	163654	137223			3176	3895		
江苏	9602	8364	2821	3053						
浙江	10083	14073	51409	26883						
安徽										
福建										
江西										
山东										
河南	26568	38631								
湖北	4998	4761								
湖南	256	45								
广东	115432	105965	147	79						
广西										
海南										
重庆										
四川	719	620	30228	21600						
贵州										
云南			145	240						
西藏										
陕西			4929	1848						
甘肃										
青海										
宁夏										
新疆	360	240	180	31						

3—73 东中西部地区限额以上连锁零售业门店数

（按业态分）

单位：个

地区	2005年	2004年	百货商店		超级市场		专业店		#加油站	
			2005年	2004年	2005年	2004年	2005年	2004年	2005年	2004年
全 国	**90476**	**77631**	**3438**	**3016**	**15421**	**12877**	**54241**	**47825**	**21411**	**20181**
东 部	60029	52070	2699	2343	12874	10719	30505	28015	12042	11802
中 部	17185	14171	507	482	1931	1573	13219	10695	6447	5582
西 部	13262	11390	232	191	616	585	10517	9115	2922	2797

3—73 续表

单位：个

地区	专卖店		便利店		仓储会员店		家居建材商店		其 他	
	2005年	2004年	2005年	2004年	2005年	2004年	2005年	2004年	2005年	2004年
全 国	**5718**	**4816**	**11218**	**8824**	**157**	**82**	**94**	**79**	**189**	**112**
东 部	4425	3492	9170	7251	73	59	94	79	189	112
中 部	745	786	727	635	56					
西 部	548	538	1321	938	28	23				

3—74 东中西部地区限额以上直营连锁零售业门店数

（按业态分）

单位：个

地区	2005年	2004年	百货商店		超级市场		专业店		#加油站	
			2005年	2004年	2005年	2004年	2005年	2004年	2005年	2004年
全 国	**61087**	**54841**	**1231**	**1057**	**9655**	**8370**	**40266**	**36648**	**20863**	**19671**
东 部	40371	36460	537	426	7368	6417	24598	22597	11819	11596
中 部	12551	11043	469	440	1749	1437	9510	8296	6300	5448
西 部	8165	7338	225	191	538	516	6158	5755	2744	2627

3—74 续表

单位：个

地区	专卖店		便利店		仓储会员店		家居建材商店		其 他	
	2005年	2004年	2005年	2004年	2005年	2004年	2005年	2004年	2005年	2004年
全 国	**1970**	**1772**	**7658**	**6762**	**105**	**82**	**93**	**78**	**109**	**72**
东 部	1542	1285	6051	5526	73	59	93	78	109	72
中 部	389	454	430	416	4					
西 部	39	33	1177	820	28	23				

3—75 东中西部地区限额以上加盟连锁零售业门店数

（按业态分）

单位：个

地区	2005年	2004年	百货商店		超级市场		专业店		#加油站	
			2005年	2004年	2005年	2004年	2005年	2004年	2005年	2004年
全国	**29389**	**22790**	**2207**	**1959**	**5766**	**4507**	**13975**	**11177**	**548**	**510**
东部	19658	15610	2162	1917	5506	4302	5907	5418	223	206
中部	4634	3128	38	42	182	136	3709	2399	147	134
西部	5097	4052	7		78	69	4359	3360	178	170

3—75 续表

单位：个

地区	专卖店		便利店		仓储会员店		家居建材商店		其他	
	2005年	2004年	2005年	2004年	2005年	2004年	2005年	2004年	2005年	2004年
全国	**3748**	**3044**	**3560**	**2062**	**52**		**1**	**1**	**80**	**40**
东部	2883	2207	3119	1725			1	1	80	40
中部	356	332	297	219	52					
西部	509	505	144	118						

3—76 东中西部地区限额以上连锁零售业营业面积

（按业态分）

单位：平方米

地区	2005年	2004年	百货商店		超级市场		专业店		#加油站	
			2005年	2004年	2005年	2004年	2005年	2004年	2005年	2004年
全国	**82027379**	**72025758**	**7938329**	**6702261**	**18621268**	**15274241**	**51865204**	**47004279**	**40290158**	**38514880**
东部	55324395	48454306	4962406	4151158	14816842	12172105	32511097	29617936	23807445	23317375
中部	16327947	14149212	2306300	2028670	3061609	2442741	10713615	9423612	9162281	8293799
西部	10375037	9422240	669623	522433	742817	659395	8640492	7962731	7320432	6903706

3—76 续表

单位：平方米

地区	专卖店		便利店		仓储会员店		家居建材商店		其他	
	2005年	2004年	2005年	2004年	2005年	2004年	2005年	2004年	2005年	2004年
全国	**414011**	**341823**	**1536122**	**1297408**	**296330**	**226486**	**1300363**	**1129813**	**55752**	**49447**
东部	314397	239281	1088853	887235	274685	207331	1300363	1129813	55752	49447
中部	71702	73832	173231	180357	1490					
西部	27912	28710	274038	229816	20155	19155				

3—77 东中西部地区限额以上直营连锁零售业营业面积

（按业态分）

单位：平方米

地 区	2005 年	2004 年	百货商店		超级市场		专业店		#加油站	
			2005 年	2004 年	2005 年	2004 年	2005 年	2004 年	2005 年	2004 年
全 国	**74945260**	**66233608**	**7321697**	**6196823**	**16078482**	**13274897**	**48457167**	**44069910**	**39378691**	**37648907**
东 部	49771696	43925507	4426356	3734340	12450047	10294215	30253553	27631932	23448738	22986452
中 部	15495425	13516566	2226465	1940050	2911180	2345252	10169032	9023462	8981521	8126449
西 部	9678139	8791535	668876	522433	717255	635430	8034582	7414516	6948432	6536006

3—77 续表

单位：平方米

地 区	专卖店		便利店		仓储会员店		家居建材商店		其 他	
	2005 年	2004 年	2005 年	2004 年	2005 年	2004 年	2005 年	2004 年	2005 年	2004 年
全 国	**209300**	**190549**	**1239449**	**1102943**	**295290**	**226486**	**1293763**	**1123213**	**50112**	**48787**
东 部	164968	142493	858212	743196	274685	207331	1293763	1123213	50112	48787
中 部	40422	44726	147876	163076	450					
西 部	3910	3330	233361	196671	20155	19155				

3—78 东中西部地区限额以上加盟连锁零售业营业面积

（按业态分）

单位：平方米

地 区	2005 年	2004 年	百货商店		超级市场		专业店		#加油站	
			2005 年	2004 年	2005 年	2004 年	2005 年	2004 年	2005 年	2004 年
全 国	**7082119**	**5792150**	**616632**	**505438**	**2542786**	**1999344**	**3408037**	**2934369**	**911467**	**865973**
东 部	5552699	4528799	536050	416818	2366795	1877890	2257544	1986004	358707	330923
中 部	832522	632646	79835	88620	150429	97489	544583	400150	180760	167350
西 部	696898	630705	747		25562	23965	605910	548215	372000	367700

3—78 续表

单位：平方米

地 区	专卖店		便利店		仓储会员店		家居建材商店		其 他	
	2005 年	2004 年	2005 年	2004 年	2005 年	2004 年	2005 年	2004 年	2005 年	2004 年
全 国	**204711**	**151274**	**296673**	**194465**	**1040**		**6600**	**6600**	**5640**	**660**
东 部	149429	96788	230641	144039			6600	6600	5640	660
中 部	31280	29106	25355	17281	1040					
西 部	24002	25380	40677	33145						

3—79 东中西部地区限额以上连锁零售业从业人员

（按业态分）

单位：人

地区	2005年	2004年	百货商店		超级市场		专业店		#加油站	
			2005年	2004年	2005年	2004年	2005年	2004年	2005年	2004年
全国	**1488235**	**1282285**	**181603**	**166389**	**562015**	**479518**	**595175**	**505060**	**189923**	**176486**
东部	1059050	908011	98830	90411	435289	372117	409633	345910	111074	106325
中部	295595	252861	64599	59732	105010	86418	108820	90531	51805	45037
西部	133590	121413	18174	16246	21716	20983	76722	68619	27044	25124

3—79 续表

单位：人

地区	专卖店		便利店		仓储会员店		家居建材商店		其他	
	2005年	2004年	2005年	2004年	2005年	2004年	2005年	2004年	2005年	2004年
全国	**44610**	**38128**	**80256**	**70587**	**10303**	**7427**	**12437**	**13618**	**1836**	**1558**
东部	32604	25917	58991	51769	9430	6711	12437	13618	1836	1558
中部	7348	7300	9700	8880	118					
西部	4658	4911	11565	9938	755	716				

3—80 东中西部地区限额以上直营连锁零售业从业人员

（按业态分）

单位：人

地区	2005年	2004年	百货商店		超级市场		专业店		#加油站	
			2005年	2004年	2005年	2004年	2005年	2004年	2005年	2004年
全国	**1226552**	**1062057**	**157270**	**142093**	**459456**	**394107**	**497149**	**422105**	**184907**	**171774**
东部	853608	736651	82437	75835	340400	292997	340649	285257	108365	103858
中部	262684	223850	56679	50012	98053	80863	95970	81057	51008	44261
西部	110260	101556	18154	16246	21003	20247	60530	55791	25534	23655

3—80 续表

单位：人

地区	专卖店		便利店		仓储会员店		家居建材商店		其他	
	2005年	2004年	2005年	2004年	2005年	2004年	2005年	2004年	2005年	2004年
全国	**24107**	**21683**	**64389**	**59652**	**10199**	**7427**	**12383**	**13558**	**1599**	**1432**
东部	19031	16679	47679	44182	9430	6711	12383	13558	1599	1432
中部	4592	4569	7376	7349	14					
西部	484	435	9334	8121	755	716				

3—81 东中西部地区限额以上加盟连锁零售业从业人员

（按业态分）

单位：人

地区	2005年	2004年	百货商店		超级市场		专业店		#加油站	
			2005年	2004年	2005年	2004年	2005年	2004年	2005年	2004年
全国	**261683**	**220228**	**24333**	**24296**	**102559**	**85411**	**98026**	**82955**	**5016**	**4712**
东部	205442	171360	16393	14576	94889	79120	68984	60653	2709	2467
中部	32911	29011	7920	9720	6957	5555	12850	9474	797	776
西部	23330	19857	20		713	736	16192	12828	1510	1469

3—81 续表

单位：人

地区	专卖店		便利店		仓储会员店		家居建材商店		其他	
	2005年	2004年	2005年	2004年	2005年	2004年	2005年	2004年	2005年	2004年
全国	**20503**	**16445**	**15867**	**10935**	**104**		**54**	**60**	**237**	**126**
东部	13573	9238	11312	7587			54	60	237	126
中部	2756	2731	2324	1531	104					
西部	4174	4476	2231	1817						

3—82 东中西部地区限额以上连锁零售业商品购进总额

（按业态分）

单位：万元

地区	2005年	2004年	百货商店		超级市场		专业店		#加油站	
			2005年	2004年	2005年	2004年	2005年	2004年	2005年	2004年
全国	**90440922**	**71300583**	**9216760**	**9129414**	**21701696**	**17857346**	**54410013**	**40186241**	**33300254**	**24068168**
东部	69055892	55020885	5289301	5976230	18951711	15734148	40268378	29732473	22721134	16234179
中部	14549927	10945868	2972506	2415165	2147096	1676485	9249642	6637030	7174807	5209777
西部	6835105	5333830	954953	738019	602889	446713	4891993	3816739	3404313	2624211

3—82 续表

单位：万元

地区	专卖店		便利店		仓储会员店		家居建材商店		其他	
	2005年	2004年	2005年	2004年	2005年	2004年	2005年	2004年	2005年	2004年
全国	**1501091**	**1186351**	**1877717**	**1450376**	**787926**	**638316**	**890951**	**796158**	**54769**	**56379**
东部	1373328	1042287	1466386	1068668	761069	614542	890951	796158	54769	56379
中部	104027	123214	76018	93974	639					
西部	23737	20850	335314	287735	26218	23775				

3—83 东中西部地区限额以上直营连锁零售业商品购进总额

（按业态分）

单位:万元

地 区	2005年	2004年	百货商店		超级市场		专业店		#加油站	
			2005年	2004年	2005年	2004年	2005年	2004年	2005年	2004年
全 国	**81270157**	**63146432**	**8593444**	**8764013**	**19142104**	**14909024**	**49086723**	**35871527**	**32659766**	**23598706**
东 部	60652921	47452718	4812321	5693775	16450244	12844515	35415492	25765901	22309912	15934834
中 部	13989496	10529029	2826642	2332219	2092948	1621389	8933670	6417838	7048815	5120549
西 部	6627741	5164685	954481	738019	598912	443120	4737561	3687788	3301040	2543323

3—83 续表

单位:万元

地 区	专卖店		便利店		仓储会员店		家居建材商店		其 他	
	2005年	2004年	2005年	2004年	2005年	2004年	2005年	2004年	2005年	2004年
全 国	**1121687**	**848590**	**1596750**	**1266880**	**787400**	**638316**	**888108**	**792501**	**53941**	**55581**
东 部	1048673	773521	1223073	912382	761069	614542	888108	792501	53942	55581
中 部	67504	70736	68620	86847	113					
西 部	5510	4333	305058	267651	26218	23775				

3—84 东中西部地区限额以上加盟连锁零售业商品购进总额

（按业态分）

单位:万元

地 区	2005年	2004年	百货商店		超级市场		专业店		#加油站	
			2005年	2004年	2005年	2004年	2005年	2004年	2005年	2004年
全 国	**9170765**	**8154151**	**623316**	**365401**	**2559592**	**2948322**	**5323290**	**4314714**	**640488**	**469461**
东 部	8402971	7568167	476980	282455	2501467	2889633	4852886	3966572	411222	299345
中 部	560431	416839	145864	82946	54148	55096	315972	219192	125992	89228
西 部	207364	169145	472		3977	3593	154432	128951	103273	80888

3—84 续表

单位:万元

地 区	专卖店		便利店		仓储会员店		家居建材商店		其 他	
	2005年	2004年	2005年	2004年	2005年	2004年	2005年	2004年	2005年	2004年
全 国	**379405**	**337762**	**280967**	**183497**	**526**		**2843**	**3657**	**827**	**798**
东 部	324655	268766	243313	156286			2843	3657	827	798
中 部	36523	52478	7398	7127	526					
西 部	18227	16517	30256	20084						

3—85 东中西部地区限额以上连锁零售业统一配送商品购进额

（按业态分）

单位:万元

地区	2005年	2004年	百货商店		超级市场		专业店		#加油站	
			2005年	2004年	2005年	2004年	2005年	2004年	2005年	2004年
全　国	**70367722**	**55455970**	**4943751**	**5654940**	**17212805**	**14763618**	**44482628**	**32119259**	**28135165**	**20303971**
东　部	53292282	42756308	3097940	4169670	15009107	13233830	31977928	22920155	18899804	13508561
中　部	10751352	7781203	1219922	1024498	1648797	1106934	7741866	5491426	5831049	4171200
西　部	6324088	4918458	625891	460773	554901	422853	4762834	3707678	3404313	2624211

3—85 续表

单位:万元

地区	专卖店		便利店		仓储会员店		家居建材商店		其　他	
	2005年	2004年	2005年	2004年	2005年	2004年	2005年	2004年	2005年	2004年
全　国	**780844**	**645119**	**1708965**	**1256170**	**771111**	**626685**	**415805**	**335099**	**51814**	**55079**
东　部	658820	506553	1335453	932535	745417	603386	415805	335099	51814	55079
中　部	98288	117715	42481	40631						
西　部	23737	20850	331031	283005	25694	23299				

3—86 东中西部地区限额以上直营连锁零售业统一配送商品购进额

（按业态分）

单位:万元

地区	2005年	2004年	百货商店		超级市场		专业店		#加油站	
			2005年	2004年	2005年	2004年	2005年	2004年	2005年	2004年
全　国	**64898758**	**50687252**	**4490461**	**5416213**	**15480262**	**12436548**	**41637852**	**30250020**	**27581682**	**19910650**
东　部	48544464	38536472	2790426	4013883	13330807	10963832	29563237	21365008	18560826	13273754
中　部	10221183	7385458	1074617	941557	1598481	1053356	7450111	5290713	5719817	4093573
西　部	6133111	4765321	625419	460773	550974	419360	4624504	3594299	3301040	2543323

3—86 续表

单位:万元

地区	专卖店		便利店		仓储会员店		家居建材商店		其　他	
	2005年	2004年	2005年	2004年	2005年	2004年	2005年	2004年	2005年	2004年
全　国	**599195**	**476779**	**1452660**	**1091146**	**771111**	**626685**	**415805**	**335099**	**51413**	**54762**
东　部	530793	406117	1116567	794385	745417	603386	415805	335099	51413	54762
中　部	62892	66328	35083	33504						
西　部	5510	4333	301010	263257	25694	23299				

3—87 东中西部地区限额以上加盟连锁零售业统一配送商品购进额

（按业态分）

单位：万元

地区	2005年	2004年	百货商店		超级市场		专业店		＃加油站	
			2005年	2004年	2005年	2004年	2005年	2004年	2005年	2004年
全　国	**5468964**	**4768718**	**453290**	**238727**	**1732543**	**2327069**	**2844776**	**1869239**	**553483**	**393321**
东　部	4747818	4219836	307514	155787	1678300	2269998	2414691	1555147	338978	234807
中　部	530169	395745	145305	82941	50316	53578	291755	200713	111232	77627
西　部	190977	153137	472		3927	3493	138330	113379	103273	80888

3—87 续表

单位：万元

地区	专卖店		便利店		仓储会员店		家居建材商店		其　他	
	2005年	2004年	2005年	2004年	2005年	2004年	2005年	2004年	2005年	2004年
全　国	**181650**	**168340**	**256304**	**165024**					**401**	**317**
东　部	128027	100436	218886	138150					401	317
中　部	35396	51387	7398	7127						
西　部	18227	16517	30021	19748						

3—88 东中西部地区限额以上连锁零售业自有配送中心配送商品购进额

（按业态分）

单位：万元

地区	2005年	2004年	百货商店		超级市场		专业店		＃加油站	
			2005年	2004年	2005年	2004年	2005年	2004年	2005年	2004年
全　国	**57735641**	**44816703**	**4539365**	**5383195**	**10458012**	**8562879**	**40902961**	**29480867**	**26622106**	**19151812**
东　部	42456186	33437905	2754806	3950799	8568018	7259518	29801377	21313597	18704620	13328758
中　部	9278642	6688442	1158668	971624	1624190	1084860	6362834	4483197	4513174	3198844
西　部	6000813	4690356	625891	460773	265805	218501	4738750	3684074	3404313	2624211

3—88 续表

单位：万元

地区	专卖店		便利店		仓储会员店		家居建材商店		其　他	
	2005年	2004年	2005年	2004年	2005年	2004年	2005年	2004年	2005年	2004年
全　国	**729993**	**578303**	**944919**	**681512**	**33113**	**26725**	**127278**	**103222**		
东　部	616080	449404	581208	357939	7419	3426	127278	103222		
中　部	90469	108132	42481	40631						
西　部	23444	20767	321229	282943	25694	23299				

3—89 东中西部地区限额以上直营连锁零售业自有配送中心配送商品购进额

（按业态分）

单位：万元

地区	2005年	2004年	百货商店		超级市场		专业店		#加油站	
			2005年	2004年	2005年	2004年	2005年	2004年	2005年	2004年
全　国	**53188021**	**41293615**	**4238632**	**5213208**	**9297881**	**7242303**	**38094340**	**27664707**	**26068623**	**18758491**
东　部	38608581	30452596	2599695	3863692	7460286	5994668	27414657	19808127	18365642	13093951
中　部	8763591	6302999	1013517	888744	1574886	1032016	6079011	4285697	4401942	3121217
西　部	5815849	4538020	625419	460773	262710	215619	4600672	3570884	3301040	2543323

3—89 续表

单位：万元

地区	专卖店		便利店		仓储会员店		家居建材商店		其　他	
	2005年	2004年	2005年	2004年	2005年	2004年	2005年	2004年	2005年	2004年
全　国	**572113**	**433717**	**824665**	**609733**	**33113**	**26725**	**127278**	**103222**		
东　部	505803	366428	493444	313034	7419	3426	127278	103222		
中　部	61094	63039	35083	33504						
西　部	5217	4250	296137	263195	25694	23299				

3—90 东中西部地区限额以上加盟连锁零售业自有配送中心配送商品购进额

（按业态分）

单位：万元

地区	2005年	2004年	百货商店		超级市场		专业店		#加油站	
			2005年	2004年	2005年	2004年	2005年	2004年	2005年	2004年
全　国	**4547620**	**3523088**	**300734**	**169987**	**1160131**	**1320576**	**2808622**	**1816160**	**553483**	**393321**
东　部	3847605	2985309	155111	87107	1107732	1264850	2386720	1505470	338978	234807
中　部	515051	385443	145151	82880	49304	52844	283823	197500	111232	77627
西　部	184964	152336	472		3095	2882	138078	113190	103273	80888

3—90 续表

单位：万元

地区	专卖店		便利店		仓储会员店		家居建材商店		其　他	
	2005年	2004年	2005年	2004年	2005年	2004年	2005年	2004年	2005年	2004年
全　国	**157879**	**144586**	**120254**	**71779**						
东　部	110277	82976	87764	44905						
中　部	29375	45093	7398	7127						
西　部	18227	16517	25092	19748						

3—91 东中西部地区限额以上连锁零售业非自有配送中心配送商品购进额

（按业态分）

单位：万元

地区	2005年	2004年	百货商店		超级市场		专业店		#加油站	
			2005年	2004年	2005年	2004年	2005年	2004年	2005年	2004年
全　国	**12632081**	**10639267**	**404386**	**271746**	**6754792**	**6200738**	**3579667**	**2638393**	**1513059**	**1152159**
东　部	10836096	9318403	343133	218872	6441089	5974312	2176551	1606558	195184	179803
中　部	1472710	1092762	61253	52874	24607	22074	1379032	1008230	1317875	972355
西　部	323276	228102			289096	204352	24085	23605		

3—91 续表

单位：万元

地区	专卖店		便利店		仓储会员店		家居建材商店		其　他	
	2005年	2004年	2005年	2004年	2005年	2004年	2005年	2004年	2005年	2004年
全　国	**50852**	**66816**	**764046**	**574658**	**737998**	**599960**	**288527**	**231877**	**51814**	**55079**
东　部	42740	57150	754245	574596	737998	599960	288527	231877	51814	55079
中　部	7819	9583								
西　部	294	83	9802	62						

3—92 东中西部地区限额以上直营连锁零售业非自有配送中心配送商品购进额

（按业态分）

单位：万元

地区	2005年	2004年	百货商店		超级市场		专业店		#加油站	
			2005年	2004年	2005年	2004年	2005年	2004年	2005年	2004年
全　国	**11710737**	**9393637**	**251829**	**203005**	**6182381**	**5194245**	**3543512**	**2585313**	**1513059**	**1152159**
东　部	9935883	8083876	190730	150192	5870521	4969164	2148580	1556881	195184	179803
中　部	1457592	1082459	61099	52813	23595	21340	1371100	1005017	1317875	972355
西　部	317263	227301			288264	203741	23833	23415		

3—92 续表

单位：万元

地区	专卖店		便利店		仓储会员店		家居建材商店		其　他	
	2005年	2004年	2005年	2004年	2005年	2004年	2005年	2004年	2005年	2004年
全　国	**27081**	**43062**	**627995**	**481413**	**737998**	**599960**	**288527**	**231877**	**51413**	**54762**
东　部	24990	39690	623123	481351	737998	599960	288527	231877	51413	54762
中　部	1798	3289								
西　部	294	83	4873	62						

3—93 东中西部地区限额以上加盟连锁零售业非自有配送中心配送商品购进额

（按业态分）

单位：万元

地区	2005年	2004年	百货商店		超级市场		专业店		#加油站	
			2005年	2004年	2005年	2004年	2005年	2004年	2005年	2004年
全　国	**921344**	**1245630**	**152556**	**68741**	**572411**	**1006493**	**36155**	**53080**		
东　部	900213	1234527	152403	68680	570568	1005148	27971	49677		
中　部	15118	10303	154	61	1012	734	7932	3213		
西　部	6013	801			832	611	252	190		

3—93 续表

单位：万元

地区	专卖店		便利店		仓储会员店		家居建材商店		其　他	
	2005年	2004年	2005年	2004年	2005年	2004年	2005年	2004年	2005年	2004年
全　国	**23771**	**23755**	**136050**	**93245**					**401**	**317**
东　部	17750	17460	131122	93245					401	317
中　部	6021	6294								
西　部			4929							

3—94 东中西部地区限额以上连锁零售业商品销售额

（按业态分）

单位：万元

地区	2005年	2004年	百货商店		超级市场		专业店		#加油站	
			2005年	2004年	2005年	2004年	2005年	2004年	2005年	2004年
全　国	**106683746**	**83936158**	**11571706**	**9298397**	**28488359**	**23415972**	**60859489**	**46458374**	**38023121**	**29234987**
东　部	82257181	64183658	6790648	5356620	25282017	20934224	45053570	33778967	25815854	19240827
中　部	16954922	13851707	3708257	3047550	2547338	1995795	10482470	8508669	8412930	7008794
西　部	7471643	5900793	1072801	894228	659004	485953	5323448	4170739	3794338	2985366

3—94 续表

单位：万元

地区	专卖店		便利店		仓储会员店		家居建材商店		其　他	
	2005年	2004年	2005年	2004年	2005年	2004年	2005年	2004年	2005年	2004年
全　国	**1554148**	**1305448**	**2264336**	**1764485**	**861336**	**706661**	**1028850**	**939943**	**55523**	**46879**
东　部	1403340	1094861	1804334	1348651	838899	683515	1028850	939943	55524	46879
中　部	119265	182037	96786	117657	806					
西　部	31543	28550	363216	298177	21631	23146				

3—95　东中西部地区限额以上直营连锁零售业商品销售额

（按业态分）

单位：万元

地区	2005年	2004年	百货商店		超级市场		专业店		#加油站	
			2005年	2004年	2005年	2004年	2005年	2004年	2005年	2004年
全　国	**95096430**	**73995117**	**10772210**	**8696032**	**24166659**	**19452135**	**55001522**	**41579700**	**37348263**	**28697419**
东　部	71404303	54858808	6069344	4828678	21017492	17020355	39679890	29282464	25362313	18891740
中　部	16459885	13434515	3630211	2973126	2493829	1949442	10173468	8274881	8307662	6918495
西　部	7232242	5701793	1072656	894228	655338	482338	5148163	4022355	3678288	2887184

3—95　续表

单位：万元

地区	专卖店		便利店		仓储会员店		家居建材商店		其　他	
	2005年	2004年	2005年	2004年	2005年	2004年	2005年	2004年	2005年	2004年
全　国	**1269744**	**1042732**	**1945424**	**1535956**	**860656**	**706661**	**1025674**	**936048**	**54543**	**45853**
东　部	1180102	902062	1538360	1159833	838899	683515	1025674	936048	54543	45853
中　部	82921	135402	79330	101665	126					
西　部	6720	5268	327734	274458	21631	23146				

3—96　东中西部地区限额以上加盟连锁零售业商品销售额

（按业态分）

单位：万元

地区	2005年	2004年	百货商店		超级市场		专业店		#加油站	
			2005年	2004年	2005年	2004年	2005年	2004年	2005年	2004年
全　国	**11587316**	**9941041**	**799496**	**602365**	**4321700**	**3963836**	**5857967**	**4878674**	**674859**	**537568**
东　部	10852878	9324850	721304	527942	4264525	3913869	5373680	4496503	453541	349087
中　部	495037	417192	78046	74424	53509	46353	309002	233788	105268	90299
西　部	239401	199000	145		3666	3615	175285	148384	116050	98182

3—96　续表

单位：万元

地区	专卖店		便利店		仓储会员店		家居建材商店		其　他	
	2005年	2004年	2005年	2004年	2005年	2004年	2005年	2004年	2005年	2004年
全　国	**284404**	**262716**	**318913**	**228529**	**680**		**3176**	**3895**	**981**	**1026**
东　部	223238	192799	265974	188818			3176	3895	981	1026
中　部	36344	46635	17456	15992	680					
西　部	24823	23282	35482	23719						

3—97 东中西部地区限额以上连锁零售业商品零售额

（按业态分） 单位：万元

地区	2005年	2004年	百货商店		超级市场		专业店		#加油站	
			2005年	2004年	2005年	2004年	2005年	2004年	2005年	2004年
全　国	**78103204**	**61630819**	**9930590**	**7995069**	**23760069**	**19477883**	**39642623**	**29986845**	**21894583**	**16371933**
东　部	58893596	46179797	6064348	4864468	20952806	17264606	27587909	20387673	12628115	8927786
中　部	13353643	10978717	2862583	2300557	2161694	1736815	8128706	6656186	6654466	5534527
西　部	5855964	4472305	1003659	830044	645570	476462	3926008	2942987	2612002	1909619

3—97 续表 单位：万元

地区	专卖店		便利店		仓储会员店		家居建材商店		其他	
	2005年	2004年	2005年	2004年	2005年	2004年	2005年	2004年	2005年	2004年
全　国	**1108580**	**1017475**	**1872303**	**1520125**	**845508**	**696400**	**890432**	**896290**	**53100**	**40733**
东　部	990420	836511	1530706	1216262	823877	673254	890432	896290	53100	40733
中　部	111998	176449	88662	108713						
西　部	6161	4515	252935	195151	21631	23146				

3—98 东中西部地区限额以上直营连锁零售业商品零售额

（按业态分） 单位：万元

地区	2005年	2004年	百货商店		超级市场		专业店		#加油站	
			2005年	2004年	2005年	2004年	2005年	2004年	2005年	2004年
全　国	**68167287**	**52853004**	**9207659**	**7443638**	**19514497**	**15618044**	**35240480**	**26078363**	**21615200**	**16126621**
东　部	49503543	37889807	5413997	4382542	16764409	13454735	23518304	16766008	12556764	8866084
中　部	13020588	10664275	2790148	2231052	2108185	1690462	7968603	6514558	6562484	5449099
西　部	5643156	4298922	1003514	830044	641904	472847	3753572	2797798	2495952	1811437

3—98 续表 单位：万元

地区	专卖店		便利店		仓储会员店		家居建材商店		其他	
	2005年	2004年	2005年	2004年	2005年	2004年	2005年	2004年	2005年	2004年
全　国	**863308**	**789340**	**1556461**	**1294967**	**845508**	**696400**	**887256**	**892395**	**52119**	**39857**
东　部	778050	652672	1265532	1028344	823877	673254	887256	892395	52119	39857
中　部	80176	133013	73476	95192						
西　部	5082	3655	217453	171432	21631	23146				

3—99 东中西部地区限额以上加盟连锁零售业商品零售额

（按业态分）

单位:万元

地区	2005年	2004年	百货商店		超级市场		专业店		#加油站	
			2005年	2004年	2005年	2004年	2005年	2004年	2005年	2004年
全　国	**9935917**	**8777815**	**722931**	**551431**	**4245572**	**3859839**	**4402144**	**3908482**	**279383**	**245312**
东　部	9390053	8289990	650351	481926	4188397	3809871	4069605	3621665	71351	61702
中　部	333055	314442	72435	69505	53509	46353	160103	141628	91982	85428
西　部	212808	173383	145		3666	3615	172436	145189	116050	98182

3—99　续表

单位:万元

地区	专卖店		便利店		仓储会员店		家居建材商店		其　他	
	2005年	2004年	2005年	2004年	2005年	2004年	2005年	2004年	2005年	2004年
全　国	**245272**	**228135**	**315842**	**225157**			**3176**	**3895**	**981**	**876**
东　部	212370	183839	265174	187918			3176	3895	981	876
中　部	31822	43436	15186	13521						
西　部	1079	860	35482	23719						

3—100 六经济区限额以上连锁零售业门店数

（按业态分）

单位:个

地区	2005年	2004年	百货商店		超级市场		专业店		#加油站	
			2005年	2004年	2005年	2004年	2005年	2004年	2005年	2004年
全　国	**90476**	**77631**	**3438**	**3016**	**15421**	**12877**	**54241**	**47825**	**21411**	**20181**
华　北	9745	8744	74	71	1982	1660	5312	5062	2083	1966
东　北	3586	3205	217	217	116	110	2967	2586	1459	1408
华　东	43914	36992	2498	2194	9958	8140	22232	19334	9192	8407
中　南	19969	17300	417	343	2749	2382	13213	11728	5755	5603
西　南	10010	8282	173	160	382	333	8231	6962	1470	1424
西　北	3252	3108	59	31	234	252	2286	2153	1452	1373

3—100　续表

单位:个

地区	专卖店		便利店		仓储会员店		家居建材商店		其　他	
	2005年	2004年	2005年	2004年	2005年	2004年	2005年	2004年	2005年	2004年
全　国	**5718**	**4816**	**11218**	**8824**	**157**	**82**	**94**	**79**	**189**	**112**
华　北	830	723	1327	1090	3	1	28	25	189	112
东　北	22	24	264	268						
华　东	1692	1454	7447	5795	35	34	52	41		
中　南	2626	2077	859	733	91	24	14	13		
西　南	28	24	1168	780	28	23				
西　北	520	514	153	158						

3—101 六经济区限额以上直营连锁零售业门店数

（按业态分）

单位：个

地 区	2005年	2004年	百货商店		超级市场		专业店		#加油站	
			2005年	2004年	2005年	2004年	2005年	2004年	2005年	2004年
全 国	**61087**	**54841**	**1231**	**1057**	**9655**	**8370**	**40266**	**36648**	**20863**	**19671**
华 北	7353	6523	74	71	1411	1316	4427	3872	2083	1966
东 北	2741	2578	217	217	113	105	2247	2031	1377	1327
华 东	28672	25537	341	265	5179	4328	17606	15930	8957	8190
中 南	14156	12865	374	313	2414	2105	9828	9060	5702	5561
西 南	5770	5065	173	160	307	281	4175	3895	1450	1405
西 北	2395	2273	52	31	231	235	1983	1860	1294	1222

3—101 续表

单位：个

地 区	专卖店		便利店		仓储会员店		家居建材商店		其 他	
	2005年	2004年	2005年	2004年	2005年	2004年	2005年	2004年	2005年	2004年
全 国	**1970**	**1772**	**7658**	**6762**	**105**	**82**	**93**	**78**	**109**	**72**
华 北	527	461	774	705	3	1	28	25	109	72
东 北	21	22	143	203						
华 东	734	622	4726	4318	35	34	51	40		
中 南	649	634	838	716	39	24	14	13		
西 南	20	16	1067	690	28	23				
西 北	19	17	110	130						

3—102 六经济区限额以上加盟连锁零售业门店数

（按业态分）

单位：个

地 区	2005年	2004年	百货商店		超级市场		专业店		#加油站	
			2005年	2004年	2005年	2004年	2005年	2004年	2005年	2004年
全 国	**29389**	**22790**	**2207**	**1959**	**5766**	**4507**	**13975**	**11177**	**548**	**510**
华 北	2392	2221			571	344	885	1190		
东 北	845	627			3	5	720	555	82	81
华 东	15242	11455	2157	1929	4779	3812	4626	3404	235	217
中 南	5813	4435	43	30	335	277	3385	2668	53	42
西 南	4240	3217			75	52	4056	3067	20	19
西 北	857	835	7		3	17	303	293	158	151

3—102 续表

单位：个

地 区	专卖店		便利店		仓储会员店		家居建材商店		其 他	
	2005年	2004年	2005年	2004年	2005年	2004年	2005年	2004年	2005年	2004年
全 国	**3748**	**3044**	**3560**	**2062**	**52**		**1**	**1**	**80**	**40**
华 北	303	262	553	385					80	40
东 北	1	2	121	65						
华 东	958	832	2721	1477			1	1		
中 南	1977	1443	21	17	52					
西 南	8	8	101	90						
西 北	501	497	43	28						

3—103 六经济区限额以上连锁零售业营业面积

(按业态分)

单位:平方米

地区	2005年	2004年	百货商店		超级市场		专业店		#加油站	
			2005年	2004年	2005年	2004年	2005年	2004年	2005年	2004年
全国	**82027379**	**72025758**	**7938329**	**6702261**	**18621268**	**15274241**	**51865204**	**47004279**	**40290158**	**38514880**
华北	11489079	9476269	729300	716839	2857490	2282017	6915577	5654939	3743178	3311043
东北	3312533	3038768	154779	125371	663924	583535	2411544	2246646	2135954	2017727
华东	30096309	25505058	3347270	2795363	8859399	7119261	16310855	14308072	11917016	11315530
中南	26754421	24583423	3037357	2542255	5497638	4630033	17586736	16831891	15173578	14966874
西南	5649063	5061562	536564	394017	436088	377507	4400864	4057222	3332531	3231328
西北	4725974	4360678	133059	128416	306729	281888	4239628	3905509	3987901	3672378

3—103 续表

单位:平方米

地区	专卖店		便利店		仓储会员店		家居建材商店		其他	
	2005年	2004年	2005年	2004年	2005年	2004年	2005年	2004年	2005年	2004年
全国	**414011**	**341823**	**1536122**	**1297408**	**296330**	**226486**	**1300363**	**1129813**	**55752**	**49447**
华北	111425	90679	226304	195770	58751	18088	534480	468490	55752	49447
东北	7200	7300	75086	75916						
华东	85045	72116	721753	556179	212137	187277	559850	466790		
中南	182429	143018	238941	239727	5287	1966	206033	194533		
西南	1950	1530	253442	212131	20155	19155				
西北	25962	27180	20596	17685						

3—104 六经济区限额以上直营连锁零售业营业面积

(按业态分)

单位:平方米

地区	2005年	2004年	百货商店		超级市场		专业店		#加油站	
			2005年	2004年	2005年	2004年	2005年	2004年	2005年	2004年
全国	**74945260**	**66233608**	**7321697**	**6196823**	**16078482**	**13274897**	**48457167**	**44069910**	**39378691**	**37648907**
华北	10726220	8683622	729300	716839	2734365	2205042	6358950	4997387	3743178	3311043
东北	3106259	2840979	154779	125371	663624	581444	2226790	2067548	2016346	1902275
华东	26189047	22511913	2897404	2426878	6975824	5578874	14950803	13357089	11618806	11033502
中南	25245595	23405559	2871338	2405302	4987414	4274107	16886042	16233370	15051929	14866081
西南	5319670	4792093	536564	394017	410916	355105	4132926	3842782	3284731	3186028
西北	4358469	3999442	132312	128416	306339	280325	3901656	3571734	3663701	3349978

3—104 续表

单位:平方米

地区	专卖店		便利店		仓储会员店		家居建材商店		其他	
	2005年	2004年	2005年	2004年	2005年	2004年	2005年	2004年	2005年	2004年
全国	**209300**	**190549**	**1239449**	**1102943**	**295290**	**226486**	**1293763**	**1123213**	**50112**	**48787**
华北	90706	75823	169556	153166	58751	18088	534480	468490	50112	48787
东北	6900	6300	54166	60316						
华东	54254	46892	545375	454713	212137	187277	553250	460190		
中南	53530	58204	236991	238077	4247	1966	206033	194533		
西南	1550	1130	217559	179904	20155	19155				
西北	2360	2200	15802	16767						

3—105　六经济区限额以上加盟连锁零售业营业面积

（按业态分）

单位：平方米

地　区	2005年	2004年	百货商店		超级市场		专业店		#加油站	
			2005年	2004年	2005年	2004年	2005年	2004年	2005年	2004年
全　国	7082119	5792150	616632	505438	2542786	1999344	3408037	2934369	911467	865973
华　北	762859	792647			123125	76975	556627	657552		
东　北	206274	197789			300	2091	184754	179098	119608	115452
华　东	3907262	2993145	449866	368485	1883575	1540387	1360052	950983	298210	282028
中　南	1508826	1177864	166019	136953	510224	355926	700694	598521	121649	100793
西　南	329393	269469			25172	22402	267938	214440	47800	45300
西　北	367505	361236	747		390	1563	337972	333775	324200	322400

3—105　续表

单位：平方米

地　区	专卖店		便利店		仓储会员店		家居建材商店		其　他	
	2005年	2004年	2005年	2004年	2005年	2004年	2005年	2004年	2005年	2004年
全　国	204711	151274	296673	194465	1040		6600	6600	5640	660
华　北	20719	14856	56748	42604					5640	660
东　北	300	1000	20920	15600						
华　东	30791	25224	176378	101466			6600	6600		
中　南	128899	84814	1950	1650	1040					
西　南	400	400	35883	32227						
西　北	23602	24980	4794	918						

3—106　六经济区限额以上连锁零售业从业人员

（按业态分）

单位：人

地　区	2005年	2004年	百货商店		超级市场		专业店		#加油站	
			2005年	2004年	2005年	2004年	2005年	2004年	2005年	2004年
全　国	1488235	1282285	181603	166389	562015	479518	595175	505060	189923	176486
华　北	203531	182914	21619	22634	82184	71748	66655	57886	20537	15942
东　北	42873	41138	3584	3810	10120	9697	26574	25244	13450	12398
华　东	710187	609258	74031	66607	282358	241833	289405	245399	81069	76563
中　南	398054	327562	64195	57092	165637	135257	135819	107912	47823	46459
西　南	96464	85188	15534	13241	15155	14652	54520	47566	13047	11756
西　北	37126	36225	2640	3005	6561	6331	22202	21053	13997	13368

3—106　续表

单位：人

地　区	专卖店		便利店		仓储会员店		家居建材商店		其　他	
	2005年	2004年	2005年	2004年	2005年	2004年	2005年	2004年	2005年	2004年
全　国	44610	38128	80256	70587	10303	7427	12437	13618	1836	1558
华　北	11896	10123	12630	11328	1584	446	5127	7191	1836	1558
东　北	130	205	2465	2182						
华　东	7846	7031	43621	37770	7713	6166	5213	4452		
中　南	20080	15858	9975	9369	251	99	2097	1975		
西　南	165	132	10335	8881	755	716				
西　北	4493	4779	1230	1057						

3—107 六经济区限额以上直营连锁零售业从业人员

（按业态分）

单位：人

地 区	2005 年	2004 年	百货商店		超级市场		专业店		#加油站	
			2005 年	2004 年	2005 年	2004 年	2005 年	2004 年	2005 年	2004 年
全 国	**1226552**	**1062057**	**157270**	**142093**	**459456**	**394107**	**497149**	**422105**	**184907**	**171774**
华 北	184251	163759	21619	22634	78789	69107	56412	44947	20537	15942
东 北	38554	37197	3584	3810	10111	9595	22671	21645	12545	11507
华 东	542925	467617	52283	44654	200757	171853	238807	205413	79072	74667
中 南	350562	291928	61630	54749	148796	123305	118729	94309	47219	46003
西 南	79409	71722	15534	13241	14456	14045	40082	36437	12749	11474
西 北	30851	29834	2620	3005	6547	6202	20448	19354	12785	12181

3—107 续表

单位：人

地 区	专卖店		便利店		仓储会员店		家居建材商店		其 他	
	2005 年	2004 年	2005 年	2004 年	2005 年	2004 年	2005 年	2004 年	2005 年	2004 年
全 国	**24107**	**21683**	**64389**	**59652**	**10199**	**7427**	**12383**	**13558**	**1599**	**1432**
华 北	10040	8915	9081	9087	1584	446	5127	7191	1599	1432
东 北	110	160	2078	1987						
华 东	4151	3931	34055	31208	7713	6166	5159	4392		
中 南	9322	8242	9841	9249	147	99	2097	1975		
西 南	130	87	8452	7196	755	716				
西 北	354	348	882	925						

3—108 六经济区限额以上加盟连锁零售业从业人员

（按业态分）

单位：人

地 区	2005 年	2004 年	百货商店		超级市场		专业店		#加油站	
			2005 年	2004 年	2005 年	2004 年	2005 年	2004 年	2005 年	2004 年
全 国	**261683**	**220228**	**24333**	**24296**	**102559**	**85411**	**98026**	**82955**	**5016**	**4712**
华 北	19280	19155			3395	2641	10243	12939		
东 北	4319	3941			9	102	3903	3599	905	891
华 东	167262	141641	21748	21953	81601	69980	50598	39986	1997	1896
中 南	47492	35634	2565	2343	16841	11952	17090	13603	604	456
西 南	17055	13466			699	607	14438	11129	298	282
西 北	6275	6391	20		14	129	1754	1699	1212	1187

3—108 续表

单位：人

地 区	专卖店		便利店		仓储会员店		家居建材商店		其 他	
	2005 年	2004 年	2005 年	2004 年	2005 年	2004 年	2005 年	2004 年	2005 年	2004 年
全 国	**20503**	**16445**	**15867**	**10935**	**104**		**54**	**60**	**237**	**126**
华 北	1856	1208	3549	2241					237	126
东 北	20	45	387	195						
华 东	3695	3100	9566	6562			54	60		
中 南	10758	7616	134	120	104					
西 南	35	45	1883	1685						
西 北	4139	4431	348	132						

3—109　六经济区限额以上连锁零售业商品购进总额

（按业态分）

单位:万元

地　区	2005年	2004年	百货商店		超级市场		专业店		#加油站	
			2005年	2004年	2005年	2004年	2005年	2004年	2005年	2004年
全　国	**90440922**	**71300583**	**9216760**	**9129414**	**21701696**	**17857346**	**54410013**	**40186241**	**33300254**	**24068168**
华　北	13852706	11025825	647120	576445	3897069	2865993	8217653	6673121	4077066	2832907
东　北	2534966	1960415	95262	86471	358879	397353	1900668	1334303	1632746	1087791
华　东	44177394	34398851	4449461	3310046	10915243	10341097	26472489	18886324	14523857	10482661
中　南	23040752	18581660	3069965	4418435	5927616	3806189	12927210	9475756	9662273	7040598
西　南	4358795	3382263	906420	675261	393022	294955	2706924	2104148	1436296	1090686
西　北	2476309	1951568	48534	62758	209868	151758	2185069	1712591	1968017	1533525

3—109　续表

单位:万元

地　区	专卖店		便利店		仓储会员店		家居建材商店		其　他	
	2005年	2004年	2005年	2004年	2005年	2004年	2005年	2004年	2005年	2004年
全　国	**1501091**	**1186351**	**1877717**	**1450376**	**787926**	**638316**	**890951**	**796158**	**54769**	**56379**
华　北	546081	382698	147288	145320	58178	29597	284548	296273	54769	56379
东　北	85508	68673	94650	73616						
华　东	165095	141525	1018636	763162	680956	571698	475514	385001		
中　南	680671	572605	281830	180545	22574	13247	130888	114884		
西　南	4437	3512	321774	280613	26218	23775				
西　北	19300	17338	13541	7121						

3—110　六经济区限额以上直营连锁零售业商品购进总额

（按业态分）

单位:万元

地　区	2005年	2004年	百货商店		超级市场		专业店		#加油站	
			2005年	2004年	2005年	2004年	2005年	2004年	2005年	2004年
全　国	**81270157**	**63146432**	**8593444**	**8764013**	**19142104**	**14909024**	**49086723**	**35871527**	**32659766**	**23598706**
华　北	12459206	9245075	647120	576445	3857186	2840281	6887127	4940125	4077066	2832907
东　北	2399658	1856698	95262	86471	358752	396631	1807388	1248284	1560501	1023253
华　东	38096081	29422368	3919054	3021482	8839776	7795918	23234211	16916221	14115784	10186764
中　南	21687471	17457605	2977528	4341597	5487477	3433073	12420436	9079110	9605376	7012459
西　南	4266980	3302125	906420	675261	389181	291531	2644963	2048069	1421039	1078986
西　北	2360760	1862561	48062	62758	209732	151589	2092598	1639719	1880001	1464337

3—110　续表

单位:万元

地　区	专卖店		便利店		仓储会员店		家居建材商店		其　他	
	2005年	2004年	2005年	2004年	2005年	2004年	2005年	2004年	2005年	2004年
全　国	**1121687**	**848590**	**1596750**	**1266880**	**787400**	**638316**	**888108**	**792501**	**53942**	**55581**
华　北	533643	371267	137462	135507	58178	29597	284548	296273	53942	55581
东　北	85351	68438	52906	56875						
华　东	127589	106857	821824	628849	680956	571698	472671	381344		
中　南	369594	297695	279501	177999	22048	13247	130888	114884		
西　南	3618	2792	296580	260697	26218	23775				
西　北	1892	1541	8478	6953						

3－111　六经济区限额以上加盟连锁零售业商品购进总额

（按业态分）

单位：万元

地　区	2005年	2004年	百货商店		超级市场		专业店		#加油站	
			2005年	2004年	2005年	2004年	2005年	2004年	2005年	2004年
全　国	**9170765**	**8154151**	**623316**	**365401**	**2559592**	**2948322**	**5323290**	**4314714**	**640488**	**469461**
华　北	1393500	1780750			39883	25712	1330526	1732996		
东　北	135308	103717			127	722	93280	86019	72245	64538
华　东	6081313	4976483	530407	288564	2075467	2545179	3238278	1970103	408073	295897
中　南	1353281	1124055	92437	76838	440139	373116	506774	396646	56897	28139
西　南	91815	80138			3841	3424	61961	56079	15257	11700
西　北	115549	89007	472		136	169	92471	72872	88016	69188

3－111　续表

单位：万元

地　区	专卖店		便利店		仓储会员店		家居建材商店		其　他	
	2005年	2004年	2005年	2004年	2005年	2004年	2005年	2004年	2005年	2004年
全　国	**379405**	**337762**	**280967**	**183497**	**526**		**2843**	**3657**	**827**	**798**
华　北	12438	11431	9826	9813					827	798
东　北	157	235	41744	16741						
华　东	37506	34668	196812	134313			2843	3657		
中　南	311077	274910	2329	2546	526					
西　南	819	720	25194	19916						
西　北	17408	15797	5063	168						

3－112　六经济区限额以上连锁零售业统一配送商品购进额

（按业态分）

单位：万元

地　区	2005年	2004年	百货商店		超级市场		专业店		#加油站	
			2005年	2004年	2005年	2004年	2005年	2004年	2005年	2004年
全　国	**70367722**	**55455970**	**4943751**	**5654940**	**17212805**	**14763618**	**44482628**	**32119259**	**28135165**	**20303971**
华　北	8246588	5776941	124774	72124	2801522	1900117	4912226	3459694	2457092	1679728
东　北	714642	575474	61573	54714	89511	98308	505941	384963	287222	188725
华　东	37628327	29511149	2122997	1591474	9706424	9318525	23744650	16989894	13607972	9758743
中　南	17454077	14673947	2008516	3475856	4060447	3023815	10556977	7577030	8378566	6052564
西　南	3930027	3027206	601970	425557	382830	286524	2596340	2011208	1436296	1090686
西　北	2394062	1891252	23921	35216	172071	136329	2166494	1696470	1968017	1533525

3－112　续表

单位：万元

地　区	专卖店		便利店		仓储会员店		家居建材商店		其　他	
	2005年	2004年	2005年	2004年	2005年	2004年	2005年	2004年	2005年	2004年
全　国	**780844**	**645119**	**1708965**	**1256170**	**771111**	**626685**	**415805**	**335099**	**51814**	**55079**
华　北	117785	103876	116963	103319	58178	29597	63326	53136	51814	55079
东　北	948	870	56670	36618						
华　东	163969	137678	957912	707843	679820	570364	252556	195372		
中　南	474406	381845	246389	125384	7419	3426	99922	86591		
西　南	4437	3512	318754	277106	25694	23299				
西　北	19300	17338	12277	5900						

3—113 六经济区限额以上直营连锁零售业统一配送商品购进额

(按业态分)

单位:万元

地区	2005年	2004年	百货商店		超级市场		专业店		#加油站	
			2005年	2004年	2005年	2004年	2005年	2004年	2005年	2004年
全国	**64898758**	**50687252**	**4490461**	**5416213**	**15480262**	**12436548**	**41637852**	**30250020**	**27581682**	**19910650**
华北	8174731	5708971	124774	72124	2779746	1883213	4884194	3429117	2457092	1679728
东北	670781	552515	61573	54714	89384	97586	489458	368529	287222	188725
华东	33284010	25664554	1753954	1426989	8426307	7367441	21273522	15420872	13214659	9474448
中南	16636125	13995891	1924741	3401613	3633851	2668949	10366174	7437203	8321669	6024425
西南	3851595	2960481	601970	425557	379039	283200	2547611	1968275	1421039	1078986
西北	2281517	1804840	23449	35216	171935	136160	2076893	1626024	1880001	1464337

3—113 续表

单位:万元

地区	专卖店		便利店		仓储会员店		家居建材商店		其他	
	2005年	2004年	2005年	2004年	2005年	2004年	2005年	2004年	2005年	2004年
全国	**599195**	**476779**	**1452660**	**1091146**	**771111**	**626685**	**415805**	**335099**	**51413**	**54762**
华北	105347	92445	107753	94578	58178	29597	63326	53136	51413	54762
东北	791	635	29575	31050						
华东	127589	104095	770262	579422	679820	570364	252556	195372		
中南	359958	275271	244060	122838	7419	3426	99922	86591		
西南	3618	2792	293662	257358	25694	23299				
西北	1892	1541	7348	5900						

3—114 六经济区限额以上加盟连锁零售业统一配送商品购进额

(按业态分)

单位:万元

地区	2005年	2004年	百货商店		超级市场		专业店		#加油站	
			2005年	2004年	2005年	2004年	2005年	2004年	2005年	2004年
全国	**5468964**	**4768718**	**453290**	**238727**	**1732543**	**2327069**	**2844776**	**1869239**	**553483**	**393321**
华北	71857	67970			21776	16904	28032	30577		
东北	43861	22959			127	722	16483	16434		
华东	4344317	3846595	369043	164485	1280117	1951084	2471128	1569022	393313	284295
中南	817952	678056	83775	74243	426596	354866	190803	139827	56897	28139
西南	78432	66725			3791	3324	48729	42933	15257	11700
西北	112545	86412	472		136	169	89601	70446	88016	69188

3—114 续表

单位:万元

地区	专卖店		便利店		仓储会员店		家居建材商店		其他	
	2005年	2004年	2005年	2004年	2005年	2004年	2005年	2004年	2005年	2004年
全国	**181650**	**168340**	**256304**	**165024**					**401**	**317**
华北	12438	11431	9210	8741					401	317
东北	157	235	27095	5568						
华东	36380	33583	187650	128421						
中南	114448	106574	2329	2546						
西南	819	720	25092	19748						
西北	17408	15797	4929							

3—115 六经济区限额以上连锁零售业自有配送中心配送商品购进额

（按业态分）

单位：万元

地区	2005年	2004年	百货商店		超级市场		专业店		#加油站	
			2005年	2004年	2005年	2004年	2005年	2004年	2005年	2004年
全国	**57735641**	**44816703**	**4539365**	**5383195**	**10458012**	**8562879**	**40902961**	**29480867**	**26622106**	**19151812**
华北	5773544	4059120	81562	42792	1320162	1034653	4187936	2832136	2457092	1679728
东北	650943	526888	11615	11292	89511	98308	500532	382155	287222	188725
华东	29197422	21882024	1864501	1429723	5862800	5021641	21049415	15131601	12155454	8659519
中南	16112920	13658314	1955796	3438615	2919735	2189776	10426328	7450902	8318026	5999630
西南	3675389	2849489	601970	425557	157151	131753	2572256	1988326	1436296	1090686
西北	2325422	1840867	23921	35216	108654	86749	2166494	1695748	1968017	1533525

3—115 续表

单位：万元

地区	专卖店		便利店		仓储会员店		家居建材商店		其他	
	2005年	2004年	2005年	2004年	2005年	2004年	2005年	2004年	2005年	2004年
全国	**729993**	**578303**	**944919**	**681512**	**33113**	**26725**	**127278**	**103222**		
华北	101687	73320	82196	76219						
东北	948	870	48338	34262						
华东	140826	114596	250299	165924			29579	18539		
中南	463087	368749	242857	122164	7419	3426	97698	84682		
西南	4437	3512	313882	277043	25694	23299				
西北	19006	17255	7348	5900						

3—116 六经济区限额以上直营连锁零售业自有配送中心配送商品购进额

（按业态分）

单位：万元

地区	2005年	2004年	百货商店		超级市场		专业店		#加油站	
			2005年	2004年	2005年	2004年	2005年	2004年	2005年	2004年
全国	**53188021**	**41293615**	**4238632**	**5213208**	**9297881**	**7242303**	**38094340**	**27664707**	**26068623**	**18758491**
华北	5712678	3999969	81562	42792	1306790	1023700	4160558	2802274	2457092	1679728
东北	613548	505027	11615	11292	89384	97586	484885	366695	287222	188725
华东	25579799	19117705	1647861	1333918	4996155	3942417	18598727	13596942	11762141	8375224
中南	15466147	13132894	1872174	3364433	2642842	1962981	10249498	7327912	8261129	5971491
西南	3598042	2783565	601970	425557	154192	129040	2523779	1945582	1421039	1078986
西北	2217806	1754455	23449	35216	108518	86580	2076893	1625302	1880001	1464337

3—116 续表

单位：万元

地区	专卖店		便利店		仓储会员店		家居建材商店		其他	
	2005年	2004年	2005年	2004年	2005年	2004年	2005年	2004年	2005年	2004年
全国	**572113**	**433717**	**824665**	**609733**	**33113**	**26725**	**127278**	**103222**		
华北	90382	63682	73386	67521						
东北	791	635	26874	28818						
华东	119748	95332	187728	130557			29579	18539		
中南	355975	269818	240540	119642	7419	3426	97698	84682		
西南	3618	2792	288790	257295	25694	23299				
西北	1598	1458	7348	5900						

3—117 六经济区限额以上加盟连锁零售业自有配送中心配送商品购进额

（按业态分）

单位：万元

地 区	2005年	2004年	百货商店		超级市场		专业店		#加油站	
			2005年	2004年	2005年	2004年	2005年	2004年	2005年	2004年
全 国	**4547620**	**3523088**	**300734**	**169987**	**1160131**	**1320576**	**2808622**	**1816160**	**553483**	**393321**
华 北	60866	59151			13372	10953	27378	29862		
东 北	37395	21861			127	722	15647	15460		
华 东	3617623	2764319	216640	95805	866645	1079224	2450688	1534659	393313	284295
中 南	646773	525420	83622	74182	276893	226795	176830	122990	56897	28139
西 南	77347	65924			2959	2713	48477	42744	15257	11700
西 北	107616	86412	472		136	169	89601	70446	88016	69188

3—117 续表

单位：万元

地 区	专卖店		便利店		仓储会员店		家居建材商店		其 他	
	2005年	2004年	2005年	2004年	2005年	2004年	2005年	2004年	2005年	2004年
全 国	**157879**	**144586**	**120254**	**71779**						
华 北	11305	9638	8810	8698						
东 北	157	235	21464	5444						
华 东	21078	19264	62571	35367						
中 南	107112	98931	2317	2522						
西 南	819	720	25092	19748						
西 北	17408	15797								

3—118 六经济区限额以上连锁零售业非自有配送中心配送商品购进额

（按业态分）

单位：万元

地 区	2005年	2004年	百货商店		超级市场		专业店		#加油站	
			2005年	2004年	2005年	2004年	2005年	2004年	2005年	2004年
全 国	**12632081**	**10639267**	**404386**	**271746**	**6754792**	**6200738**	**3579667**	**2638393**	**1513059**	**1152159**
华 北	2473045	1717821	43212	29332	1481359	865464	724290	627558		
东 北	63700	48586	49958	43422			5409	2808		
华 东	8430906	7629125	258496	161752	3843624	4296884	2695235	1858293	1452519	1099225
中 南	1341157	1015632	52721	37240	1140713	834039	130649	126129	60540	52934
西 南	254637	177717			225680	154772	24085	22883		
西 北	68639	50385			63417	49580		722		

3—118 续表

单位：万元

地 区	专卖店		便利店		仓储会员店		家居建材商店		其 他	
	2005年	2004年	2005年	2004年	2005年	2004年	2005年	2004年	2005年	2004年
全 国	**50852**	**66816**	**764046**	**574658**	**737998**	**599960**	**288527**	**231877**	**51814**	**55079**
华 北	16097	30556	34768	27100	58178	29597	63326	53136	51814	55079
东 北			8333	2356						
华 东	23143	23082	707613	541919	679820	570364	222977	176832		
中 南	11319	13095	3532	3220			2224	1909		
西 南			4873	62						
西 北	294	83	4929							

3—119 六经济区限额以上直营连锁零售业非自有配送中心配送商品购进额

（按业态分）

单位：万元

地区	2005年	2004年	百货商店		超级市场		专业店		#加油站	
			2005年	2004年	2005年	2004年	2005年	2004年	2005年	2004年
全　国	**11710737**	**9393637**	**251829**	**203005**	**6182381**	**5194245**	**3543512**	**2585313**	**1513059**	**1152159**
华　北	2462053	1709002	43212	29332	1472955	859513	723636	626843		
东　北	57233	47488	49958	43422			4573	1834		
华　东	7704211	6546849	106093	93072	3430152	3425024	2674795	1823930	1452519	1099225
中　南	1169978	862996	52567	37179	991009	705968	116676	109291	60540	52934
西　南	253553	176916			224848	154161	23833	22693		
西　北	63710	50385			63417	49580		722		

3—119 续表

单位：万元

地区	专卖店		便利店		仓储会员店		家居建材商店		其　他	
	2005年	2004年	2005年	2004年	2005年	2004年	2005年	2004年	2005年	2004年
全　国	**27081**	**43062**	**627995**	**481413**	**737998**	**599960**	**288527**	**231877**	**51413**	**54762**
华　北	14964	28763	34368	27057	58178	29597	63326	53136	51413	54762
东　北			2702	2232						
华　东	7841	8763	582534	448865	679820	570364	222977	176832		
中　南	3983	5453	3520	3196			2224	1909		
西　南			4873	62						
西　北	294	83								

3—120 六经济区限额以上加盟连锁零售业非自有配送中心配送商品购进额

（按业态分）

单位：万元

地区	2005年	2004年	百货商店		超级市场		专业店		#加油站	
			2005年	2004年	2005年	2004年	2005年	2004年	2005年	2004年
全　国	**921344**	**1245630**	**152556**	**68741**	**572411**	**1006493**	**36155**	**53080**		
华　北	10992	8819			8404	5951	654	715		
东　北	6467	1098					836	974		
华　东	726695	1082276	152403	68680	413472	871860	20440	34363		
中　南	171179	152636	154	61	149704	128071	13973	16838		
西　南	1084	801			832	611	252	190		
西　北	4929									

3—120 续表

单位：万元

地区	专卖店		便利店		仓储会员店		家居建材商店		其　他	
	2005年	2004年	2005年	2004年	2005年	2004年	2005年	2004年	2005年	2004年
全　国	**23771**	**23755**	**136050**	**93245**					**401**	**317**
华　北	1133	1793	400	43					401	317
东　北			5631	124						
华　东	15302	14319	125079	93054						
中　南	7336	7642	12	24						
西　南										
西　北			4929							

3—121 六经济区限额以上连锁零售业商品销售额

（按业态分）

单位：万元

地区	2005年	2004年	百货商店		超级市场		专业店		#加油站	
			2005年	2004年	2005年	2004年	2005年	2004年	2005年	2004年
全国	**106683746**	**83936158**	**11571706**	**9298397**	**28488359**	**23415972**	**60859489**	**46458374**	**38023122**	**29234987**
华北	15189183	12602354	1014774	839488	4593367	3696935	8306856	6966371	4161093	2992233
东北	3174893	2373889	143071	126241	422143	369748	2359775	1657607	2035592	1347962
华东	55019389	41930641	5321085	4020322	16946554	14236267	29924905	21378893	16633666	12374394
中南	25828639	21128483	4019976	3418117	5867289	4627070	14944505	12284764	11398434	9535032
西南	4783053	3808886	968377	786554	446877	343012	2992264	2363044	1691130	1334068
西北	2688591	2091906	104423	107675	212127	142942	2331184	1807695	2103208	1651298

3—121 续表

单位：万元

地区	专卖店		便利店		仓储会员店		家居建材商店		其他	
	2005年	2004年	2005年	2004年	2005年	2004年	2005年	2004年	2005年	2004年
全国	**1554148**	**1305448**	**2264336**	**1764485**	**861336**	**706661**	**1028850**	**939943**	**55524**	**46879**
华北	607157	457455	195258	191918	60303	33700	355945	369608	55524	46879
东北	151844	148956	98059	71337						
华东	248046	221119	1306955	1008913	756083	636235	515761	428892		
中南	515557	449369	300849	194141	23319	13580	157144	141442		
西南	4351	3401	349551	289730	21631	23146				
西北	27192	25149	13664	8447						

3—122 六经济区限额以上直营连锁零售业商品销售额

（按业态分）

单位：万元

地区	2005年	2004年	百货商店		超级市场		专业店		#加油站	
			2005年	2004年	2005年	2004年	2005年	2004年	2005年	2004年
全国	**95096430**	**73995117**	**10772210**	**8696032**	**24166659**	**19452135**	**55001522**	**41579700**	**37348263**	**28697419**
华北	13683098	10688790	1014774	839488	4522236	3636238	6933307	5153213	4161093	2992233
东北	3035886	2264960	143071	126241	421963	368925	2260816	1565726	1963347	1283424
华东	46751900	35400412	4658775	3574935	13241593	10745583	26316021	19022821	16210407	12023508
中南	24393305	19939163	3882935	3261139	5325528	4219052	14343215	11815585	11335129	9511070
西南	4684772	3728377	968377	786554	443225	339670	2928728	2308336	1673830	1320916
西北	2547470	1973416	104278	107675	212113	142668	2219435	1714019	2004458	1566268

3—122 续表

单位：万元

地区	专卖店		便利店		仓储会员店		家居建材商店		其他	
	2005年	2004年	2005年	2004年	2005年	2004年	2005年	2004年	2005年	2004年
全国	**1269744**	**1042732**	**1945424**	**1535956**	**860656**	**706661**	**1025674**	**936048**	**54543**	**45853**
华北	569418	437310	172573	173380	60303	33700	355945	369608	54543	45853
东北	151621	148393	58414	55675						
华东	178573	154987	1088271	840854	756083	636235	512585	424997		
中南	363412	296775	298432	191590	22639	13580	157144	141442		
西南	3632	2781	319178	267890	21631	23146				
西北	3088	2487	8555	6568						

3－123　六经济区限额以上加盟连锁零售业商品销售额

（按业态分）

单位：万元

地　区	2005 年	2004 年	百货商店		超级市场		专业店		＃加油站	
			2005 年	2004 年	2005 年	2004 年	2005 年	2004 年	2005 年	2004 年
全　国	11587316	9941041	799496	602365	4321700	3963836	5857967	4878674	674859	537568
华　北	1506085	1913564			71131	60697	1373549	1813158		
东　北	139007	108929			180	823	98959	91881	72245	64538
华　东	8267489	6530229	662310	445387	3704961	3490684	3608884	2356072	423259	350886
中　南	1435334	1189320	137041	156978	541761	408018	601290	469179	63305	23962
西　南	98281	80509			3652	3342	63536	54708	17300	13152
西　北	141121	118490	145		14	274	111749	93676	98750	85030

3－123　续表

单位：万元

地　区	专卖店		便利店		仓储会员店		家居建材商店		其　他	
	2005 年	2004 年	2005 年	2004 年	2005 年	2004 年	2005 年	2004 年	2005 年	2004 年
全　国	284404	262716	318913	228529	680		3176	3895	981	1026
华　北	37739	20145	22685	18538					981	1026
东　北	223	563	39645	15662						
华　东	69473	66132	218684	168059			3176	3895		
中　南	152145	152594	2417	2551	680					
西　南	719	620	30373	21840						
西　北	24104	22662	5109	1879						

3－124　六经济区限额以上连锁零售业商品零售额

（按业态分）

单位：万元

地　区	2005 年	2004 年	百货商店		超级市场		专业店		＃加油站	
			2005 年	2004 年	2005 年	2004 年	2005 年	2004 年	2005 年	2004 年
全　国	78103204	61630819	9930590	7995069	23760069	19477883	39642623	29986845	21894583	16371933
华　北	13499387	11188775	1000693	833401	4516325	3638933	6978264	5730938	3132281	2092806
东　北	2102178	1662610	130497	116968	420994	370092	1312169	962110	1000766	669004
华　东	35726131	27466837	3988196	3089641	12841098	10758990	16266367	11475822	7172270	5315700
中　南	20919544	16840292	3807545	3125014	5336082	4233404	11159815	8874990	7977266	6384803
西　南	3594270	2806933	900611	725616	441973	337772	1986432	1530293	881386	636718
西　北	2261695	1665373	103048	104428	203597	138692	1939576	1412693	1730616	1272902

3－124　续表

单位：万元

地　区	专卖店		便利店		仓储会员店		家居建材商店		其　他	
	2005 年	2004 年	2005 年	2004 年	2005 年	2004 年	2005 年	2004 年	2005 年	2004 年
全　国	1108580	1017475	1872303	1520125	845508	696400	890432	896290	53100	40733
华　北	421063	359128	191899	182334	60303	33700	277743	369608	53100	40733
东　北	151043	148690	87474	64751						
华　东	209454	184128	1209388	936781	756083	636235	455545	385239		
中　南	320859	321014	130608	141109	7491	3319	157144	141442		
西　南	4351	3401	239271	186704	21631	23146				
西　北	1809	1114	13664	8447						

3—125 六经济区限额以上直营连锁零售业商品零售额

（按业态分）

单位:万元

地区	2005年	2004年	百货商店		超级市场		专业店		#加油站	
			2005年	2004年	2005年	2004年	2005年	2004年	2005年	2004年
全国	**68167287**	**52853004**	**9207659**	**7443638**	**19514497**	**15618044**	**35240480**	**26078363**	**21615200**	**16126621**
华北	11997203	9279606	1000693	833401	4445852	3578244	5604995	3918307	3132281	2092806
东北	1987350	1573252	130497	116968	420814	369269	1237390	889800	952701	621571
华东	28978670	22001719	3402451	2695188	9211607	7372297	14017140	10023781	7085194	5221663
中南	19560908	15699505	3670504	2968037	4794321	3825386	10627382	8448678	7949074	6379143
西南	3498838	2729618	900611	725616	438321	334430	1925745	1478780	864086	623566
西北	2144318	1569304	102903	104428	203583	138418	1827827	1319017	1631866	1187872

3—125 续表

单位:万元

地区	专卖店		便利店		仓储会员店		家居建材商店		其他	
	2005年	2004年	2005年	2004年	2005年	2004年	2005年	2004年	2005年	2004年
全国	**863308**	**789340**	**1556461**	**1294967**	**845508**	**696400**	**887256**	**892395**	**52119**	**39857**
华北	386285	342693	169214	163796	60303	33700	277743	369608	52119	39857
东北	150820	148127	47829	49089						
华东	147517	123252	991504	769622	756083	636235	452369	381344		
中南	173605	171613	130461	141030	7491	3319	157144	141442		
西南	3632	2781	208898	164864	21631	23146				
西北	1449	874	8555	6568						

3—126 六经济区限额以上加盟连锁零售业商品零售额

（按业态分）

单位:万元

地区	2005年	2004年	百货商店		超级市场		专业店		#加油站	
			2005年	2004年	2005年	2004年	2005年	2004年	2005年	2004年
全国	**9935917**	**8777815**	**722931**	**551431**	**4245572**	**3859839**	**4402144**	**3908482**	**279383**	**245312**
华北	1502184	1909169			70473	60689	1373269	1812631		
东北	114828	89358			180	823	74779	72310	48065	47433
华东	6747461	5465118	585745	394453	3629491	3386693	2249227	1452041	87076	94037
中南	1358636	1140787	137041	156977	541761	408018	532433	426312	28192	5660
西南	95432	77315			3652	3342	60687	51513	17300	13152
西北	117377	96069	145		14	274	111749	93676	98750	85030

3—126 续表

单位:万元

地区	专卖店		便利店		仓储会员店		家居建材商店		其他	
	2005年	2004年	2005年	2004年	2005年	2004年	2005年	2004年	2005年	2004年
全国	**245272**	**228135**	**315842**	**225157**			**3176**	**3895**	**981**	**876**
华北	34778	16435	22685	18538					981	876
东北	223	563	39645	15662						
华东	61937	60876	217884	167159			3176	3895		
中南	147254	149401	147	79						
西南	719	620	30373	21840						
西北	360	240	5109	1879						

3—127 大中小城市限额以上连锁零售业门店数

（按业态分）

单位：个

地　区	2005年	2004年	百货商店		超级市场		专业店		#加油站	
			2005年	2004年	2005年	2004年	2005年	2004年	2005年	2004年
全　国	**90476**	**77631**	**3438**	**3016**	**15421**	**12877**	**54241**	**47825**	**21411**	**20181**
大城市	72381	63666	2410	2163	11092	9587	44292	39542	19013	17819
中城市	14132	11196	902	747	3507	2740	7586	6353	2121	2111
小城市	3963	2769	126	106	822	550	2363	1930	277	251

3—127 续表

单位：个

地　区	专卖店		便利店		仓储会员店		家居建材商店		其　他	
	2005年	2004年	2005年	2004年	2005年	2004年	2005年	2004年	2005年	2004年
全　国	**5718**	**4816**	**11218**	**8824**	**157**	**82**	**94**	**79**	**189**	**112**
大城市	5159	4274	9044	7827	101	82	94	79	189	112
中城市	540	522	1541	834	56					
小城市	19	20	633	163						

3—128 大中小城市限额以上直营连锁零售业门店数

（按业态分）

单位：个

地　区	2005年	2004年	百货商店		超级市场		专业店		#加油站	
			2005年	2004年	2005年	2004年	2005年	2004年	2005年	2004年
全　国	**61087**	**54841**	**1231**	**1057**	**9655**	**8370**	**40266**	**36648**	**20863**	**19671**
大城市	48714	44160	880	769	6364	5674	32539	29850	18485	17330
中城市	9778	8555	225	182	2708	2285	6028	5351	2101	2090
小城市	2595	2126	126	106	583	411	1699	1447	277	251

3—128 续表

单位：个

地　区	专卖店		便利店		仓储会员店		家居建材商店		其　他	
	2005年	2004年	2005年	2004年	2005年	2004年	2005年	2004年	2005年	2004年
全　国	**1970**	**1772**	**7658**	**6762**	**105**	**82**	**93**	**78**	**109**	**72**
大城市	1704	1492	6924	6143	101	82	93	78	109	72
中城市	255	268	558	469	4					
小城市	11	12	176	150						

3—129 大中小城市限额以上加盟连锁零售业门店数

（按业态分）

单位：个

地区	2005年	2004年	百货商店		超级市场		专业店		＃加油站	
			2005年	2004年	2005年	2004年	2005年	2004年	2005年	2004年
全国	**29389**	**22790**	**2207**	**1959**	**5766**	**4507**	**13975**	**11177**	**548**	**510**
大城市	23667	19506	1530	1394	4728	3913	11753	9692	528	489
中城市	4354	2641	677	565	799	455	1558	1002	20	21
小城市	1368	643			239	139	664	483		

3—129 续表

单位：个

地区	专卖店		便利店		仓储会员店		家居建材商店		其他	
	2005年	2004年	2005年	2004年	2005年	2004年	2005年	2004年	2005年	2004年
全国	**3748**	**3044**	**3560**	**2062**	**52**		**1**	**1**	**80**	**40**
大城市	3455	2782	2120	1684			1	1	80	40
中城市	285	254	983	365	52					
小城市	8	8	457	13						

3—130 大中小城市限额以上连锁零售业营业面积

（按业态分）

单位：平方米

地区	2005年	2004年	百货商店		超级市场		专业店		＃加油站	
			2005年	2004年	2005年	2004年	2005年	2004年	2005年	2004年
全国	**82027379**	**72025758**	**7938329**	**6702261**	**18621268**	**15274241**	**51865204**	**47004279**	**40290158**	**38514880**
大城市	70426987	62684551	6743244	5736840	14167019	11695719	46370842	42558507	37767528	36151361
中城市	9796376	7804591	1121717	912033	4041399	3242705	4294954	3369215	1618389	1542614
小城市	1804016	1536616	73368	53388	412850	335817	1199408	1076557	904241	820905

3—130 续表

单位：平方米

地区	专卖店		便利店		仓储会员店		家居建材商店		其他	
	2005年	2004年	2005年	2004年	2005年	2004年	2005年	2004年	2005年	2004年
全国	**414011**	**341823**	**1536122**	**1297408**	**296330**	**226486**	**1300363**	**1129813**	**55752**	**49447**
大城市	348699	273643	1146228	1014096	294840	226486	1300363	1129813	55752	49447
中城市	64362	67190	272454	213448	1490					
小城市	950	990	117440	69864						

3—131 大中小城市限额以上直营连锁零售业营业面积

（按业态分）

单位：平方米

地区	2005年	2004年	百货商店		超级市场		专业店		#加油站	
			2005年	2004年	2005年	2004年	2005年	2004年	2005年	2004年
全　　国	**74945260**	**66233608**	**7321697**	**6196823**	**16078482**	**13274897**	**48457167**	**44069910**	**39378691**	**37648907**
大城市	64211423	57450423	6324073	5358027	11952780	9921933	43151224	39754771	36859527	35289143
中城市	9045132	7305939	924256	785408	3745551	3040429	4159182	3271095	1614923	1538859
小城市	1688705	1477246	73368	53388	380151	312535	1146761	1044044	904241	820905

3—131 续表

单位：平方米

地区	专卖店		便利店		仓储会员店		家居建材商店		其他	
	2005年	2004年	2005年	2004年	2005年	2004年	2005年	2004年	2005年	2004年
全　　国	**209300**	**190549**	**1239449**	**1102943**	**295290**	**226486**	**1293763**	**1123213**	**50112**	**48787**
大城市	176459	151598	968172	865608	294840	226486	1293763	1123213	50112	48787
中城市	32291	38361	183402	170646	450					
小城市	550	590	87875	66689						

3—132 大中小城市限额以上加盟连锁零售业营业面积

（按业态分）

单位：平方米

地区	2005年	2004年	百货商店		超级市场		专业店		#加油站	
			2005年	2004年	2005年	2004年	2005年	2004年	2005年	2004年
全　　国	**7082119**	**5792150**	**616632**	**505438**	**2542786**	**1999344**	**3408037**	**2934369**	**911467**	**865973**
大城市	6215564	5234128	419171	378813	2214239	1773786	3219618	2803736	908001	862218
中城市	751244	498652	197461	126625	295848	202276	135772	98120	3466	3755
小城市	115311	59370			32699	23282	52647	32513		

3—132 续表

单位：平方米

地区	专卖店		便利店		仓储会员店		家居建材商店		其他	
	2005年	2004年	2005年	2004年	2005年	2004年	2005年	2004年	2005年	2004年
全　　国	**204711**	**151274**	**296673**	**194465**	**1040**		**6600**	**6600**	**5640**	**660**
大城市	172240	122045	178056	148488			6600	6600	5640	660
中城市	32071	28829	89052	42802	1040					
小城市	400	400	29565	3175						

3—133 大中小城市限额以上连锁零售业从业人员

（按业态分）

单位：人

地　　区	2005 年	2004 年	百货商店		超级市场		专业店		#加油站	
			2005 年	2004 年	2005 年	2004 年	2005 年	2004 年	2005 年	2004 年
全　　国	**1488235**	**1282285**	**181603**	**166389**	**562015**	**479518**	**595175**	**505060**	**189923**	**176486**
大 城 市	1203379	1036702	148882	135493	412114	355679	510276	429074	163677	150570
中 城 市	243523	211707	31057	29659	133779	112266	64295	56780	17364	17067
小 城 市	41333	33876	1664	1237	16122	11573	20604	19206	8882	8849

3—133 续表

单位：人

地　　区	专卖店		便利店		仓储会员店		家居建材商店		其　　他	
	2005 年	2004 年	2005 年	2004 年	2005 年	2004 年	2005 年	2004 年	2005 年	2004 年
全　　国	**44610**	**38128**	**80256**	**70587**	**10303**	**7427**	**12437**	**13618**	**1836**	**1558**
大 城 市	39796	33354	67853	60499	10185	7427	12437	13618	1836	1558
中 城 市	4734	4681	9540	8321	118					
小 城 市	80	93	2863	1767						

3—134 大中小城市限额以上直营连锁零售业从业人员

（按业态分）

单位：人

地　　区	2005 年	2004 年	百货商店		超级市场		专业店		#加油站	
			2005 年	2004 年	2005 年	2004 年	2005 年	2004 年	2005 年	2004 年
全　　国	**1226552**	**1062057**	**157270**	**142093**	**459456**	**394107**	**497149**	**422105**	**184907**	**171774**
大 城 市	976803	843775	133263	119012	320807	279207	421254	352705	158797	146006
中 城 市	214173	187751	22343	21844	124735	104779	57802	51956	17228	16919
小 城 市	35576	30531	1664	1237	13914	10121	18093	17444	8882	8849

3—134 续表

单位：人

地　　区	专卖店		便利店		仓储会员店		家居建材商店		其　　他	
	2005 年	2004 年	2005 年	2004 年	2005 年	2004 年	2005 年	2004 年	2005 年	2004 年
全　　国	**24107**	**21683**	**64389**	**59652**	**10199**	**7427**	**12383**	**13558**	**1599**	**1432**
大 城 市	21900	19378	55412	51056	10185	7427	12383	13558	1599	1432
中 城 市	2162	2257	7117	6915	14					
小 城 市	45	48	1860	1681						

3—135 大中小城市限额以上加盟连锁零售业从业人员

（按业态分）

单位：人

地　区	2005年	2004年	百货商店		超级市场		专业店		#加油站	
			2005年	2004年	2005年	2004年	2005年	2004年	2005年	2004年
全　国	**261683**	**220228**	**24333**	**24296**	**102559**	**85411**	**98026**	**82955**	**5016**	**4712**
大城市	226576	192927	15619	16481	91307	76472	89022	76369	4880	4564
中城市	29350	23956	8714	7815	9044	7487	6493	4824	136	148
小城市	5757	3345			2208	1452	2511	1762		

3—135 续表

单位：人

地　区	专卖店		便利店		仓储会员店		家居建材商店		其　他	
	2005年	2004年	2005年	2004年	2005年	2004年	2005年	2004年	2005年	2004年
全　国	**20503**	**16445**	**15867**	**10935**	**104**		**54**	**60**	**237**	**126**
大城市	17896	13976	12441	9443			54	60	237	126
中城市	2572	2424	2423	1406	104					
小城市	35	45	1003	86						

3—136 大中小城市限额以上连锁零售业商品购进总额

（按业态分）

单位：万元

地　区	2005年	2004年	百货商店		超级市场		专业店		#加油站	
			2005年	2004年	2005年	2004年	2005年	2004年	2005年	2004年
全　国	**90440922**	**71300583**	**9216760**	**9129414**	**21701696**	**17857346**	**54410013**	**40186241**	**33300254**	**24068168**
大城市	79482388	63053154	8102954	8266995	18511678	15408826	48070957	35539994	29672420	21333321
中城市	9152997	6810815	1083592	843002	2921111	2224278	4912096	3510067	2520430	1886876
小城市	1805538	1436614	30214	19418	268907	224243	1426959	1136180	1107405	847971

3—136 续表

单位：万元

地　区	专卖店		便利店		仓储会员店		家居建材商店		其　他	
	2005年	2004年	2005年	2004年	2005年	2004年	2005年	2004年	2005年	2004年
全　国	**1501091**	**1186351**	**1877717**	**1450376**	**787926**	**638316**	**890951**	**796158**	**54769**	**56379**
大城市	1412666	1082250	1651127	1264236	787288	638316	890951	796158	54769	56379
中城市	84513	100408	151047	133061	639					
小城市	3913	3694	75545	53079						

3—137　大中小城市限额以上直营连锁零售业商品购进总额

（按业态分）

单位：万元

地　　区	2005 年	2004 年	百货商店		超级市场		专业店		#加油站	
			2005 年	2004 年	2005 年	2004 年	2005 年	2004 年	2005 年	2004 年
全　　国	**81270157**	**63146432**	**8593444**	**8764013**	**19142104**	**14909024**	**49086723**	**35871527**	**32659766**	**23598706**
大 城 市	70837860	55283078	7692745	8015123	16087565	12575249	42830613	31292541	29034672	20867810
中 城 市	8667930	6461548	870485	729472	2803746	2126953	4846218	3457752	2517690	1882925
小 城 市	1764368	1401806	30214	19418	250793	206822	1409892	1121234	1107405	847971

3—137　续表

单位：万元

地　　区	专卖店		便利店		仓储会员店		家居建材商店		其　　他	
	2005 年	2004 年	2005 年	2004 年	2005 年	2004 年	2005 年	2004 年	2005 年	2004 年
全　　国	**1121687**	**848590**	**1596750**	**1266880**	**787400**	**638316**	**888108**	**792501**	**53942**	**55581**
大 城 市	1071242	797158	1426359	1116609	787288	638316	888108	792501	53942	55581
中 城 市	47351	48458	100017	98913	113					
小 城 市	3094	2974	70375	51358						

3—138　大中小城市限额以上加盟连锁零售业商品购进总额

（按业态分）

单位：万元

地　　区	2005 年	2004 年	百货商店		超级市场		专业店		#加油站	
			2005 年	2004 年	2005 年	2004 年	2005 年	2004 年	2005 年	2004 年
全　　国	**9170765**	**8154151**	**623316**	**365401**	**2559592**	**2948322**	**5323290**	**4314714**	**640488**	**469461**
大 城 市	8644528	7770076	410209	251872	2424113	2833577	5240344	4247453	637748	465511
中 城 市	485067	349267	213107	113530	117365	97325	65878	52315	2740	3951
小 城 市	41170	34808			18114	17421	17067	14946		

3—138　续表

单位：万元

地　　区	专卖店		便利店		仓储会员店		家居建材商店		其　　他	
	2005 年	2004 年	2005 年	2004 年	2005 年	2004 年	2005 年	2004 年	2005 年	2004 年
全　　国	**379405**	**337762**	**280967**	**183497**	**526**		**2843**	**3657**	**827**	**798**
大 城 市	341424	285092	224768	147627			2843	3657	827	798
中 城 市	37162	51950	51030	34148	526					
小 城 市	819	720	5170	1721						

3—139 大中小城市限额以上连锁零售业统一配送商品购进额

(按业态分)

单位:万元

地区	2005年	2004年	百货商店		超级市场		专业店		#加油站	
			2005年	2004年	2005年	2004年	2005年	2004年	2005年	2004年
全国	**70367722**	**55455970**	**4943751**	**5654940**	**17212805**	**14763618**	**44482628**	**32119259**	**28135165**	**20303971**
大城市	60512562	48257141	3994324	4973552	14362488	12678528	38715961	27950120	24653919	17681004
中城市	8165067	5871509	924406	665584	2636069	1915603	4376612	3066907	2379052	1779886
小城市	1690093	1327320	25021	15804	214248	169486	1390055	1102232	1102194	843081

3—139 续表

单位:万元

地区	专卖店		便利店		仓储会员店		家居建材商店		其他	
	2005年	2004年	2005年	2004年	2005年	2004年	2005年	2004年	2005年	2004年
全国	**780844**	**645119**	**1708965**	**1256170**	**771111**	**626685**	**415805**	**335099**	**51814**	**55079**
大城市	692461	543816	1508598	1094261	771111	626685	415805	335099	51814	55079
中城市	84471	97610	143509	125804						
小城市	3913	3694	56858	36105						

3—140 大中小城市限额以上直营连锁零售业统一配送商品购进额

(按业态分)

单位:万元

地区	2005年	2004年	百货商店		超级市场		专业店		#加油站	
			2005年	2004年	2005年	2004年	2005年	2004年	2005年	2004年
全国	**64898758**	**50687252**	**4490461**	**5416213**	**15480262**	**12436548**	**41637852**	**30250020**	**27581682**	**19910650**
大城市	55484307	43757375	3687472	4746858	12758204	10462552	35945572	26140044	24103176	17291634
中城市	7756602	5629152	777968	653551	2525783	1821894	4310858	3014817	2376312	1775935
小城市	1657849	1300725	25021	15804	196275	152102	1381422	1095159	1102194	843081

3—140 续表

单位:万元

地区	专卖店		便利店		仓储会员店		家居建材商店		其他	
	2005年	2004年	2005年	2004年	2005年	2004年	2005年	2004年	2005年	2004年
全国	**599195**	**476779**	**1452660**	**1091146**	**771111**	**626685**	**415805**	**335099**	**51413**	**54762**
大城市	548792	428145	1305938	963230	771111	626685	415805	335099	51413	54762
中城市	47309	45660	94684	93229						
小城市	3094	2974	52038	34687						

3—141 大中小城市限额以上加盟连锁零售业统一配送商品购进额

（按业态分）

单位：万元

地 区	2005 年	2004 年	百货商店		超级市场		专业店		#加油站	
			2005 年	2004 年	2005 年	2004 年	2005 年	2004 年	2005 年	2004 年
全 国	**5468964**	**4768718**	**453290**	**238727**	**1732543**	**2327069**	**2844776**	**1869239**	**553483**	**393321**
大城市	5028255	4499766	306852	226694	1604284	2215976	2770389	1810076	550743	389370
中城市	408465	242357	146438	12033	110286	93709	65754	52090	2740	3951
小城市	32244	26595			17973	17384	8633	7073		

3—141 续表

单位：万元

地 区	专卖店		便利店		仓储会员店		家居建材商店		其 他	
	2005 年	2004 年	2005 年	2004 年	2005 年	2004 年	2005 年	2004 年	2005 年	2004 年
全 国	**181650**	**168340**	**256304**	**165024**					**401**	**317**
大城市	143669	115671	202660	131031					401	317
中城市	37162	51950	48825	32575						
小城市	819	720	4820	1418						

3—142 大中小城市限额以上连锁零售业自有配送中心配送商品购进额

（按业态分）

单位：万元

地 区	2005 年	2004 年	百货商店		超级市场		专业店		#加油站	
			2005 年	2004 年	2005 年	2004 年	2005 年	2004 年	2005 年	2004 年
全 国	**57735641**	**44816703**	**4539365**	**5383195**	**10458012**	**8562879**	**40902961**	**29480867**	**26622106**	**19151812**
大城市	49070676	38336473	3720933	4740498	7933547	6735449	35829358	25692873	23318458	16678694
中城市	7034146	5205340	805089	636643	2324426	1666259	3709355	2713812	2201454	1630037
小城市	1630819	1274889	13343	6054	200039	161172	1364249	1074181	1102194	843081

3—142 续表

单位：万元

地 区	专卖店		便利店		仓储会员店		家居建材商店		其 他	
	2005 年	2004 年	2005 年	2004 年	2005 年	2004 年	2005 年	2004 年	2005 年	2004 年
全 国	**729993**	**578303**	**944919**	**681512**	**33113**	**26725**	**127278**	**103222**		
大城市	650279	487432	776169	550275	33113	26725	127278	103222		
中城市	76134	87756	119142	100871						
小城市	3579	3115	49609	30367						

3－143 大中小城市限额以上直营连锁零售业自有配送中心配送商品购进额

（按业态分）

单位：万元

地区	2005年	2004年	百货商店		超级市场		专业店		#加油站	
			2005年	2004年	2005年	2004年	2005年	2004年	2005年	2004年
全　国	**53188021**	**41293615**	**4238632**	**5213208**	**9297881**	**7242303**	**38094340**	**27664707**	**26068623**	**18758491**
大城市	44857866	35056518	3486484	4582484	6888966	5513455	33092382	23932348	22767715	16289324
中城市	6729176	4987886	738805	624671	2226145	1585024	3646342	2665251	2198714	1626086
小城市	1600979	1249211	13343	6054	182771	143825	1355616	1067108	1102194	8430811

3－143 续表

单位：万元

地区	专卖店		便利店		仓储会员店		家居建材商店		其他	
	2005年	2004年	2005年	2004年	2005年	2004年	2005年	2004年	2005年	2004年
全　国	**572113**	**433717**	**824665**	**609733**	**33113**	**26725**	**127278**	**103222**		
大城市	524398	389244	705246	509042	33113	26725	127278	103222		
中城市	44955	42079	72930	70862						
小城市	2760	2395	46489	29829						

3－144 大中小城市限额以上加盟连锁零售业自有配送中心配送商品购进额

（按业态分）

单位：万元

地区	2005年	2004年	百货商店		超级市场		专业店		#加油站	
			2005年	2004年	2005年	2004年	2005年	2004年	2005年	2004年
全　国	**4547620**	**3523088**	**300734**	**169987**	**1160131**	**1320576**	**2808622**	**1816160**	**553483**	**393321**
大城市	4212810	3279955	234449	158014	1044581	1221994	2736976	1760526	550743	389370
中城市	304970	217454	66284	11973	98281	81235	63013	48561	2740	3951
小城市	29840	25678			17269	17347	8633	7073		

3－144 续表

单位：万元

地区	专卖店		便利店		仓储会员店		家居建材商店		其他	
	2005年	2004年	2005年	2004年	2005年	2004年	2005年	2004年	2005年	2004年
全　国	**157879**	**144586**	**120254**	**71779**						
大城市	125881	98188	70923	41233						
中城市	31179	45677	46212	30009						
小城市	819	720	3120	538						

3—145 大中小城市限额以上连锁零售业非自有配送中心配送商品购进额

（按业态分） 单位：万元

地区	2005年	2004年	百货商店		超级市场		专业店		#加油站	
			2005年	2004年	2005年	2004年	2005年	2004年	2005年	2004年
全　国	**12632081**	**10639267**	**404386**	**271746**	**6754792**	**6200738**	**3579667**	**2638393**	**1513059**	**1152159**
大城市	11441886	9920667	273391	233054	6428941	5943079	2886604	2257247	1335461	1002310
中城市	1130922	666169	119317	28941	311643	249345	667257	353095	177598	149848
小城市	59274	52431	11678	9750	14208	8314	25806	28050		

3—145 续表 单位：万元

地区	专卖店		便利店		仓储会员店		家居建材商店		其他	
	2005年	2004年	2005年	2004年	2005年	2004年	2005年	2004年	2005年	2004年
全　国	**50852**	**66816**	**764046**	**574658**	**737998**	**599960**	**288527**	**231877**	**51814**	**55079**
大城市	42182	56384	732429	543986	737998	599960	288527	231877	51814	55079
中城市	8337	9854	24368	24933						
小城市	334	579	7249	5739						

3—146 大中小城市限额以上直营连锁零售业非自有配送中心配送商品购进额

（按业态分） 单位：万元

地区	2005年	2004年	百货商店		超级市场		专业店		#加油站	
			2005年	2004年	2005年	2004年	2005年	2004年	2005年	2004年
全　国	**11710737**	**9393637**	**251829**	**203005**	**6182381**	**5194245**	**3543512**	**2585313**	**1513059**	**1152159**
大城市	10626441	8700857	200988	164375	5869239	4949097	2853190	2207697	1335461	1002310
中城市	1027426	641266	39164	28881	299638	236870	664516	349566	177598	149848
小城市	56870	51514	11678	9750	13504	8277	25806	28050		

3—146 续表 单位：万元

地区	专卖店		便利店		仓储会员店		家居建材商店		其他	
	2005年	2004年	2005年	2004年	2005年	2004年	2005年	2004年	2005年	2004年
全　国	**27081**	**43062**	**627995**	**481413**	**737998**	**599960**	**288527**	**231877**	**51413**	**54762**
大城市	24394	38902	600692	454188	737998	599960	288527	231877	51413	54762
中城市	2354	3581	21755	22367						
小城市	334	579	5549	4858						

3—147　大中小城市限额以上加盟连锁零售业非自有配送中心配送商品购进额

（按业态分）

单位：万元

地　区	2005 年	2004 年	百货商店		超级市场		专业店		＃加油站	
			2005 年	2004 年	2005 年	2004 年	2005 年	2004 年	2005 年	2004 年
全　国	**921344**	**1245630**	**152556**	**68741**	**572411**	**1006493**	**36155**	**53080**		
大城市	815445	1219810	72403	68680	559703	993982	33414	49550		
中城市	103495	24903	80154	61	12005	12475	2741	3529		
小城市	2404	917			704	37				

3—147　续表

单位：万元

地　区	专卖店		便利店		仓储会员店		家居建材商店		其　他	
	2005 年	2004 年	2005 年	2004 年	2005 年	2004 年	2005 年	2004 年	2005 年	2004 年
全　国	**23771**	**23755**	**136050**	**93245**					**401**	**317**
大城市	17788	17483	131737	89798					401	317
中城市	5982	6272	2613	2566						
小城市			1700	881						

3—148　大中小城市限额以上连锁零售业商品销售额

（按业态分）

单位：万元

地　区	2005 年	2004 年	百货商店		超级市场		专业店		＃加油站	
			2005 年	2004 年	2005 年	2004 年	2005 年	2004 年	2005 年	2004 年
全　国	**106683746**	**83936158**	**11571706**	**9298397**	**28488359**	**23415972**	**60859489**	**46458374**	**38023122**	**29234987**
大城市	94265214	74625929	10151143	8172250	24837342	20622160	53850528	41359907	33926109	26224958
中城市	10417596	7710991	1386061	1103646	3334886	2543293	5442591	3834197	2899773	2085487
小城市	2000936	1599238	34502	22502	316131	250518	1566369	1264271	1197240	924543

3—148　续表

单位：万元

地　区	专卖店		便利店		仓储会员店		家居建材商店		其　他	
	2005 年	2004 年	2005 年	2004 年	2005 年	2004 年	2005 年	2004 年	2005 年	2004 年
全　国	**1554148**	**1305448**	**2264336**	**1764485**	**861336**	**706661**	**1028850**	**939943**	**55524**	**46879**
大城市	1466264	1209099	2015035	1569033	860530	706661	1028850	939943	55524	46879
中城市	83969	92745	169283	137111	806					
小城市	3915	3604	80018	58343						

3—149 大中小城市限额以上直营连锁零售业商品销售额

（按业态分）

单位：万元

地　区	2005 年	2004 年	百货商店		超级市场		专业店		#加油站	
			2005 年	2004 年	2005 年	2004 年	2005 年	2004 年	2005 年	2004 年
全　国	95096430	73995117	10772210	8696032	24166659	19452135	55001522	41579700	37348263	28697419
大城市	83367704	65207277	9685887	7804081	20674901	16784632	48094751	36563928	33254696	25691982
中城市	9783959	7233655	1051821	869449	3202918	2443602	5362796	3767612	2896327	2080894
小城市	1944767	1554185	34502	22502	288840	223901	1543975	1248160	1197240	924543

3—149 续表

单位：万元

地　区	专卖店		便利店		仓储会员店		家居建材商店		其　他	
	2005 年	2004 年	2005 年	2004 年	2005 年	2004 年	2005 年	2004 年	2005 年	2004 年
全　国	1269744	1042732	1945424	1535956	860656	706661	1025674	936048	54543	45853
大城市	1217651	991232	1753768	1374844	860530	706661	1025674	936048	54543	45853
中城市	48897	48516	117402	104476	126					
小城市	3196	2984	74253	56637						

3—150 大中小城市限额以上加盟连锁零售业商品销售额

（按业态分）

单位：万元

地　区	2005 年	2004 年	百货商店		超级市场		专业店		#加油站	
			2005 年	2004 年	2005 年	2004 年	2005 年	2004 年	2005 年	2004 年
全　国	11587316	9941041	799496	602365	4321700	3963836	5857967	4878674	674859	537568
大城市	10897510	9418652	465256	368169	4162441	3837528	5755777	4795979	671413	532976
中城市	633637	477336	334240	234197	131968	99691	79795	66585	3446	4593
小城市	56169	45053			27291	26617	22394	16111		

3—150 续表

单位：万元

地　区	专卖店		便利店		仓储会员店		家居建材商店		其　他	
	2005 年	2004 年	2005 年	2004 年	2005 年	2004 年	2005 年	2004 年	2005 年	2004 年
全　国	284404	262716	318913	228529	680		3176	3895	981	1026
大城市	248613	217867	261267	194189			3176	3895	981	1026
中城市	35072	44229	51881	32635	680					
小城市	719	620	5765	1706						

3—151 大中小城市限额以上连锁零售业商品零售额

（按业态分）

单位：万元

地　　区	2005年	2004年	百货商店		超级市场		专业店		#加油站	
			2005年	2004年	2005年	2004年	2005年	2004年	2005年	2004年
全　　国	**78103204**	**61630819**	**9930590**	**7995069**	**23760069**	**19477883**	**3964263**	**29986845**	**21894583**	**16371933**
大 城 市	69588938	55220375	8920881	7167821	20930527	17264959	35283990	26894327	19619989	14786104
中 城 市	7091444	5317907	989631	816859	2539282	1980085	3320446	2302077	1505116	1041601
小 城 市	1422821	1092536	20078	10389	290261	232840	1038187	790441	769478	544228

3—151 续表

单位：万元

地　　区	专卖店		便利店		仓储会员店		家居建材商店		其　　他	
	2005年	2004年	2005年	2004年	2005年	2004年	2005年	2004年	2005年	2004年
全　　国	**1108580**	**1017475**	**1872303**	**1520125**	**845508**	**696400**	**890432**	**896290**	**53100**	**40733**
大 城 市	1027372	927535	1637129	1332311	845508	696400	890432	896290	53100	40733
中 城 市	77292	86335	164794	132551						
小 城 市	3915	3604	70380	55263						

3—152 大中小城市限额以上直营连锁零售业商品零售额

（按业态分）

单位：万元

地　　区	2005年	2004年	百货商店		超级市场		专业店		#加油站	
			2005年	2004年	2005年	2004年	2005年	2004年	2005年	2004年
全　　国	**68167287**	**52853004**	**9207659**	**7443638**	**19514497**	**15618044**	**35240480**	**26078363**	**21615200**	**16126621**
大 城 市	60259384	46905274	8461237	6804570	16840008	13523321	30977232	23063888	19341850	14542359
中 城 市	6537434	4893089	726344	628679	2411520	1882486	3243738	2239001	1503872	1040034
小 城 市	1370468	1054641	20078	10389	262970	212237	1019509	775474	769478	544228

3—152 续表

单位：万元

地　　区	专卖店		便利店		仓储会员店		家居建材商店		其　　他	
	2005年	2004年	2005年	2004年	2005年	2004年	2005年	2004年	2005年	2004年
全　　国	**863308**	**789340**	**1556461**	**1294967**	**845508**	**696400**	**887256**	**892395**	**52119**	**39857**
大 城 市	817892	744249	1378133	1140594	845508	696400	887256	892395	52119	39857
中 城 市	42220	42106	113613	100816						
小 城 市	3196	2984	64715	53557						

3—153 大中小城市限额以上加盟连锁零售业商品零售额

（按业态分）

单位：万元

地区	2005年	2004年	百货商店		超级市场		专业店		#加油站	
			2005年	2004年	2005年	2004年	2005年	2004年	2005年	2004年
全国	**9935917**	**8777815**	**722931**	**551431**	**4245572**	**3859839**	**4402144**	**3908482**	**279383**	**245312**
大城市	9329554	8315101	459644	363251	4090519	3741638	4306758	3830439	278139	243745
中城市	554010	424818	263287	188180	127762	97599	76708	63076	1244	1567
小城市	52353	37895			27291	20603	18678	14967		

3—153 续表

单位：万元

地区	专卖店		便利店		仓储会员店		家居建材商店		其他	
	2005年	2004年	2005年	2004年	2005年	2004年	2005年	2004年	2005年	2004年
全国	**245272**	**228135**	**315842**	**225157**			**3176**	**3895**	**981**	**876**
大城市	209480	183286	258996	191717			3176	3895	981	876
中城市	35072	44229	51181	31735						
小城市	719	620	5665	1706						

3—154　35城市限额以上连锁零售业门店数

（按业态分）　　单位：个

城　市	2005年	2004年	百货商店		超级市场		专业店		加油站	
			2005年	2004年	2005年	2004年	2005年	2004年	2005年	2004年
总　计	**72381**	**63666**	**2410**	**2163**	**11092**	**9587**	**44292**	**39542**	**19013**	**17819**
北　京	4898	4818	29	27	1157	1111	2456	2641	446	429
天　津	920	874			346	312	480	476	417	418
石家庄	480	425	9	6	19	11	117	125		
太　原	645	538	5	10	26	24	193	153	37	23
呼和浩特	1183	1096					1183	1096	1183	1096
沈　阳	1668	1572	1	1	29	27	1620	1524	1017	981
大　连	583	567			6	5	309	290	278	259
长　春	336	302			19	15	317	287	13	17
哈尔滨	542	440	145	146	10	14	387	280	151	151
上　海	14790	13065	3	3	5106	4170	3291	3131	536	496
南　京	4213	3554	7	6	1699	1541	2261	1767	201	188
杭　州	2913	2739			26	24	2601	2499	1807	1745
宁　波	700	525			427	301	106	106		
合　肥	3855	2587	65	52	30	26	3729	2457	1698	1152
福　州	187	160			20	13	167	147	101	101
厦　门	466	397	8	7	39	35	392	330	38	38
南　昌	1838	1787	21	17			1721	1679	1105	1024
济　南	2988	2966	17	32	50	49	2888	2885	2695	2695
青　岛	1983	1827	1555	1423	47	52	359	326	65	51
郑　州	360	341			183	171	86	85		
武　汉	1989	1695	84	80	425	371	1234	1003	244	242
长　沙	2422	2097	29	23	70	44	2217	1922	1732	1604
广　州	7239	6251	155	107	200	204	4388	4118	2114	2048
深　圳	2392	1787	85	69	679	606	1535	1039		
南　宁	594	639			35	38	559	601	223	239
海　口	285	295			7	8	278	287	231	235
重　庆	5205	4597	103	92	115	98	4899	4326	597	599
成　都	1387	973			162	142	242	221		
贵　阳	1057	1012	14	12	4	4	924	898	769	732
昆　明	1403	1014	16	19	12	12	1353	961		
西　安	870	871	4	4	96	93	139	140		
兰　州	1179	1101					1179	1101	1085	1038
西　宁	107	79	48	18	23	25	36	36		
银　川	356	372			23	39	333	333	230	218
乌鲁木齐	348	303	7	9	2	2	313	272		

3—154 续表

单位:个

城市	专卖店		便利店		仓储会员店		家居建材商店		其他	
	2005年	2004年	2005年	2004年	2005年	2004年	2005年	2004年	2005年	2004年
总计	**5159**	**4274**	**9044**	**7827**	**101**	**82**	**94**	**79**	**189**	**112**
北京	547	472	494	434	3	1	23	20	189	112
天津	74	64	15	17			5	5		
石家庄	178	153	157	130						
太原	17	18	404	333						
呼和浩特										
沈阳	18	20								
大连	4	4	264	268						
长春										
哈尔滨										
上海	869	734	5449	4968	27	23	45	36		
南京	231	225	13	14			2	1		
杭州	237	184	46	29			3	3		
宁波	52	37	115	81						
合肥	31	52								
福州										
厦门	7	8	20	17						
南昌	96	91								
济南			33							
青岛	12	14			8	11	2	1		
郑州	70	65	21	20						
武汉	114	107	132	134						
长沙	45	52	61	56						
广州	2025	1452	432	342	35	24	4	4		
深圳			83	64			10	9		
南宁										
海口										
重庆	12	8	76	73						
成都			983	610						
贵阳			87	75	28	23				
昆明			22	22						
西安	494	494	137	140						
兰州										
西宁										
银川										
乌鲁木齐	26	20								

3—155 35城市限额以上直营连锁零售业门店数

（按业态分）

单位：个

城市	2005年	2004年	百货商店		超级市场		专业店		加油站	
			2005年	2004年	2005年	2004年	2005年	2004年	2005年	2004年
总计	**48714**	**44160**	**880**	**769**	**6364**	**5674**	**32539**	**29850**	**18485**	**17330**
北京	3557	3194	29	27	817	789	1718	1523	446	429
天津	920	874			346	312	480	476	417	418
石家庄	307	261	9	6	17	10	107	114		
太原	363	334	5	10	26	24	193	153	37	23
呼和浩特	1183	1096					1183	1096	1183	1096
沈阳	1246	1162	1	1	26	24	1201	1117	935	900
大连	461	500			6	5	309	290	278	259
长春	155	236			19	15	136	221	13	17
哈尔滨	542	440	145	146	10	14	387	280	151	151
上海	9319	8543	1	1	2207	1880	2898	2732	442	407
南京	1958	1633	7	6	623	579	1148	874	201	188
杭州	2820	2643			26	24	2534	2441	1807	1745
宁波	471	360			265	170	106	106		
合肥	1816	1268	55	31	30	26	1700	1159	1557	1024
福州	187	160			20	13	167	147	101	101
厦门	438	376	8	7	39	35	364	309	38	38
南昌	1757	1712	21	17			1721	1679	1105	1024
济南	2830	2811	17	32	43	43	2737	2736	2695	2695
青岛	465	441	59	61	31	34	353	320	65	51
郑州	335	317			183	171	61	61		
武汉	1403	1296	84	80	400	371	728	656	238	236
长沙	2215	1980	29	23	70	44	2015	1808	1732	1604
广州	3841	3713	141	101	149	159	2763	2819	2101	2048
深圳	2211	1654	84	66	621	557	1413	958		
南宁	324	357			15	16	309	341	207	222
海口	277	289			7	8	270	281	231	235
重庆	2123	2085	103	92	106	91	1826	1821	597	599
成都	1220	836			105	102	232	212		
贵阳	1016	964	14	12	4	4	883	850	751	715
昆明	925	714	16	19	12	12	876	663		
西安	323	343	4	4	96	93	122	127		
兰州	1021	950					1021	950	927	887
西宁	84	63	41	18	20	22	23	23		
银川	333	331			23	25	310	306	230	218
乌鲁木齐	268	224	7	9	2	2	245	201		

3—155 续表

单位:个

城市	专卖店		便利店		仓储会员店		家居建材商店		其他	
	2005年	2004年	2005年	2004年	2005年	2004年	2005年	2004年	2005年	2004年
总计	**1704**	**1492**	**6924**	**6143**	**101**	**82**	**93**	**78**	**109**	**72**
北京	377	335	481	427	3	1	23	20	109	72
天津	74	64	15	17			5	5		
石家庄	45	28	129	103						
太原	17	18	122	129						
呼和浩特										
沈阳	18	20								
大连	3	2	143	203						
长春										
哈尔滨										
上海	130	115	4012	3757	27	23	44	35		
南京	165	159	13	14			2	1		
杭州	236	159	21	16			3	3		
宁波	36	27	64	57						
合肥	31	52								
福州										
厦门	7	8	20	17						
南昌	15	16								
济南			33							
青岛	12	14			8	11	2	1		
郑州	70	65	21	20						
武汉	74	70	117	119						
长沙	40	49	61	56						
广州	323	266	426	340	35	24	4	4		
深圳			83	64			10	9		
南宁										
海口										
重庆	12	8	76	73						
成都			883	522						
贵阳			87	75	28	23				
昆明			21	20						
西安	5	5	96	114						
兰州										
西宁										
银川										
乌鲁木齐	14	12								

3—156 35城市限额以上加盟连锁零售业门店数

（按业态分）

单位：个

城市	2005年	2004年	百货商店		超级市场		专业店		加油站	
			2005年	2004年	2005年	2004年	2005年	2004年	2005年	2004年
总计	**23667**	**19506**	**1530**	**1394**	**4728**	**3913**	**11753**	**9692**	**528**	**489**
北京	1341	1624			340	322	738	1118		
天津										
石家庄	173	164			2	1	10	11		
太原	282	204								
呼和浩特										
沈阳	422	410			3	3	419	407	82	81
大连	122	67								
长春	181	66					181	66		
哈尔滨										
上海	5471	4522	2	2	2899	2290	393	399	94	89
南京	2255	1921			1076	962	1113	893		
杭州	93	96					67	58		
宁波	229	165			162	131				
合肥	2039	1319	10	21			2029	1298	141	128
福州										
厦门	28	21					28	21		
南昌	81	75								
济南	158	155			7	6	151	149		
青岛	1518	1386	1496	1362	16	18	6	6		
郑州	25	24					25	24		
武汉	586	399			25		506	347	6	6
长沙	207	117					202	114		
广州	3398	2538	14	6	51	45	1625	1299	13	
深圳	181	133	1	3	58	49	122	81		
南宁	270	282			20	22	250	260	16	17
海口	8	6					8	6		
重庆	3082	2512			9	7	3073	2505		
成都	167	137			57	40	10	9		
贵阳	41	48					41	48	18	17
昆明	478	300					477	298		
西安	547	528					17	13		
兰州	158	151					158	151	158	151
西宁	23	16	7		3	3	13	13		
银川	23	41				14	23	27		
乌鲁木齐	80	79					68	71		

3—156 续表

单位:个

城市	专卖店		便利店		仓储会员店		家居建材商店		其他	
	2005年	2004年	2005年	2004年	2005年	2004年	2005年	2004年	2005年	2004年
总计	**3455**	**2782**	**2120**	**1684**			**1**	**1**	**80**	**40**
北京	170	137	13	7					80	40
天津										
石家庄	133	125	28	27						
太原			282	204						
呼和浩特										
沈阳										
大连	1	2	121	65						
长春										
哈尔滨										
上海	739	619	1437	1211			1	1		
南京	66	66								
杭州	1	25	25	13						
宁波	16	10	51	24						
合肥										
福州										
厦门										
南昌	81	75								
济南										
青岛										
郑州										
武汉	40	37	15	15						
长沙	5	3								
广州	1702	1186	6	2						
深圳										
南宁										
海口										
重庆										
成都			100	88						
贵阳										
昆明			1	2						
西安	489	489	41	26						
兰州										
西宁										
银川										
乌鲁木齐	12	8								

3—157 35城市限额以上连锁零售业营业面积

（按业态分）

单位：平方米

城市	2005年	2004年	百货商店		超级市场		专业店		加油站	
			2005年	2004年	2005年	2004年	2005年	2004年	2005年	2004年
总计	**70426987**	**62684551**	**6743244**	**5736840**	**14167019**	**11695719**	**46370842**	**42558507**	**37767528**	**36151361**
北京	4341450	3747208	450485	440043	1711819	1368418	1406017	1313254	134532	119984
天津	1034819	924973			362729	314834	600241	540650	458700	459800
石家庄	303603	189723	58757	39306	193246	101000	23792	24082		
太原	382871	320379	37173	61958	178318	167418	129727	60320	70000	42000
呼和浩特	3079946	2689259					3079946	2689259	3079946	2689259
沈阳	1738856	1661442	32123	32123	133873	121750	1569660	1504269	1436977	1382635
大连	1053901	959506			296000	264960	678815	614630	674382	610197
长春	93916	80135			47843	37636	46073	42499	1300	1600
哈尔滨	228862	166842	91080	64900	60000	46000	77782	55942	23295	23295
上海	7287340	6069759	87000	87000	4697977	3865921	1369921	1125508	852471	815072
南京	3603716	2741979	149616	124853	1154775	944542	2271699	1645458	587083	583483
杭州	5067357	4859448			218804	206369	4802850	4614744	4519654	4367792
宁波	492328	348261			441278	305316	21802	20093		
合肥	1887800	1371111	573700	513200	60030	24720	1253425	832381	896760	605300
福州	272617	211439			109814	90513	162803	120926	40400	40400
厦门	202708	187687	4500	3900	21200	25040	173324	155565	113841	110641
南昌	997917	801497	291100	234000			705211	566000	612116	498656
济南	4388694	4211814	475000	405000	48167	48017	3837686	3758797	3562030	3562030
青岛	1271454	994378	931216	761456	149628	100797	165685	111600	1825	1400
郑州	243891	244806			139063	129379	45791	44341		
武汉	1999260	1807311	942027	816007	617952	596587	398049	356410	121480	158420
长沙	4904665	4699682	118258	106126	192575	143801	4566292	4420381	4277234	4199619
广州	11075104	10568651	443438	374174	493993	440072	9904366	9579580	8919730	8818730
深圳	4234147	3366061	1444648	1172117	2194214	1761894	414669	265301		
南宁	892517	894345			39543	47033	852974	847312	785616	782371
海口	55254	59126			35060	38300	20194	20826	14643	14895
重庆	2147318	1957098	468304	362329	129451	103412	1539293	1484867	1194000	1198000
成都	632462	505183			133502	129159	261662	174469		
贵阳	2099415	2004187	10830	8630	1276	2896	2061127	1969719	1922500	1830000
昆明	336550	236882	930	1302	80810	64097	253813	170454		
西安	223918	216348	17340	14800	141130	137223	25000	25000		
兰州	2541309	2349259					2541309	2349259	2514200	2322400
西宁	112788	103505	66357	64840	4000	4250	42431	34415		
银川	1050091	996116			58668	44084	991423	952032	952813	913382
乌鲁木齐	148143	139151	49362	48776	20281	20281	75990	68164		

3—157　续表

单位：平方米

城　　市	专卖店		便利店		仓储会员店		家居建材商店		其　他	
	2005年	2004年	2005年	2004年	2005年	2004年	2005年	2004年	2005年	2004年
总　　计	**348699**	**273643**	**1146228**	**1014096**	**294840**	**226486**	**1300363**	**1129813**	**55752**	**49447**
北　　京	84202	66812	91576	74288	58751	18088	482848	416858	55752	49447
天　　津	15640	12670	4577	5187			51632	51632		
石 家 庄	3350	2384	24458	22951						
太　　原	2343	2043	35310	28640						
呼和浩特										
沈　　阳	3200	3300								
大　　连	4000	4000	75086	75916						
长　　春										
哈 尔 滨										
上　　海	33379	27716	389886	367997	208827	182327	500350	413290		
南　　京	10150	9450	2476	2676			15000	15000		
杭　　州	8263	6530	6940	1305			30500	30500		
宁　　波	4755	3680	24493	19172						
合　　肥	645	810								
福　　州										
厦　　门	230	280	3454	2902						
南　　昌	1606	1497								
济　　南			27841							
青　　岛	7615	7575			3310	4950	14000	8000		
郑　　州	6950	5051	52087	66035						
武　　汉	13121	10853	28111	27454						
长　　沙	6817	7546	20723	21828						
广　　州	115321	73536	81039	66173	3797	1966	33150	33150		
深　　圳			7733	5366			172883	161383		
南　　宁										
海　　口										
重　　庆	1150	730	9120	5760						
成　　都			237298	201555						
贵　　阳			6027	3787	20155	19155				
昆　　明			997	1029						
西　　安	23452	25250	16996	14075						
兰　　州										
西　　宁										
银　　川										
乌鲁木齐	2510	1930								

3—158　35城市限额以上直营连锁零售业营业面积

（按业态分）

单位：平方米

城　市	2005年	2004年	百货商店		超级市场		专业店		加油站	
			2005年	2004年	2005年	2004年	2005年	2004年	2005年	2004年
总　计	**64211423**	**57450423**	**6324073**	**5358027**	**11952780**	**9921933**	**43151224**	**39754771**	**36859527**	**35289143**
北　京	3695166	3020876	450485	440043	1640884	1310579	856170	659280	134532	119984
天　津	1034819	924973			362729	314834	600241	540650	458700	459800
石家庄	274143	175523	58757	39306	168246	91000	22792	22982		
太　原	359066	304648	37173	61958	178318	167418	129727	60320	70000	42000
呼和浩特	3079946	2689259					3079946	2689259	3079946	2689259
沈　阳	1575749	1500379	32123	32123	133573	121550	1406853	1343406	1317369	1267183
大　连	1032681	942906			296000	264960	678815	614630	674382	610197
长　春	80666	68835			47843	37636	32823	31199	1300	1600
哈尔滨	228862	166842	91080	64900	60000	46000	77782	55942	23295	23295
上　海	5805484	4837582	30800	30800	3562168	2970972	1191188	947177	694521	659894
南　京	2556587	1952338	149616	124853	601215	455482	1779730	1346577	587083	583483
杭　州	5059072	4854058			218804	206369	4798630	4610981	4519654	4367792
宁　波	443808	305292			396798	264936	21802	20093		
合　肥	1444914	1032840	507700	436200	60030	24720	876539	571110	756500	478450
福　州	272617	211439			109814	90513	162803	120926	40400	40400
厦　门	200896	185810	4500	3900	21200	25040	171512	153688	113841	110641
南　昌	996666	800367	291100	234000			705211	566000	612116	498656
济　南	4161859	4059364	475000	405000	46717	46717	3612301	3607647	3562030	3562030
青　岛	1125426	871948	787176	641176	148330	99337	164995	110910	1825	1400
郑　州	241891	242906			139063	129379	43791	42441		
武　汉	1925529	1745274	942027	816007	613517	596587	331633	297300	80980	117920
长　沙	4886648	4689357	118258	106126	192575	143801	4548525	4410211	4277234	4199619
广　州	10251092	9939608	313254	296174	345280	312303	9458521	9213244	8893730	8818730
深　圳	3999199	3187361	1422648	1124784	2000544	1645394	395391	250434		
南　宁	785178	781698			27040	33799	758138	747899	731133	723033
海　口	54654	58666			35060	38300	19594	20366	14643	14895
重　庆	2003782	1837263	468304	362329	122125	96464	1403083	1371980	1194000	1198000
成　都	578521	456187			119132	116575	257936	170214		
贵　阳	2049852	1956803	10830	8630	1276	2896	2011564	1922335	1877500	1787500
昆　明	292866	205790	930	1302	80810	64097	210167	139432		
西　安	193772	189125	17340	14800	141130	137223	22000	23000		
兰　州	2217109	2026859					2217109	2026859	2190000	2000000
西　宁	110939	102623	65610	64840	3610	4080	41719	33703		
银　川	1048291	992623			58668	42691	989623	949932	952813	913382
乌鲁木齐	143673	133001	49362	48776	20281	20281	72570	62644		

3—158 续表

单位:平方米

城市	专卖店		便利店		仓储会员店		家居建材商店		其他	
	2005年	2004年	2005年	2004年	2005年	2004年	2005年	2004年	2005年	2004年
总计	**176459**	**151598**	**968172**	**865608**	**294840**	**226486**	**1293763**	**1123213**	**50112**	**48787**
北京	65483	53656	90433	73585	58751	18088	482848	416858	50112	48787
天津	15640	12670	4577	5187			51632	51632		
石家庄	1350	684	22998	21551						
太原	2343	2043	11505	12909						
呼和浩特										
沈阳	3200	3300								
大连	3700	3000	54166	60316						
长春										
哈尔滨										
上海	9631	9049	309120	290567	208827	182327	493750	406690		
南京	8550	7750	2476	2676			15000	15000		
杭州	8153	5488	2985	720			30500	30500		
宁波	4295	3380	20913	16883						
合肥	645	810								
福州										
厦门	230	280	3454	2902						
南昌	355	367								
济南			27841							
青岛	7615	7575			3310	4950	14000	8000		
郑州	6950	5051	52087	66035						
武汉	11791	9476	26561	25904						
长沙	6567	7391	20723	21828						
广州	16451	16698	80639	66073	3797	1966	33150	33150		
深圳			7733	5366			172883	161383		
南宁										
海口										
重庆	1150	730	9120	5760						
成都			201453	169398						
贵阳			6027	3787	20155	19155				
昆明			959	959						
西安	900	900	12402	13202						
兰州										
西宁										
银川										
乌鲁木齐	1460	1300								

3－159　35城市限额以上加盟连锁零售业营业面积

（按业态分）

单位:平方米

城　　市	2005年	2004年	百货商店		超级市场		专业店		加油站	
			2005年	2004年	2005年	2004年	2005年	2004年	2005年	2004年
总　　计	**6215564**	**5234128**	**419171**	**378813**	**2214239**	**1773786**	**3219618**	**2803736**	**908001**	**862218**
北　　京	646284	726332			70935	57839	549847	653974		
天　　津										
石 家 庄	29460	14200			25000	10000	1000	1100		
太　　原	23805	15731								
呼和浩特										
沈　　阳	163107	161063			300	200	162807	160863	119608	115452
大　　连	21220	16600								
长　　春	13250	11300					13250	11300		
哈 尔 滨										
上　　海	1481856	1232177	56200	56200	1135809	894949	178733	178331	157950	155178
南　　京	1047129	789641			553560	489060	491969	298881		
杭　　州	8285	5390					4220	3763		
宁　　波	48520	42969			44480	40380				
合　　肥	442886	338271	66000	77000			376886	261271	140260	126850
福　　州										
厦　　门	1812	1877					1812	1877		
南　　昌	1251	1130								
济　　南	226835	152450			1450	1300	225385	151150		
青　　岛	146028	122430	144040	120280	1298	1460	690	690		
郑　　州	2000	1900					2000	1900		
武　　汉	73731	62037			4435		66416	59110	40500	40500
长　　沙	18017	10325					17767	10170		
广　　州	824012	629043	130184	78000	148713	127769	445845	366336	26000	
深　　圳	234948	178700	22000	47333	193670	116500	19278	14867		
南　　宁	107339	112647			12503	13234	94836	99413	54483	59338
海　　口	600	460					600	460		
重　　庆	143536	119835			7326	6948	136210	112887		
成　　都	53941	48996			14370	12584	3726	4255		
贵　　阳	49563	47384					49563	47384	45000	42500
昆　　明	43684	31092					43646	31022		
西　　安	30146	27223					3000	2000		
兰　　州	324200	322400					324200	322400	324200	322400
西　　宁	1849	882	747		390	170	712	712		
银　　川	1800	3493				1393	1800	2100		
乌鲁木齐	4470	6150					3420	5520		

3—159 续表

单位:平方米

城　市	专卖店		便利店		仓储会员店		家居建材商店		其　他	
	2005年	2004年	2005年	2004年	2005年	2004年	2005年	2004年	2005年	2004年
总　计	**172240**	**122045**	**178056**	**148488**			**6600**	**6600**	**5640**	**660**
北　京	18719	13156	1143	703					5640	660
天　津										
石家庄	2000	1700	1460	1400						
太　原			23805	15731						
呼和浩特										
沈　阳										
大　连	300	1000	20920	15600						
长　春										
哈尔滨										
上　海	23748	18667	80766	77430			6600	6600		
南　京	1600	1700								
杭　州	110	1042	3955	585						
宁　波	460	300	3580	2289						
合　肥										
福　州										
厦　门										
南　昌	1251	1130								
济　南										
青　岛										
郑　州										
武　汉	1330	1377	1550	1550						
长　沙	250	155								
广　州	98870	56838	400	100						
深　圳										
南　宁										
海　口										
重　庆										
成　都			35845	32157						
贵　阳										
昆　明			38	70						
西　安	22552	24350	4594	873						
兰　州										
西　宁										
银　川										
乌鲁木齐	1050	630								

3—160 35城市限额以上连锁零售业从业人员

（按业态分）

单位：人

城市	2005年	2004年	百货商店		超级市场		专业店		加油站	
			2005年	2004年	2005年	2004年	2005年	2004年	2005年	2004年
总计	**1203379**	**1036702**	**148882**	**135493**	**412114**	**355679**	**510276**	**429074**	**163677**	**150570**
北京	121229	113119	11111	11645	50472	45911	36882	34900	4284	3868
天津	20203	18972			11567	10622	5614	5210	3861	3650
石家庄	10911	8873	3000	2000	4837	2861	1089	1190		
太原	11178	10740	1060	2868	3962	3443	2760	1691	612	461
呼和浩特	11780	7963					11780	7963	11780	7963
沈阳	20697	20563	291	325	2918	2523	17418	17570	11576	10716
大连	5340	4738			2270	1956	545	540	335	330
长春	3867	3443			1347	1147	2520	2296	198	198
哈尔滨	7356	7208	2960	3166	949	936	3447	3106	1341	1154
上海	231788	197662	1094	1057	149166	128397	32218	24608	6347	5662
南京	155899	133965	2269	1997	46823	41712	105149	88698	2417	2515
杭州	32830	32821			4695	4458	26803	26948	17055	17366
宁波	14451	11768			12652	10066	676	747		
合肥	47605	39773	24283	21500	969	712	22213	17385	15162	12624
福州	7295	5324			2967	2345	4328	2979	1453	1100
厦门	6108	5061	57	51	982	1056	4850	3759	684	668
南昌	25682	22850	9593	6532			15575	15805	10324	11105
济南	42581	35219	2222	3250	2536	2375	37000	29594	19501	18072
青岛	22926	19152	14399	12558	2752	2724	5105	3370	947	362
郑州	6884	6509			3327	2996	1126	1097		
武汉	42727	38785	13282	12746	13458	13016	12679	10143	3406	2679
长沙	28093	23502	4854	3997	5228	4340	16875	13947	7176	6901
广州	75986	64138	8721	7859	10615	8622	39996	35778	21144	20748
深圳	126969	91077	34722	29995	58924	44608	31108	14474		
南宁	6852	7734			1527	2003	5325	5731	2609	2825
海口	3481	3646			379	432	3102	3214	2571	2615
重庆	39812	36235	11812	10443	4723	4954	22622	20286	6913	6289
成都	18788	16261			4214	4306	5477	4288		
贵阳	10519	10376	369	341	110	230	8725	8504	5498	4889
昆明	16982	13457	143	158	3013	2394	13708	10776		
西安	10919	10934	945	1064	2869	2585	1770	1767		
兰州	3475	3247					3475	3247	2706	2487
西宁	2156	2124	1108	1085	137	140	911	899		
银川	5838	5550			1006	1099	4832	4451	3777	3323
乌鲁木齐	4172	3913	587	856	720	710	2573	2113		

3—160 续表

单位:人

城市	专卖店		便利店		仓储会员店		家居建材商店		其他	
	2005年	2004年	2005年	2004年	2005年	2004年	2005年	2004年	2005年	2004年
总计	**39796**	**33354**	**67853**	**60499**	**10185**	**7427**	**12437**	**13618**	**1836**	**1558**
北京	9399	7611	6005	4959	1584	446	3940	6089	1836	1558
天津	1712	1842	123	196			1187	1102		
石家庄	496	415	1489	2407						
太原	183	130	3213	2608						
呼和浩特										
沈阳	70	145								
大连	60	60	2465	2182						
长春										
哈尔滨										
上海	3436	2944	34201	31223	7571	6012	4102	3421		
南京	1230	1120	68	58			360	380		
杭州	720	794	221	150			391	471		
宁波	330	275	793	680						
合肥	140	176								
福州										
厦门	11	13	208	182						
南昌	514	513								
济南			823							
青岛	168	166			142	154	360	180		
郑州	435	421	1996	1995						
武汉	2411	2005	897	875						
长沙	324	516	812	702						
广州	13569	9377	2445	1888	133	99	507	515		
深圳			625	540			1590	1460		
南宁										
海口										
重庆	95	52	560	500						
成都			9097	7667						
贵阳			560	585	755	716				
昆明			118	129						
西安	4201	4545	1134	973						
兰州										
西宁										
银川										
乌鲁木齐	292	234								

3－161　35城市限额以上直营连锁零售业从业人员

（按业态分）

单位：人

城　　市	2005年	2004年	百货商店		超级市场		专业店		加油站	
			2005年	2004年	2005年	2004年	2005年	2004年	2005年	2004年
总　　计	**976803**	**843775**	**133263**	**119012**	**320807**	**279207**	**421254**	**352705**	**158797**	**146006**
北　　京	107469	97328	11111	11645	48349	43927	27125	22227	4284	3868
天　　津	20203	18972			11567	10622	5614	5210	3861	3650
石 家 庄	9739	8084	3000	2000	4157	2480	1039	1130		
太　　原	8958	9313	1060	2868	3962	3443	2760	1691	612	461
呼和浩特	11780	7963					11780	7963	11780	7963
沈　　阳	17978	18002	291	325	2909	2515	14708	15017	10671	9825
大　　连	4933	4498			2270	1956	545	540	335	330
长　　春	3260	2860			1347	1147	1913	1713	198	198
哈 尔 滨	7356	7208	2960	3166	949	936	3447	3106	1341	1154
上　　海	168667	144145	532	521	99103	86065	29459	21907	5092	4487
南　　京	104005	87012	2269	1997	19799	17748	80509	65939	2417	2515
杭　　州	32450	32520			4695	4458	26531	26708	17055	17366
宁　　波	13425	10893			11862	9331	676	747		
合　　肥	35357	27260	17145	12500	969	712	17103	13872	14420	11903
福　　州	7295	5324			2967	2345	4328	2979	1453	1100
厦　　门	5970	4928	57	51	982	1056	4712	3626	684	668
南　　昌	25355	22544	9593	6532			15575	15805	10324	11105
济　　南	27670	26583	2222	3250	2456	2315	22169	21018	19501	18072
青　　岛	16738	13756	8283	7236	2704	2670	5081	3350	947	362
郑　　州	6794	6429			3327	2996	1036	1017		
武　　汉	40524	37292	13282	12746	13235	13016	10995	8934	3351	2624
长　　沙	26971	22731	4854	3997	5228	4340	15781	13214	7176	6901
广　　州	54488	47940	7235	6507	6763	5146	32195	29615	20964	20748
深　　圳	120612	88032	34425	29724	53804	42448	30168	13860		
南　　宁	4491	5373			849	1340	3642	4033	2366	2562
海　　口	3421	3604			379	432	3042	3172	2571	2615
重　　庆	32167	29768	11812	10443	4494	4773	15206	14000	6913	6289
成　　都	16411	14115			3840	3961	5354	4167		
贵　　阳	10110	9953	369	341	110	230	8316	8081	5210	4617
昆　　明	11751	9910	143	158	3013	2394	8480	7234		
西　　安	6423	6339	945	1064	2869	2585	1669	1681		
兰　　州	2263	2060					2263	2060	1494	1300
西　　宁	2086	2071	1088	1085	123	123	875	863		
银　　川	5787	5379			1006	987	4781	4392	3777	3323
乌鲁木齐	3896	3586	587	856	720	710	2377	1834		

3—161 续表

单位:人

城市	专卖店		便利店		仓储会员店		家居建材商店		其他	
	2005年	2004年	2005年	2004年	2005年	2004年	2005年	2004年	2005年	2004年
总计	**21900**	**19378**	**55412**	**51056**	**10185**	**7427**	**12383**	**13558**	**1599**	**1432**
北京	7873	6659	5888	4903	1584	446	3940	6089	1599	1432
天津	1712	1842	123	196			1187	1102		
石家庄	166	159	1377	2315						
太原	183	130	993	1181						
呼和浩特										
沈阳	70	145								
大连	40	15	2078	1987						
长春										
哈尔滨										
上海	739	674	27215	25605	7571	6012	4048	3361		
南京	1000	890	68	58			360	380		
杭州	705	759	128	124			391	471		
宁波	267	233	620	582						
合肥	140	176								
福州										
厦门	11	13	208	182						
南昌	187	207								
济南			823							
青岛	168	166			142	154	360	180		
郑州	435	421	1996	1995						
武汉	2219	1825	793	771						
长沙	296	478	812	702						
广州	5240	4186	2415	1872	133	99	507	515		
深圳			625	540			1590	1460		
南宁										
海口										
重庆	95	52	560	500						
成都			7217	5987						
贵阳			560	585	755	716				
昆明			115	124						
西安	142	162	798	847						
兰州										
西宁										
银川										
乌鲁木齐	212	186								

3—162　35城市限额以上加盟连锁零售业从业人员

（按业态分）

单位：人

城　市	2005年	2004年	百货商店		超级市场		专业店		加油站	
			2005年	2004年	2005年	2004年	2005年	2004年	2005年	2004年
总　计	**226576**	**192927**	**15619**	**16481**	**91307**	**76472**	**89022**	**76369**	**4880**	**4564**
北　京	13760	15791			2123	1984	9757	12673		
天　津										
石家庄	1172	789			680	381	50	60		
太　原	2220	1427								
呼和浩特										
沈　阳	2719	2561			9	8	2710	2553	905	891
大　连	407	240								
长　春	607	583					607	583		
哈尔滨										
上　海	63121	53517	562	536	50063	42332	2759	2701	1255	1175
南　京	51894	46953			27024	23964	24640	22759		
杭　州	380	301					272	240		
宁　波	1026	875			790	735				
合　肥	12248	12513	7138	9000			5110	3513	742	721
福　州										
厦　门	138	133					138	133		
南　昌	327	306								
济　南	14911	8636			80	60	14831	8576		
青　岛	6188	5396	6116	5322	48	54	24	20		
郑　州	90	80					90	80		
武　汉	2203	1493			223		1684	1209	55	55
长　沙	1122	771					1094	733		
广　州	21498	16198	1486	1352	3852	3476	7801	6163	180	
深　圳	6357	3045	297	271	5120	2160	940	614		
南　宁	2361	2361			678	663	1683	1698	243	263
海　口	60	42					60	42		
重　庆	7645	6467			229	181	7416	6286		
成　都	2377	2146			374	345	123	121		
贵　阳	409	423					409	423	288	272
昆　明	5231	3547					5228	3542		
西　安	4496	4595					101	86		
兰　州	1212	1187					1212	1187	1212	1187
西　宁	70	53	20		14	17	36	36		
银　川	51	171				112	51	59		
乌鲁木齐	276	327					196	279		

3—162 续表

单位:人

城市	专卖店		便利店		仓储会员店		家居建材商店		其他	
	2005年	2004年	2005年	2004年	2005年	2004年	2005年	2004年	2005年	2004年
总计	**17896**	**13976**	**12441**	**9443**			**54**	**60**	**237**	**126**
北京	1526	952	117	56					237	126
天津										
石家庄	330	256	112	92						
太原			2220	1427						
呼和浩特										
沈阳										
大连	20	45	387	195						
长春										
哈尔滨										
上海	2697	2270	6986	5618			54	60		
南京	230	230								
杭州	15	35	93	26						
宁波	63	42	173	98						
合肥										
福州										
厦门										
南昌	327	306								
济南										
青岛										
郑州										
武汉	192	180	104	104						
长沙	28	38								
广州	8329	5191	30	16						
深圳										
南宁										
海口										
重庆										
成都			1880	1680						
贵阳										
昆明			3	5						
西安	4059	4383	336	126						
兰州										
西宁										
银川										
乌鲁木齐	80	48								

3—163　35城市限额以上连锁零售业商品购进总额

（按业态分）

单位：万元

城　市	2005年	2004年	百货商店		超级市场		专业店		加油站	
			2005年	2004年	2005年	2004年	2005年	2004年	2005年	2004年
总　计	**79482388**	**63053154**	**8102954**	**8266995**	**18511678**	**15408826**	**48070957**	**35539994**	**29672420**	**21333321**
北　京	9249652	7781478	499273	468260	3086955	2219610	4696757	4295904	1619974	1153179
天　津	1809094	1401285			468886	374255	1261453	960874	941835	711533
石家庄	206343	154828	51029	31084	116195	84533	22079	22156		
太　原	469982	281393	14711	12952	7486	6795	436982	252435	352157	227107
呼和浩特	1163100	741088					1163100	741088	1163100	741088
沈　阳	1661123	1182701	8578	9508	105453	82939	1462533	1022451	1345524	899066
大　连	208527	148642			108715	71065	4215	3090		
长　春	109891	101198			48600	47137	61291	54060	11995	11802
哈尔滨	455276	352582	83702	74161	31394	45793	340180	232628	275227	176923
上　海	10548472	10170621	139332	133017	6202213	6832130	2312075	1674831	809948	487944
南　京	8168519	5176809	238162	176489	1651319	1139092	6219513	3805445	685567	429932
杭　州	4849367	3801192			192306	173509	4606434	3594433	3943941	3049809
宁　波	647196	499966			587301	450020	17918	17541		
合　肥	3820584	2779790	1350856	950329	71324	30616	2394715	1795744	1899863	1457617
福　州	604924	389224			73948	25245	530976	363979	327247	240563
厦　门	471635	358167	1098	1413	14001	14427	456085	341947	325553	273947
南　昌	1973878	1430020	354464	284283			1613332	1141219	1462637	1057248
济　南	5730514	4323616	368825	327865	207102	163720	5124986	3832031	3796383	2553548
青　岛	1509219	1056620	1017987	690717	164668	151042	304238	195379	74078	41023
郑　州	274604	267332			119989	119324	105465	78541		
武　汉	2535724	2077129	742781	754395	694672	566359	1059418	719176	599207	431595
长　沙	1928884	1498327	304072	239306	131206	105308	1476310	1136995	1125979	871230
广　州	10391222	6840477	540579	419138	1797267	580508	7213234	5259105	5780933	4125953
深　圳	4194273	5189921	1445800	2971943	2039591	1686016	600502	439728		
南　宁	521843	402870			42535	36538	479309	366332	449517	334019
海　口	284511	204661			13530	11503	270981	193158	265337	187432
重　庆	1878981	1471126	873089	635812	67822	55099	931597	774298	593968	466209
成　都	834591	598099			155903	100323	368903	228878		
贵　阳	1043545	836963	13576	16136	800	802	998365	792317	810731	602412
昆　明	468822	363672	6508	7431	115642	96130	344883	257850		
西　安	223663	192576	24612	27542	132411	109402	36088	32909		
兰　州	782174	597431					782174	597431	771809	590479
西　宁	28397	33566	16586	22571	1927	1896	9884	9100		
银　川	300612	250083			30763	10078	269849	240005	239912	211664
乌鲁木齐	133249	97708	7335	12646	29756	17611	95134	66938		

3—163 续表

单位:万元

城市	专卖店		便利店		仓储会员店		家居建材商店		其他	
	2005 年	2004 年	2005 年	2004 年	2005 年	2004 年	2005 年	2004 年	2005 年	2004 年
总计	**1412666**	**1082250**	**1651127**	**1264236**	**787288**	**638316**	**890951**	**796158**	**54769**	**56379**
北京	522516	360987	109982	107603	58178	29597	221222	243137	54769	56379
天津	12843	10906	2585	2114			63326	53136		
石家庄	2363	3249	14678	13806						
太原	2002	1479	8801	7732						
呼和浩特										
沈阳	84560	67803								
大连	948	870	94650	73616						
长春										
哈尔滨										
上海	31110	32030	750722	573832	679820	570364	433200	354418		
南京	49341	48152	2224	3348			7961	4282		
杭州	22324	11381	3316	2085			24987	19784		
宁波	11194	8252	30783	24154						
合肥	3690	3100								
福州										
厦门			450	380						
南昌	6082	4518								
济南			29601							
青岛	11822	11632			1136	1334	9368	6516		
郑州	14828	14292	34322	55175						
武汉	20290	18825	18564	18373						
长沙	8177	8552	9117	8166						
广州	588418	458488	196599	79789	21935	13247	33190	30202		
深圳			10682	7552			97698	84682		
南宁										
海口										
重庆	858	397	5615	5520						
成都			309784	268899						
贵阳			4585	3934	26218	23775				
昆明			1790	2261						
西安	18276	16824	12277	5900						
兰州										
西宁										
银川										
乌鲁木齐	1024	514								

3—164 35城市限额以上直营连锁零售业商品购进总额

（按业态分）

单位:万元

城市	2005年	2004年	百货商店		超级市场		专业店		加油站	
			2005年	2004年	2005年	2004年	2005年	2004年	2005年	2004年
总　计	**70837860**	**55283078**	**7692745**	**8015123**	**16087565**	**12575249**	**42830613**	**31292541**	**29034672**	**20867810**
北　京	7888823	6024375	499273	468260	3068946	2205733	3366613	2563224	1619974	1153179
天　津	1809094	1401285			468886	374255	1261453	960874	941835	711533
石家庄	186417	143112	51029	31084	98945	76333	22060	22145		
太　原	464810	276616	14711	12952	7486	6795	436982	252435	352157	227107
呼和浩特	1163100	741088					1163100	741088	1163100	741088
沈　阳	1576602	1104518	8578	9508	105326	82778	1378138	944429	1273279	834528
大　连	166626	131666			108715	71065	4215	3090		
长　春	108291	99898			48600	47137	59691	52760	11995	11802
哈尔滨	455276	352582	83702	74161	31394	45793	340180	232628	275227	176923
上　海	8837666	7904378	66929	64337	5047826	5000433	1987008	1430651	508388	270093
南　京	5646205	3719342	238162	176489	843290	510905	4514321	2984840	685567	429932
杭　州	4843547	3794763			192306	173509	4601935	3589935	3943941	3049809
宁　波	605341	468225			550165	419874	17918	17541		
合　肥	3444479	2540997	1210408	872209	71324	30616	2159057	1635071	1793350	1379572
福　州	604924	389224			73948	25245	530976	363979	327247	240563
厦　门	471635	358167	1098	1413	14001	14427	456085	341947	325553	273947
南　昌	1970124	1427308	354464	284283			1613332	1141219	1462637	1057248
济　南	4799914	3610274	368825	327865	207093	163720	4194395	3118689	3796383	2553548
青　岛	1398856	1022940	908121	657656	164214	150466	304195	195336	74078	41023
郑　州	270615	265301			119989	119324	101476	76510		
武　汉	2504693	2057433	742781	754395	693983	566359	1032624	703119	579728	420412
长　沙	1919031	1492986	304072	239306	131206	105308	1466587	1131734	1125979	871230
广　州	9429502	6086935	471212	364812	1558200	391962	6838359	4973776	5753733	4125953
深　圳	3995310	5013176	1428147	2954258	1904991	1566309	553792	400375		
南　宁	500555	375752			31122	26673	469434	349079	442039	321014
海　口	284139	204394			13530	11503	270609	192891	265337	187432
重　庆	1848907	1442408	873089	635812	66517	53962	902828	746716	593968	466209
成　都	807025	574673			154399	99015	367890	226436		
贵　阳	1025950	822318	13576	16136	800	802	980770	777672	795474	590712
昆　明	456711	353938	6508	7431	115642	96130	332917	248356		
西　安	199638	175428	24612	27542	132411	109402	34079	31458		
兰　州	694158	528243					694158	528243	683793	521291
西　宁	27754	33360	16114	22571	1791	1727	9848	9063		
银　川	300577	249967			30763	10078	269814	239889	239912	211664
乌鲁木齐	131569	96014	7335	12646	29756	17611	93774	65344		

3—164 续表

单位:万元

城市	专卖店		便利店		仓储会员店		家居建材商店		其他	
	2005年	2004年	2005年	2004年	2005年	2004年	2005年	2004年	2005年	2004年
总计	**1071242**	**797158**	**1426359**	**1116609**	**787288**	**638316**	**888108**	**792501**	**53942**	**55581**
北京	511211	351349	109438	107494	58178	29597	221222	243137	53942	55581
天津	12843	10906	2585	2114			63326	53136		
石家庄	1230	1456	13153	12094						
太原	2002	1479	3629	2955						
呼和浩特										
沈阳	84560	67803								
大连	791	635	52906	56875						
长春										
哈尔滨										
上海	14481	15020	611245	472813	679820	570364	430357	350761		
南京	40248	39477	2224	3348			7961	4282		
杭州	22003	9715	2316	1819			24987	19784		
宁波	9330	7199	27928	23612						
合肥	3690	3100								
福州										
厦门			450	380						
南昌	2328	1806								
济南			29601							
青岛	11822	11632			1136	1334	9368	6516		
郑州	14828	14292	34322	55175						
武汉	18967	17536	16338	16024						
长沙	8048	8472	9117	8166						
广州	310110	233344	196496	79592	21935	13247	33190	30202		
深圳			10682	7552			97698	84682		
南宁										
海口										
重庆	858	397	5615	5520						
成都			284735	249223						
贵阳			4585	3934	26218	23775				
昆明			1645	2021						
西安	1188	1127	7348	5900						
兰州										
西宁										
银川										
乌鲁木齐	704	414								

3—165 35城市限额以上加盟连锁零售业商品购进总额

（按业态分）

单位：万元

城市	2005年	2004年	百货商店		超级市场		专业店		加油站	
			2005年	2004年	2005年	2004年	2005年	2004年	2005年	2004年
总计	**8644528**	**7770076**	**410209**	**251872**	**2424113**	**2833577**	**5240344**	**4247453**	**637748**	**465511**
北京	1360829	1757103			18009	13877	1330144	1732680		
天津										
石家庄	19926	11716			17250	8200	19	11		
太原	5172	4777								
呼和浩特										
沈阳	84521	78183			127	161	84395	78022	72245	64538
大连	41901	16976								
长春	1600	1300					1600	1300		
哈尔滨										
上海	1710806	2266243	72403	68680	1154387	1831697	325067	244180	301560	217851
南京	2522314	1457467			808029	628187	1705192	820605		
杭州	5820	6429					4499	4498		
宁波	41855	31741			37136	30146				
合肥	376105	238793	140448	78120			235658	160673	106513	78045
福州										
厦门										
南昌	3754	2712								
济南	930600	713342			9		930591	713342		
青岛	110363	33680	109866	33061	454	576	43	43		
郑州	3989	2031					3989	2031		
武汉	31031	19696			689		26794	16057	19479	11183
长沙	9853	5341					9723	5261		
广州	961720	753542	69367	54326	239067	188546	374875	285329	27200	
深圳	198963	176745	17653	17685	134600	119707	46710	39353		
南宁	21288	27118			11413	9865	9875	17253	7478	13005
海口	372	267					372	267		
重庆	30074	28718			1305	1137	28769	27582		
成都	27566	23426			1504	1308	1013	2442		
贵阳	17595	14645					17595	14645	15257	11700
昆明	12111	9734					11966	9494		
西安	24025	17148					2009	1451		
兰州	88016	69188					88016	69188	88016	69188
西宁	643	206	472		136	169	36	37		
银川	35	116					35	116		
乌鲁木齐	1680	1694					1360	1594		

3—165 续表

单位:万元

城市	专卖店		便利店		仓储会员店		家居建材商店		其他	
	2005年	2004年	2005年	2004年	2005年	2004年	2005年	2004年	2005年	2004年
总计	**341424**	**285092**	**224768**	**147627**			**2843**	**3657**	**827**	**798**
北京	11305	9638	544	109					827	798
天津										
石家庄	1133	1793	1525	1712						
太原			5172	4777						
呼和浩特										
沈阳										
大连	157	235	41744	16741						
长春										
哈尔滨										
上海	16629	17010	139477	101019			2843	3657		
南京	9093	8675								
杭州	321	1666	1000	266						
宁波	1864	1053	2855	542						
合肥										
福州										
厦门										
南昌	3754	2712								
济南										
青岛										
郑州										
武汉	1323	1289	2226	2349						
长沙	129	80								
广州	278308	225144	103	197						
深圳										
南宁										
海口										
重庆										
成都			25049	19676						
贵阳										
昆明			145	240						
西安	17088	15697	4929							
兰州										
西宁										
银川										
乌鲁木齐	320	100								

3—166 35城市限额以上连锁零售业统一配送商品购进额

（按业态分）

单位：万元

城市	2005年	2004年	百货商店		超级市场		专业店		加油站	
			2005年	2004年	2005年	2004年	2005年	2004年	2005年	2004年
总计	**60512562**	**48257141**	**3994324**	**4973552**	**14362488**	**12678528**	**38715961**	**27950120**	**24653919**	**17681004**
北京	4227182	3038646	43212	29332	2191075	1455064	1691954	1306954		
天津	1590607	1220731			372139	266876	1145622	893389	941835	711533
石家庄	99415	52510	22370	3845	46465	15267	22079	22156		
太原	446330	258981			1988	2082	433539	247688	352157	227107
呼和浩特	1163100	741088					1163100	741088	1163100	741088
沈阳	80783	84178			1872	1727	78911	82450		
大连	79784	53104			17951	12525	4215	3090		
长春	59839	55261			9654	10540	50185	44722	11995	11802
哈尔滨	411329	302858	58591	51913	12558	18317	340180	232628	275227	176923
上海	9992627	9769866	139332	133017	6167641	6773989	2042341	1550463	809948	487944
南京	6495226	4008626			845779	534670	5589922	3418173	685567	429932
杭州	4434019	3476990			182413	164011	4201864	3280565	3549547	2744828
宁波	560060	400730			500165	350784	17918	17541		
合肥	2753918	2021711	490830	354675	71324	30616	2188075	1633319	1693222	1295193
福州	604924	389224			73948	25245	530976	363979	327247	240563
厦门	87263	72198			8040	7564	78773	64254	10702	17436
南昌	1884962	1371051	267904	226399			1612102	1141219	1462637	1057248
济南	4829779	3632086	90500	81966	207102	163720	4502576	3386399	3796383	2553548
青岛	597480	405337	278685	188960	9912	9367	297062	195379	74078	41023
郑州	206392	178761			110671	102548	79080	59116		
武汉	1552567	1124615	148515	180077	401913	254241	966320	655878	580938	418548
长沙	651280	518859	147880	125518	131206	105308	357460	273888	7130	8123
广州	7688524	5421987	264670	202801	530892	374638	6301414	4488794	5780933	4125953
深圳	4011833	5010542	1426439	2947630	1921349	1582451	555665	388226		
南宁	506105	388986			26797	22654	479309	366332	449517	334019
海口	278867	198935			13530	11503	265337	187432	265337	187432
重庆	1574174	1224816	591475	412205	67822	55099	908402	751596	593968	466209
成都	834591	598099			155903	100323	368903	228878		
贵阳	940257	750805					911554	725202	810731	602412
昆明	460293	353842			115642	96130	344304	257328		
西安	185138	155489			123117	102947	31470	29818		
兰州	782174	597431					782174	597431	771809	590479
西宁	28197	33563	16586	22571	1927	1893	9684	9100		
银川	281789	248825			11940	8820	269849	240005	239912	211664
乌鲁木齐	131758	96414	7335	12646	29756	17611	93643	65645		

3—166 续表

单位:万元

城市	专卖店		便利店		仓储会员店		家居建材商店		其他	
	2005年	2004年	2005年	2004年	2005年	2004年	2005年	2004年	2005年	2004年
总计	692461	543816	1508598	1094261	771111	626685	415805	335099	51814	55079
北京	100214	87969	90734	74650	58178	29597			51814	55079
天津	6935	5217	2585	2114			63326	53136		
石家庄	2277	3133	6225	8110						
太原	2002	1479	8801	7732						
呼和浩特										
沈阳										
大连	948	870	56670	36618						
长春										
哈尔滨										
上海	31110	32030	712775	538698	679820	570364	219609	171305		
南京	49341	48152	2224	3348			7961	4282		
杭州	22324	11381	2431	1251			24987	19784		
宁波	11194	8252	30783	24154						
合肥	3690	3100								
福州										
厦门			450	380						
南昌	4956	3433								
济南			29601							
青岛	11822	11632								
郑州	14828	14292	1813	2806						
武汉	17738	16495	18081	17924						
长沙	6159	6504	8573	7642						
广州	386766	272142	195139	78277	7419	3426	2224	1909		
深圳			10682	7552			97698	84682		
南宁										
海口										
重庆	858	397	5615	5520						
成都			309784	268899						
贵阳			3009	2304	25694	23299				
昆明			347	384						
西安	18276	16824	12277	5900						
兰州										
西宁										
银川										
乌鲁木齐	1024	514								

3—167 35城市限额以上直营连锁零售业统一配送商品购进额

（按业态分）

单位：万元

城市	2005年	2004年	百货商店		超级市场		专业店		加油站	
			2005年	2004年	2005年	2004年	2005年	2004年	2005年	2004年
总计	**55484307**	**43757375**	**3687472**	**4746858**	**12758204**	**10462552**	**35945572**	**26140044**	**24103176**	**17291634**
北京	4169416	2984509	43212	29332	2173066	1441187	1664304	1276692		
天津	1590607	1220731			372139	266876	1145622	893389	941835	711533
石家庄	96739	48994	22370	3845	46465	15267	22060	22145		
太原	441158	254204			1988	2082	433539	247688	352157	227107
呼和浩特	1163100	741088					1163100	741088	1163100	741088
沈阳	73059	75579			1745	1566	71314	74013		
大连	52532	47301			17951	12525	4215	3090		
长春	58239	53961			9654	10540	48585	43422	11995	11802
哈尔滨	411329	302858	58591	51913	12558	18317	340180	232628	275227	176923
上海	8291787	7512363	66929	64337	5013254	4942292	1717274	1306283	508388	270093
南京	5048722	3279280			830050	498343	4168240	2733829	685567	429932
杭州	4428290	3470668			182413	164011	4197365	3276067	3549547	2744828
宁波	518205	368989			463029	320638	17918	17541		
合肥	2392573	1794520	350382	276555	71324	30616	1967177	1484248	1601469	1228749
福州	604924	389224			73948	25245	530976	363979	327247	240563
厦门	87263	72198			8040	7564	78773	64254	10702	17436
南昌	1882334	1369424	267904	226399			1612102	1141219	1462637	1057248
济南	4364371	3168367	90500	81966	207093	163720	4037177	2922680	3796383	2553548
青岛	582825	394821	264073	178487	9912	9367	297019	195336	74078	41023
郑州	206303	178674			110671	102548	78991	59029		
武汉	1522738	1105837	148515	180077	401224	254241	940728	640738	561459	407365
长沙	641428	513524	147880	125518	131206	105308	347737	268627	7130	8123
广州	7243278	5102788	203405	151064	297428	199841	6232680	4453140	5753733	4125953
深圳	3812870	4833797	1408786	2929945	1786749	1462744	508955	348873		
南宁	489040	365083			19607	16004	469434	349079	442039	321014
海口	278867	198935			13530	11503	265337	187432	265337	187432
重庆	1557124	1208881	591475	412205	66517	53962	892658	736797	593968	466209
成都	807025	574673			154399	99015	367890	226436		
贵阳	922869	736523					894166	710920	795474	590712
昆明	448284	344276			115642	96130	332338	247834		
西安	162967	139526			123117	102947	31315	29552		
兰州	694158	528243					694158	528243	683793	521291
西宁	27554	33357	16114	22571	1791	1724	9648	9063		
银川	281754	248709			11940	8820	269814	239889	239912	211664
乌鲁木齐	130578	95474	7335	12646	29756	17611	92783	64805		

3—167 续表

单位:万元

城市	专卖店		便利店		仓储会员店		家居建材商店		其他	
	2005年	2004年	2005年	2004年	2005年	2004年	2005年	2004年	2005年	2004年
总计	**548792**	**428145**	**1305938**	**963230**	**771111**	**626685**	**415805**	**335099**	**51413**	**54762**
北京	88909	78331	90334	74607	58178	29597			51413	54762
天津	6935	5217	2585	2114			63326	53136		
石家庄	1144	1340	4700	6398						
太原	2002	1479	3629	2955						
呼和浩特										
沈阳										
大连	791	635	29575	31050						
长春										
哈尔滨										
上海	14481	15020	580421	442763	679820	570364	219609	171305		
南京	40248	39477	2224	3348			7961	4282		
杭州	22003	9715	1522	1092			24987	19784		
宁波	9330	7199	27928	23612						
合肥	3690	3100								
福州										
厦门			450	380						
南昌	2328	1806								
济南			29601							
青岛	11822	11632								
郑州	14828	14292	1813	2806						
武汉	16415	15206	15855	15575						
长沙	6030	6430	8573	7642						
广州	305086	215328	195036	78080	7419	3426	2224	1909		
深圳			10682	7552			97698	84682		
南宁										
海口										
重庆	858	397	5615	5520						
成都			284735	249223						
贵阳			3009	2304	25694	23299				
昆明			303	312						
西安	1188	1127	7348	5900						
兰州										
西宁										
银川										
乌鲁木齐	704	414								

3—168　35城市限额以上加盟连锁零售业统一配送商品购进额

（按业态分）

单位：万元

城　　市	2005年	2004年	百货商店		超级市场		专业店		加油站	
			2005年	2004年	2005年	2004年	2005年	2004年	2005年	2004年
总　　计	**5028255**	**4499766**	**306852**	**226694**	**1604284**	**2215976**	**2770389**	**1810076**	**550743**	**389370**
北　　京	57766	54137			18009	13877	27650	30262		
天　　津										
石 家 庄	2676	3516					19	11		
太　　原	5172	4777								
呼和浩特										
沈　　阳	7724	8599			127	161	7597	8437		
大　　连	27252	5803								
长　　春	1600	1300					1600	1300		
哈 尔 滨										
上　　海	1700840	2257503	72403	68680	1154387	1831697	325067	244180	301560	217851
南　　京	1446504	729346			15729	36327	1421682	684344		
杭　　州	5729	6322					4499	4498		
宁　　波	41855	31741			37136	30146				
合　　肥	361345	227191	140448	78120			220898	149071	91753	66444
福　　州										
厦　　门										
南　　昌	2628	1627								
济　　南	465408	463719			9		465399	463719		
青　　岛	14655	10516	14612	10473			43	43		
郑　　州	89	87					89	87		
武　　汉	29829	18778			689		25592	15140	19479	11183
长　　沙	9852	5335					9723	5261		
广　　州	445246	319199	61265	51737	233464	174797	68734	35654	27200	
深　　圳	198963	176745	17653	17685	134600	119707	46710	39353		
南　　宁	17065	23903			7190	6650	9875	17253	7478	13005
海　　口										
重　　庆	17050	15935			1305	1137	15744	14799		
成　　都	27566	23426			1504	1308	1013	2442		
贵　　阳	17388	14282					17388	14282	15257	11700
昆　　明	12009	9566					11966	9494		
西　　安	22171	15963					155	266		
兰　　州	88016	69188					88016	69188	88016	69188
西　　宁	643	206	472		136	169	36	37		
银　　川	35	116					35	116		
乌鲁木齐	1180	940					860	840		

3—168 续表 单位:万元

城市	专卖店		便利店		仓储会员店		家居建材商店		其他	
	2005年	2004年	2005年	2004年	2005年	2004年	2005年	2004年	2005年	2004年
总计	**143669**	**115671**	**202660**	**131031**					**401**	**317**
北京	11305	9638	400	43					401	317
天津										
石家庄	1133	1793	1525	1712						
太原			5172	4777						
呼和浩特										
沈阳										
大连	157	235	27095	5568						
长春										
哈尔滨										
上海	16629	17010	132354	95935						
南京	9093	8675								
杭州	321	1666	909	159						
宁波	1864	1053	2855	542						
合肥										
福州										
厦门										
南昌	2628	1627								
济南										
青岛										
郑州										
武汉	1323	1289	2226	2349						
长沙	129	74								
广州	81680	56814	103	197						
深圳										
南宁										
海口										
重庆										
成都			25049	19676						
贵阳										
昆明			44	72						
西安	17088	15697	4929							
兰州										
西宁										
银川										
乌鲁木齐	320	100								

3－169 35城市限额以上连锁零售业自有配送中心配送商品购进额

（按业态分）

单位：万元

城市	2005年	2004年	百货商店		超级市场		专业店		加油站	
			2005年	2004年	2005年	2004年	2005年	2004年	2005年	2004年
总计	**49070676**	**38336473**	**3720933**	**4740498**	**7933547**	**6735449**	**35829358**	**25692873**	**23318458**	**16678694**
北京	1920813	1465138			809379	663531	969073	693510		
天津	1527281	1167596			372139	266876	1145622	893389	941835	711533
石家庄	73165	36114	22370	3845	22491	15267	22079	8893		
太原	445986	258567			1644	1669	433539	247688	352157	227107
呼和浩特	1163100	741088					1163100	741088	1163100	741088
沈阳	77910	81370			1872	1727	76038	79642		
大连	71452	50748			17951	12525	4215	3090		
长春	59839	55261			9654	10540	50185	44722	11995	11802
哈尔滨	361907	259940	9170	8995	12558	18317	340180	232628	275227	176923
上海	4845010	4429230			2982237	3009153	1794529	1368832	809948	487944
南京	6045954	3678586			807489	504181	5179476	3119699	685567	429932
杭州	4341084	3393682			141400	127008	4169734	3251444	3549547	2744828
宁波	365538	255354			310671	205958	17918	17541		
合肥	2726991	2011721	490830	354675	69437	28437	2163035	1625509	1693222	1295193
福州	581684	367943			50709	3964	530976	363979	327247	240563
厦门	70619	49097			8040	7564	62399	41419		
南昌	541978	377545	267904	226399			269117	147714	144762	84893
济南	4645556	3486150	90500	81966	22879	17785	4502576	3386399	3796383	2553548
青岛	597038	404929	278685	188960	9470	8959	297062	195379	74078	41023
郑州	199332	172869			110671	102548	72020	53224		
武汉	1552567	1124615	148515	180077	401913	254241	966320	655878	580938	418548
长沙	650889	518412	147880	125518	131206	105308	357460	273888	7130	8123
广州	7366923	5112583	253023	196784	282237	140028	6249371	4428658	5774049	4113434
深圳	3147024	4413594	1396660	2925859	1089442	1010046	552541	385454		
南宁	504498	385606			26797	22654	477702	362953	449517	334019
海口	277536	197748			12199	10317	265337	187432	265337	187432
重庆	1554031	1204935	591475	412205	49039	37936	907045	748878	593968	466209
成都	688819	511976			14943	14200	368903	228878		
贵阳	939314	749964					910611	724362	810731	602412
昆明	386422	292777			61759	53024	324377	239432		
西安	116793	105909			59700	53367	31470	29818		
兰州	782174	597431					782174	597431	771809	590479
西宁	28197	33563	16586	22571	1927	1893	9684	9100		
银川	281789	248825			11940	8820	269849	240005	239912	211664
乌鲁木齐	131464	95609	7335	12646	29756	17611	93643	64923		

3—169 续表

单位:万元

城市	专卖店		便利店		仓储会员店		家居建材商店		其他	
	2005年	2004年	2005年	2004年	2005年	2004年	2005年	2004年	2005年	2004年
总计	**650279**	**487432**	**776169**	**550275**	**33113**	**26725**	**127278**	**103222**		
北京	86394	60546	55967	47550						
天津	6935	5217	2585	2114						
石家庄			6225	8110						
太原	2002	1479	8801	7732						
呼和浩特										
沈阳										
大连	948	870	48338	34262						
长春										
哈尔滨										
上海	9209	10243	42612	29343			16423	11658		
南京	49341	48152	1688	2272			7961	4282		
杭州	22324	11381	2431	1251			5195	2599		
宁波	11194	8252	25756	23604						
合肥	3690	3100								
福州										
厦门			180	114						
南昌	4956	3433								
济南			29601							
青岛	11822	11632								
郑州	14828	14292	1813	2806						
武汉	17738	16495	18081	17924						
长沙	5769	6057	8573	7642						
广州	383266	268630	191607	75057	7419	3426				
深圳			10682	7552			97698	84682		
南宁										
海口										
重庆	858	397	5615	5520						
成都			304972	268899						
贵阳			3009	2304	25694	23299				
昆明			287	321						
西安	18276	16824	7348	5900						
兰州										
西宁										
银川										
乌鲁木齐	731	431								

3－170　35城市限额以上直营连锁零售业自有配送中心配送商品购进额

（按业态分）

单位:万元

城　市	2005年	2004年	百货商店		超级市场		专业店		加油站	
			2005年	2004年	2005年	2004年	2005年	2004年	2005年	2004年
总　计	**44857866**	**35056518**	**3486484**	**4582484**	**6888966**	**5513455**	**33092382**	**23932348**	**22767715**	**16289324**
北　京	1872906	1418027			799773	655604	942077	663964		
天　津	1527281	1167596			372139	266876	1145622	893389	941835	711533
石家庄	71622	34391	22370	3845	22491	15267	22060	8882		
太　原	440814	253790			1644	1669	433539	247688	352157	227107
呼和浩特	1163100	741088					1163100	741088	1163100	741088
沈　阳	71022	73745			1745	1566	69277	72179		
大　连	49831	45069			17951	12525	4215	3090		
长　春	58239	53961			9654	10540	48585	43422	11995	11802
哈尔滨	361907	259940	9170	8995	12558	18317	340180	232628	275227	176923
上　海	3745077	3194042			2215647	2024674	1474102	1127141	508388	270093
南　京	4602474	2972413			791760	467854	3760818	2458528	685567	429932
杭　州	4337526	3389352			141400	127008	4167406	3248939	3549547	2744828
宁　波	338290	237055			288141	189254	17918	17541		
合　肥	2373578	1787726	350382	276555	69437	28437	1950069	1479634	1601469	1228749
福　州	581684	367943			50709	3964	530976	363979	327247	240563
厦　门	70619	49097			8040	7564	62399	41419		
南　昌	539350	375918	267904	226399			269117	147714	144762	84893
济　南	4180148	3022431	90500	81966	22870	17785	4037177	2922680	3796383	2553548
青　岛	582383	394413	264073	178487	9470	8959	297019	195336	74078	41023
郑　州	199243	172782			110671	102548	71931	53137		
武　汉	1522738	1105837	148515	180077	401224	254241	940728	640738	561459	407365
长　沙	641076	513099	147880	125518	131206	105308	347737	268627	7130	8123
广　州	7084958	4936908	191758	145047	197465	92568	6193899	4407819	5746849	4113434
深　圳	2948061	4236849	1379007	2908174	954842	890339	505831	346101		
南　宁	488144	363709			19607	16004	468538	347706	442039	321014
海　口	277536	197748			12199	10317	265337	187432	265337	187432
重　庆	1537151	1189119	591475	412205	47734	36799	891470	734199	593968	466209
成　都	661458	488584			13644	12926	367890	226436		
贵　阳	921940	735752					893237	710150	795474	590712
昆　明	374413	283211			61759	53024	312411	229938		
西　安	99551	89946			59700	53367	31315	29552		
兰　州	694158	528243					694158	528243	683793	521291
西　宁	27554	33357	16114	22571	1791	1724	9648	9063		
银　川	281754	248709			11940	8820	269814	239889	239912	211664
乌鲁木齐	130284	94669	7335	12646	29756	17611	92783	64083		

3—170 续表

单位:万元

城市	专卖店		便利店		仓储会员店		家居建材商店		其他	
	2005年	2004年	2005年	2004年	2005年	2004年	2005年	2004年	2005年	2004年
总计	**524398**	**389244**	**705246**	**509042**	**33113**	**26725**	**127278**	**103222**		
北京	75089	50908	55967	47550						
天津	6935	5217	2585	2114						
石家庄			4700	6398						
太原	2002	1479	3629	2955						
呼和浩特										
沈阳										
大连	791	635	26874	28818						
长春										
哈尔滨										
上海	7881	7553	31024	23015			16423	11658		
南京	40248	39477	1688	2272			7961	4282		
杭州	22003	9715	1522	1092			5195	2599		
宁波	9330	7199	22901	23062						
合肥	3690	3100								
福州										
厦门			180	114						
南昌	2328	1806								
济南			29601							
青岛	11822	11632								
郑州	14828	14292	1813	2806						
武汉	16415	15206	15855	15575						
长沙	5679	6005	8573	7642						
广州	302901	213164	191516	74884	7419	3426				
深圳			10682	7552			97698	84682		
南宁										
海口										
重庆	858	397	5615	5520						
成都			279923	249223						
贵阳			3009	2304	25694	23299				
昆明			243	249						
西安	1188	1127	7348	5900						
兰州										
西宁										
银川										
乌鲁木齐	411	331								

3—171 35城市限额以上加盟连锁零售业自有配送中心配送商品购进额

（按业态分）

单位：万元

城市	2005年	2004年	百货商店		超级市场		专业店		加油站	
			2005年	2004年	2005年	2004年	2005年	2004年	2005年	2004年
总计	**4212810**	**3279955**	**234449**	**158014**	**1044581**	**1221994**	**2736976**	**1760526**	**550743**	**389370**
北京	47907	47111			9606	7927	26996	29546		
天津										
石家庄	1543	1723					19	11		
太原	5172	4777								
呼和浩特										
沈阳	6888	7625			127	161	6761	7463		
大连	21621	5679								
长春	1600	1300					1600	1300		
哈尔滨										
上海	1099933	1235188			766590	984479	320427	241691	301560	217851
南京	1443480	706173			15729	36327	1418658	661171		
杭州	3558	4330					2328	2505		
宁波	27248	18299			22530	16704				
合肥	353413	223995	140448	78120			212966	145875	91753	66444
福州										
厦门										
南昌	2628	1627								
济南	465408	463719			9		465399	463719		
青岛	14655	10516	14612	10473			43	43		
郑州	89	87					89	87		
武汉	29829	18778			689		25592	15140	19479	11183
长沙	9813	5313					9723	5261		
广州	281965	175675	61265	51737	84772	47460	55472	20839	27200	
深圳	198963	176745	17653	17685	134600	119707	46710	39353		
南宁	16354	21897			7190	6650	9164	15247	7478	13005
海口										
重庆	16880	15816			1305	1137	15575	14679		
成都	27361	23392			1299	1274	1013	2442		
贵阳	17374	14212					17374	14212	15257	11700
昆明	12009	9566					11966	9494		
西安	17242	15963					155	266		
兰州	88016	69188					88016	69188	88016	69188
西宁	643	206	472		136	169	36	37		
银川	35	116					35	116		
乌鲁木齐	1180	940					860	840		

3—171 续表

单位:万元

城市	专卖店		便利店		仓储会员店		家居建材商店		其他	
	2005年	2004年	2005年	2004年	2005年	2004年	2005年	2004年	2005年	2004年
总计	**125881**	**98188**	**70923**	**41233**						
北京	11305	9638								
天津										
石家庄			1525	1712						
太原			5172	4777						
呼和浩特										
沈阳										
大连	157	235	21464	5444						
长春										
哈尔滨										
上海	1328	2690	11588	6328						
南京	9093	8675								
杭州	321	1666	909	159						
宁波	1864	1053	2855	542						
合肥										
福州										
厦门										
南昌	2628	1627								
济南										
青岛										
郑州										
武汉	1323	1289	2226	2349						
长沙	90	52								
广州	80365	55466	91	173						
深圳										
南宁										
海口										
重庆										
成都			25049	19676						
贵阳										
昆明			44	72						
西安	17088	15697								
兰州										
西宁										
银川										
乌鲁木齐	320	100								

3－172　35城市限额以上连锁零售业非自有配送中心配送商品购进额

（按业态分）

单位：万元

城　市	2005年	2004年	百货商店		超级市场		专业店		加油站	
			2005年	2004年	2005年	2004年	2005年	2004年	2005年	2004年
总　计	**11441886**	**9920667**	**273391**	**233054**	**6428941**	**5943079**	**2886604**	**2257247**	**1335461**	**1002310**
北　京	2306369	1573508	43212	29332	1381696	791535	722880	613443		
天　津	63326	53136								
石家庄	26251	16396			23974			13264		
太　原	345	413			345	413				
呼和浩特										
沈　阳	2873	2808					2873	2808		
大　连	8333	2356								
长　春										
哈尔滨	49422	42918	49422	42918						
上　海	5147616	5340635	139332	133017	3185403	3764836	247812	181632		
南　京	449272	330039			38290	30489	410447	298475		
杭　州	92936	83309			41013	37003	32131	29120		
宁　波	194521	145376			189494	144826				
合　肥	26927	9989			1886	2179	25040	7811		
福　州	23240	21281			23240	21281				
厦　门	16644	23101					16374	22835	10702	17436
南　昌	1342985	993505					1342985	993505	1317875	972355
济　南	184223	145936			184223	145936				
青　岛	442	409			442	409				
郑　州	7061	5892					7061	5892		
武　汉										
长　沙	391	447								
广　州	321601	309404	11647	6017	248655	234610	52043	60136	6884	12519
深　圳	864809	596948	29779	21771	831907	572405	3123	2772		
南　宁	1607	3379					1607	3379		
海　口	1331	1187			1331	1187				
重　庆	20142	19882			18784	17163	1358	2718		
成　都	145771	86123			140960	86123				
贵　阳	943	840					943	840		
昆　明	73871	61065			53883	43106	19927	17896		
西　安	68346	49580			63417	49580				
兰　州										
西　宁										
银　川										
乌鲁木齐	294	805						722		

3—172　续表

单位:万元

城　　市	专卖店		便利店		仓储会员店		家居建材商店		其　他	
	2005年	2004年	2005年	2004年	2005年	2004年	2005年	2004年	2005年	2004年
总　　计	**42182**	**56384**	**732429**	**543986**	**737998**	**599960**	**288527**	**231877**	**51814**	**55079**
北　　京	13821	27423	34768	27100	58178	29597			51814	55079
天　　津							63326	53136		
石 家 庄	2277	3133								
太　　原										
呼和浩特										
沈　　阳										
大　　连			8333	2356						
长　　春										
哈 尔 滨										
上　　海	21901	21786	670163	509355	679820	570364	203185	159647		
南　　京			536	1076						
杭　　州							19791	17185		
宁　　波			5027	550						
合　　肥										
福　　州										
厦　　门			270	266						
南　　昌										
济　　南										
青　　岛										
郑　　州										
武　　汉										
长　　沙	391	447								
广　　州	3500	3512	3532	3220			2224	1909		
深　　圳										
南　　宁										
海　　口										
重　　庆										
成　　都			4812							
贵　　阳										
昆　　明			61	62						
西　　安			4929							
兰　　州										
西　　宁										
银　　川										
乌鲁木齐	294	83								

3—173 35城市限额以上直营连锁零售业非自有配送中心配送商品购进额

（按业态分）

单位:万元

城市	2005年	2004年	百货商店		超级市场		专业店		加油站	
			2005年	2004年	2005年	2004年	2005年	2004年	2005年	2004年
总计	**10626441**	**8700857**	**200988**	**164375**	**5869239**	**4949097**	**2853190**	**2207697**	**1335461**	**1002310**
北京	2296510	1566482	43212	29332	1373292	785584	722226	612728		
天津	63326	53136								
石家庄	25118	14603			23974			13264		
太原	345	413			345	413				
呼和浩特										
沈阳	2037	1834					2037	1834		
大连	2702	2232								
长春										
哈尔滨	49422	42918	49422	42918						
上海	4546710	4318321	66929	64337	2797607	2917618	243172	179142		
南京	446248	306866			38290	30489	407423	275302		
杭州	90764	81317			41013	37003	29959	27128		
宁波	179915	131934			174888	131384				
合肥	18995	6793			1886	2179	17108	4615		
福州	23240	21281			23240	21281				
厦门	16644	23101					16374	22835	10702	17436
南昌	1342985	993505					1342985	993505	1317875	972355
济南	184223	145936			184223	145936				
青岛	442	409			442	409				
郑州	7061	5892					7061	5892		
武汉										
长沙	352	425								
广州	158320	165880	11647	6017	99963	107273	38781	45321	6884	12519
深圳	864809	596948	29779	21771	831907	572405	3123	2772		
南宁	896	1373					896	1373		
海口	1331	1187			1331	1187				
重庆	19973	19762			18784	17163	1189	2598		
成都	145566	86089			140755	86089				
贵阳	929	770					929	770		
昆明	73871	61065			53883	43106	19927	17896		
西安	63417	49580			63417	49580				
兰州										
西宁										
银川										
乌鲁木齐	294	805						722		

3—173 续表

单位:万元

城市	专卖店		便利店		仓储会员店		家居建材商店		其他	
	2005年	2004年	2005年	2004年	2005年	2004年	2005年	2004年	2005年	2004年
总计	**24394**	**38902**	**600692**	**454188**	**737998**	**599960**	**288527**	**231877**	**51413**	**54762**
北京	13821	27423	34368	27057	58178	29597			51413	54762
天津							63326	53136		
石家庄	1144	1340								
太原										
呼和浩特										
沈阳										
大连			2702	2232						
长春										
哈尔滨										
上海	6599	7467	549397	419748	679820	570364	203185	159647		
南京			536	1076						
杭州							19791	17185		
宁波			5027	550						
合肥										
福州										
厦门			270	266						
南昌										
济南										
青岛										
郑州										
武汉										
长沙	352	425								
广州	2185	2164	3520	3196			2224	1909		
深圳										
南宁										
海口										
重庆										
成都			4812							
贵阳										
昆明			61	62						
西安										
兰州										
西宁										
银川										
乌鲁木齐	294	83								

3—174　35城市限额以上加盟连锁零售业非自有配送中心配送商品购进额

（按业态分）

单位:万元

城市	2005年	2004年	百货商店		超级市场		专业店		加油站	
			2005年	2004年	2005年	2004年	2005年	2004年	2005年	2004年
总　　计	**815445**	**1219810**	**72403**	**68680**	**559703**	**993982**	**33414**	**49550**		
北　　京	9859	7026			8404	5951	654	715		
天　　津										
石 家 庄	1133	1793								
太　　原										
呼和浩特										
沈　　阳	836	974					836	974		
大　　连	5631	124								
长　　春										
哈 尔 滨										
上　　海	600906	1022314	72403	68680	387796	847218	4640	2490		
南　　京	3024	23173					3024	23173		
杭　　州	2172	1992					2172	1992		
宁　　波	14606	13442			14606	13442				
合　　肥	7932	3196					7932	3196		
福　　州										
厦　　门										
南　　昌										
济　　南										
青　　岛										
郑　　州										
武　　汉										
长　　沙	39	22								
广　　州	163281	143524			148692	127337	13262	14815		
深　　圳										
南　　宁	711	2006					711	2006		
海　　口										
重　　庆	169	120					169	120		
成　　都	205	34			205	34				
贵　　阳	14	70					14	70		
昆　　明										
西　　安	4929									
兰　　州										
西　　宁										
银　　川										
乌鲁木齐										

3—174　续表　　单位:万元

城　市	专卖店		便利店		仓储会员店		家居建材商店		其　他	
	2005年	2004年	2005年	2004年	2005年	2004年	2005年	2004年	2005年	2004年
总　计	**17788**	**17483**	**131737**	**89798**					**401**	**317**
北　京			400	43					401	317
天　津										
石家庄	1133	1793								
太　原										
呼和浩特										
沈　阳										
大　连			5631	124						
长　春										
哈尔滨										
上　海	15302	14319	120766	89607						
南　京										
杭　州										
宁　波										
合　肥										
福　州										
厦　门										
南　昌										
济　南										
青　岛										
郑　州										
武　汉										
长　沙	39	22								
广　州	1315	1348	12	24						
深　圳										
南　宁										
海　口										
重　庆										
成　都										
贵　阳										
昆　明										
西　安			4929							
兰　州										
西　宁										
银　川										
乌鲁木齐										

3—175　35城市限额以上连锁零售业商品销售额

（按业态分）　　　　单位：万元

城市	2005年	2004年	百货商店		超级市场		专业店		加油站	
			2005年	2004年	2005年	2004年	2005年	2004年	2005年	2004年
总　　计	**94265214**	**74625929**	**10151143**	**8172250**	**24837342**	**20622160**	**53850528**	**41359907**	**33926109**	**26224958**
北　　京	10356147	9037330	764617	637482	3629971	2934212	4853082	4514083	1741495	1273709
天　　津	1787459	1423381			464854	367252	1233059	980701	941835	711533
石 家 庄	248014	188076	74568	49949	129470	93744	23578	24203		
太　　原	521770	416885	82355	72508	155846	124058	252962	192671	172026	161522
呼和浩特	1305737	845469					1305737	845469	1305737	845469
沈　　阳	1808874	1330333	24289	19110	134427	103477	1499702	1059889	1345524	899066
大　　连	635570	384778			112385	68354	423738	243989	420323	240651
长　　春	113195	107894			49049	46959	64147	60935	13220	13210
哈 尔 滨	510012	444686	115249	103759	58419	77695	336344	263231	256526	195034
上　　海	16456230	13930841	207745	197177	11091278	9687853	2850683	2151150	1398681	959576
南　　京	9665843	6065273	290441	212323	1922790	1501675	7375936	4276819	647662	461062
杭　　州	5241590	4178122			246584	194009	4911175	3912695	4285908	3366131
宁　　波	695492	534879			629617	477112	21491	23867		
合　　肥	4050025	3015454	1470093	1033179	69432	29711	2506920	1949493	2018308	1618825
福　　州	733653	519959			199868	146865	533786	373094	289633	245414
厦　　门	463689	340400	1057	1353	15360	15220	441193	319206	291984	235312
南　　昌	2155451	1614279	378658	326082			1769287	1282754	1593292	1193814
济　　南	6715030	5126535	461032	402164	249051	194382	5977148	4529989	4651093	3242069
青　　岛	1785031	1242980	1255553	857856	209238	179408	297228	184105	68539	37970
郑　　州	280205	279282			127458	126714	109346	85230		
武　　汉	3459529	2923248	1325675	1244024	1014548	815788	1059573	757285	611286	439078
长　　沙	2881791	2901934	210877	157090	167127	134374	2484349	2590402	2171686	2330998
广　　州	10045752	7853377	684786	568529	913715	587117	7764160	6283999	6290836	5085999
深　　圳	5331740	4367724	1756511	1409486	2593949	2226197	850536	618242		
南　　宁	561619	440851			46913	45865	514706	394986	484898	361727
海　　口	300487	219035			15484	15294	285004	203741	276139	195038
重　　庆	2079639	1716035	923187	752190	78884	63436	1069995	893374	704574	567187
成　　都	876575	621606			167133	110937	373316	233940		
贵　　阳	1133136	950383	13304	12626	969	1240	1092187	909175	872507	689814
昆　　明	467127	354350	6725	7688	146210	122504	312415	221902		
西　　安	231260	199782	32020	32000	134448	109709	27287	26306		
兰　　州	806157	636670					806157	636670	798031	628671
西　　宁	59139	63279	45816	50354	1811	2157	11512	10770		
银　　川	339086	265313			32424	10576	306663	254737	274369	226077
乌鲁木齐	163160	85508	26587	25321	28632	8267	106132	50807		

3—175 续表

单位:万元

城市	专卖店		便利店		仓储会员店		家居建材商店		其他	
	2005年	2004年	2005年	2004年	2005年	2004年	2005年	2004年	2005年	2004年
总计	**1466264**	**1209099**	**2015035**	**1569033**	**860530**	**706661**	**1028850**	**939943**	**55524**	**46879**
北京	573548	426788	126899	128099	60303	33700	292206	316088	55524	46879
天津	22150	18786	3656	3122			63739	53521		
石家庄	2482	3331	17915	16850						
太原	4092	3320	26515	24328						
呼和浩特										
沈阳	150456	147857								
大连	1388	1099	98059	71337						
长春										
哈尔滨										
上海	68948	64105	1026410	815207	754633	634646	456533	380704		
南京	54084	55507	2227	2679			20364	16269		
杭州	52822	46612	3158	2249			27851	22556		
宁波	11194	8252	33190	25647						
合肥	3580	3071								
福州										
厦门	162	180	5917	4441						
南昌	7506	5443								
济南			27799							
青岛	10550	10659			1450	1589	11013	9363		
郑州	15344	13714	28058	53625						
武汉	37102	83358	22631	22793						
长沙	11219	12216	8220	7852						
广州	411471	279166	209212	83207	22513	13580	39895	37779		
深圳			13495	10136			117249	103663		
南宁										
海口										
重庆	972	487	6602	6549						
成都			336127	276729						
贵阳			5045	4196	21631	23146				
昆明			1778	2257						
西安	25382	24035	12123	7732						
兰州										
西宁										
银川										
乌鲁木齐	1809	1114								

3—176 35城市限额以上直营连锁零售业商品销售额

（按业态分）

单位：万元

城市	2005年	2004年	百货商店		超级市场		专业店		加油站	
			2005年	2004年	2005年	2004年	2005年	2004年	2005年	2004年
总计	83367704	65207277	9685887	7804081	20674901	16784632	48094751	36563928	33254696	25691982
北京	8891460	7162458	764617	637482	3577547	2891709	3479919	2701243	1741495	1273709
天津	1787459	1423381			464854	367252	1233059	980701	941835	711533
石家庄	232089	172718	74568	49949	115501	80732	23556	24190		
太原	506584	403364	82355	72508	155846	124058	252962	192671	172026	161522
呼和浩特	1305737	845469					1305737	845469	1305737	845469
沈阳	1719092	1246301	24289	19110	134247	103247	1410100	976087	1273279	834528
大连	595702	368553			112385	68354	423738	243989	420323	240651
长春	110402	105524			49049	46959	61354	58565	13220	13210
哈尔滨	510012	444686	115249	103759	58419	77695	336344	263231	256526	195034
上海	13238091	10813512	99435	94881	8551292	7139456	2489923	1864071	1061646	692355
南京	6628701	4063696	290441	212323	912759	674046	5360432	3113077	647662	461062
杭州	5235204	4165195			246584	194009	4906287	3907657	4285908	3366131
宁波	637311	492019			575274	435904	21491	23867		
合肥	3762525	2778941	1397365	964001	69432	29711	2292148	1782158	1932084	1535160
福州	733653	519959			199868	146865	533786	373094	289633	245414
厦门	462243	340220	1057	1353	15360	15220	439747	319026	291984	235312
南昌	2150930	1611080	378658	326082			1769287	1282754	1593292	1193814
济南	5748981	4428205	461032	402164	248842	194212	5011308	3831829	4651093	3242069
青岛	1632178	1197473	1103202	812894	208881	179007	297083	183961	68539	37970
郑州	275636	277745			127458	126714	104777	83693		
武汉	3420620	2901954	1325675	1244024	1013450	815788	1029030	743224	592242	432444
长沙	2867017	2892964	210877	157090	167127	134374	2469831	2581477	2171686	2330998
广州	9161122	7199045	578035	485910	675519	447133	7344947	5961507	6257199	5085999
深圳	4988761	4023025	1731540	1340372	2357809	2016185	768669	552668		
南宁	538366	411616			34159	34636	504207	376980	477420	348722
海口	299987	218562			15484	15294	284504	203268	276139	195038
重庆	2043225	1684780	923187	752190	77711	62459	1034754	863096	704574	567187
成都	843705	594901			165566	109435	372241	230336		
贵阳	1112411	934533	13304	12626	969	1240	1071462	893325	855507	676932
昆明	464892	352771	6725	7688	146210	122504	310325	220563		
西安	200754	172832	32020	32000	134448	109709	25454	23626		
兰州	707407	551640					707407	551640	699281	543641
西宁	58944	62972	45671	50354	1797	1886	11476	10733		
银川	338848	265087			32424	10573	306425	254514	274369	226077
乌鲁木齐	157654	80099	26587	25321	28632	8267	100986	45638		

3—176 续表

单位:万元

城市	专卖店		便利店		仓储会员店		家居建材商店		其他	
	2005年	2004年	2005年	2004年	2005年	2004年	2005年	2004年	2005年	2004年
总计	**1217651**	**991232**	**1753768**	**1374844**	**860530**	**706661**	**1025674**	**936048**	**54543**	**45853**
北京	536942	408436	125385	127948	60303	33700	292206	316088	54543	45853
天津	22150	18786	3656	3122			63739	53521		
石家庄	1349	1538	17114	16310						
太原	4092	3320	11329	10807						
呼和浩特										
沈阳	150456	147857								
大连	1165	536	58414	55675						
长春										
哈尔滨										
上海	26695	25665	862756	677984	754633	634646	453357	376809		
南京	42477	45301	2227	2679			20364	16269		
杭州	52099	38977	2384	1995			27851	22556		
宁波	9330	7199	31216	25048						
合肥	3580	3071								
福州										
厦门	162	180	5917	4441						
南昌	2985	2244								
济南			27799							
青岛	10550	10659			1450	1589	11013	9363		
郑州	15344	13714	28058	53625						
武汉	32104	78597	20361	20321						
长沙	10963	12171	8220	7852						
广州	291148	170008	209065	83128	22513	13580	39895	37779		
深圳			13495	10136			117249	103663		
南宁										
海口										
重庆	972	487	6602	6549						
成都			305899	255129						
贵阳			5045	4196	21631	23146				
昆明			1633	2017						
西安	1638	1613	7194	5884						
兰州										
西宁										
银川										
乌鲁木齐	1449	874								

3—177　35城市限额以上加盟连锁零售业商品销售额

（按业态分）

单位:万元

城　　市	2005年	2004年	百货商店		超级市场		专业店		加油站	
			2005年	2004年	2005年	2004年	2005年	2004年	2005年	2004年
总　　计	**10897510**	**9418652**	**465256**	**368169**	**4162441**	**3837528**	**5755777**	**4795979**	**671413**	**532976**
北　　京	1464687	1874872			52424	42503	1373163	1812840		
天　　津										
石 家 庄	15925	15358			13969	13012	22	13		
太　　原	15186	13521								
呼和浩特										
沈　　阳	89782	84032			180	230	89602	83802	72245	64538
大　　连	39868	16225								
长　　春	2793	2370					2793	2370		
哈 尔 滨										
上　　海	3218139	3117329	108310	102296	2539986	2548397	360760	287079	337035	267221
南　　京	3037142	2001577			1010031	827629	2015504	1163742		
杭　　州	6386	12927					4888	5038		
宁　　波	58181	42860			54343	41208				
合　　肥	287500	236513	72728	69178			214772	167335	86224	83665
福　　州										
厦　　门	1446	180					1446	180		
南　　昌	4521	3199								
济　　南	966049	698330			209	170	965840	698160		
青　　岛	152853	45507	152351	44962	357	401	145	144		
郑　　州	4569	1537					4569	1537		
武　　汉	38909	21294			1098		30543	14061	19044	6634
长　　沙	14774	8970					14518	8925		
广　　州	884630	654332	106751	82619	238196	139984	419213	322492	33637	
深　　圳	342979	344699	24971	69114	236140	210012	81867	65574		
南　　宁	23253	29235			12754	11229	10499	18006	7478	13005
海　　口	500	473					500	473		
重　　庆	36414	31255			1173	977	35241	30278		
成　　都	32870	26705			1567	1502	1075	3604		
贵　　阳	20725	15850					20725	15850	17000	12882
昆　　明	2235	1579					2090	1339		
西　　安	30506	26950					1833	2680		
兰　　州	98750	85030					98750	85030	98750	85030
西　　宁	195	307	145		14	271	36	37		
银　　川	238	226				3	238	223		
乌鲁木齐	5506	5409					5146	5169		

3—177 续表

单位:万元

城市	专卖店		便利店		仓储会员店		家居建材商店		其他	
	2005 年	2004 年	2005 年	2004 年	2005 年	2004 年	2005 年	2004 年	2005 年	2004 年
总计	**248613**	**217867**	**261267**	**194189**			**3176**	**3895**	**981**	**1026**
北京	36606	18352	1514	151					981	1026
天津										
石家庄	1133	1793	801	540						
太原			15186	13521						
呼和浩特										
沈阳										
大连	223	563	39645	15662						
长春										
哈尔滨										
上海	42253	38440	163654	137223			3176	3895		
南京	11607	10206								
杭州	723	7635	774	254						
宁波	1864	1053	1974	599						
合肥										
福州										
厦门										
南昌	4521	3199								
济南										
青岛										
郑州										
武汉	4998	4761	2270	2472						
长沙	256	45								
广州	120323	109158	147	79						
深圳										
南宁										
海口										
重庆										
成都			30228	21600						
贵阳										
昆明			145	240						
西安	23744	22422	4929	1848						
兰州										
西宁										
银川										
乌鲁木齐	360	240								

3—178　35城市限额以上连锁零售业商品零售额

（按业态分）

单位：万元

城　市	2005年	2004年	百货商店		超级市场		专业店		加油站	
			2005年	2004年	2005年	2004年	2005年	2004年	2005年	2004年
总　计	**69588938**	**55220375**	**8920881**	**7167821**	**20930527**	**17264959**	**35283990**	**26894327**	**19619989**	**14786104**
北　京	9175535	8157331	764228	637357	3566145	2885642	4002553	3792709	1015010	689276
天　津	1778486	1375449			464854	367252	1224086	932769	941835	711533
石家庄	247853	187816	74568	49949	129470	93744	23578	24203		
太　原	406074	276555	82355	72508	155846	124058	139169	53886	58233	22737
呼和浩特	1117202	669260					1117202	669260	1117202	669260
沈　阳	840463	708709	24289	19110	134427	103477	531291	438265	381378	281912
大　连	633771	382906			121972	73333	423738	243989	420323	240651
长　春	102165	96867			44443	42324	57722	54544	13220	13210
哈尔滨	426757	373608	102675	94485	58419	77695	265663	201428	185845	133230
上　海	11777511	10123910	207745	197177	7978573	6918087	1423216	1218968	4732	57619
南　京	6273125	3985062	290441	212323	1772059	1403427	4159505	2322418	92504	63960
杭　州	3078513	2288531			220772	175308	2777950	2043874	2400484	1717658
宁　波	689233	530645			628414	475985	21491	23867		
合　肥	2457009	1920560	878083	612861	69432	29711	1505913	1275045	1420624	1195207
福　州	604148	382607			199868	146865	404281	235742	165172	109556
厦　门	267338	201190	1057	1353	15360	15220	244842	179996	103524	99469
南　昌	1541213	1116966	329949	281011			1208279	833710	1069177	751465
济　南	2625974	2024413	461032	402164	91511	76011	2045632	1546238	930219	648414
青　岛	1458140	1040091	944835	672849	200669	171374	289624	174258	68539	37970
郑　州	237093	250564			116538	112672	77265	70635		
武　汉	2785361	2309977	1243504	1069454	688131	606568	802118	536750	450145	293959
长　沙	2771921	2805925	123623	77777	167127	134374	2462461	2574340	2150598	2315626
广　州	7629076	5554293	657335	541795	909418	586348	5750227	4194404	4432892	3111702
深　圳	5286266	4298329	1756511	1409486	2554866	2163045	844145	611999		
南　宁	176333	147686			44659	42562	131674	105124	101901	71927
海　口	299652	217547			15484	15294	284168	202253	276139	195038
重　庆	1406779	1163307	855576	691420	78131	62647	465497	402205	155006	124781
成　都	752049	519497			167133	110937	357934	233940		
贵　阳	877376	691460	13304	12626	969	1236	837563	651175	630460	447295
昆　明	356258	285764	6725	7688	146210	122504	201545	153315		
西　安	205743	175732	32020	32000	134448	109709	27152	26292		
兰　州	806153	635500					806153	635500	798031	628671
西　宁	57985	62533	45816	50354	1811	2157	10358	10023		
银　川	280755	179529			24738	7129	256017	172400	236796	153978
乌鲁木齐	159632	80257	25212	22073	28632	8267	103979	48804		

3—178 续表

单位:万元

城市	专卖店		便利店		仓储会员店		家居建材商店		其他	
	2005年	2004年	2005年	2004年	2005年	2004年	2005年	2004年	2005年	2004年
总计	**1027372**	**927535**	**1637129**	**1332311**	**845508**	**696400**	**890432**	**896290**	**53100**	**40733**
北京	391666	332588	123539	118515	60303	33700	214004	316088	53100	40733
天津	22150	18786	3656	3122			63739	53521		
石家庄	2322	3070	17915	16850						
太原	2189	1775	26515	24328						
呼和浩特										
沈阳	150456	147857								
大连	587	833	87474	64751						
长春										
哈尔滨										
上海	68948	64105	948079	753878	754633	634646	396317	337051		
南京	28580	28002	2175	2622			20364	16269		
杭州	48784	44544	3158	2249			27851	22556		
宁波	11194	8252	28135	22541						
合肥	3580	2943								
福州										
厦门	162	180	5917	4441						
南昌	2985	2244								
济南			27799							
青岛	10550	10659			1450	1589	11013	9363		
郑州	15233	13633	28058	53625						
武汉	37102	83358	14507	13847						
长沙	10489	11581	8220	7852						
广州	217615	151528	47095	39120	7491	3319	39895	37779		
深圳			13495	10136			117249	103663		
南宁										
海口										
重庆	972	487	6602	6549						
成都			226982	174620						
贵阳			3909	3278	21631	23146				
昆明			1778	2257						
西安			12123	7732						
兰州										
西宁										
银川										
乌鲁木齐	1809	1114								

3—179　35城市限额以上直营连锁零售业商品零售额

（按业态分）

单位：万元

城市	2005年	2004年	百货商店		超级市场		专业店		加油站	
			2005年	2004年	2005年	2004年	2005年	2004年	2005年	2004年
总　计	**60259384**	**46905274**	**8461237**	**6804570**	**16840008**	**13523321**	**30977232**	**23063888**	**19341850**	**14542359**
北　京	7714747	6286853	764228	637357	3514379	2843146	2629670	1980396	1015010	689276
天　津	1778486	1375449			464854	367252	1224086	932769	941835	711533
石家庄	231928	172458	74568	49949	115501	80732	23556	24190		
太　原	390888	263034	82355	72508	155846	124058	139169	53886	58233	22737
呼和浩特	1117202	669260					1117202	669260	1117202	669260
沈　阳	774860	644248	24289	19110	134247	103247	465868	374034	333313	234479
大　连	593903	366681			121972	73333	423738	243989	420323	240651
长　春	99372	94497			44443	42324	54929	52174	13220	13210
哈尔滨	426757	373608	102675	94485	58419	77695	265663	201428	185845	133230
上　海	8966278	7358805	99435	94881	5509309	4465065	1398640	1188738	3880	47248
南　京	4069095	2453442	290441	212323	762028	575798	2974416	1626475	92504	63960
杭　州	3072639	2275625			220772	175308	2773256	2038960	2400484	1717658
宁　波	631594	488293			574613	435285	21491	23867		
合　肥	2303669	1772634	810967	548601	69432	29711	1419689	1191380	1334400	1111542
福　州	604148	382607			199868	146865	404281	235742	165172	109556
厦　门	265892	201010	1057	1353	15360	15220	243396	179816	103524	99469
南　昌	1541213	1116966	329949	281011			1208279	833710	1069177	751465
济　南	1721346	1421453	461032	402164	91302	75841	1141213	943448	930219	648414
青　岛	1305287	994584	792484	627887	200312	170973	289479	174114	68539	37970
郑　州	236995	250472			116538	112672	77167	70543		
武　汉	2762009	2296026	1243504	1069454	687033	606568	784861	527560	444387	292196
长　沙	2757877	2797526	123623	77777	167127	134374	2448674	2565986	2150598	2315626
广　州	6789811	4924299	550584	459176	671222	446364	5371488	3893057	4412892	3111702
深　圳	4943287	3953630	1731540	1340372	2318726	1953033	762278	546425		
南　宁	159068	128856			31905	31333	127163	97523	100411	69327
海　口	299152	217074			15484	15294	283668	201780	276139	195038
重　庆	1373214	1135246	855576	691420	76958	61670	433105	375121	155006	124781
成　都	719179	492792			165566	109435	356859	230336		
贵　阳	856651	675610	13304	12626	969	1236	816838	635325	613460	434413
昆　明	354023	284185	6725	7688	146210	122504	199455	151976		
西　安	198981	171204	32020	32000	134448	109709	25319	23612		
兰　州	707403	550470					707403	550470	699281	543641
西　宁	57790	62226	45671	50354	1797	1886	10322	9986		
银　川	280517	179303			24738	7126	255779	172177	236796	153978
乌鲁木齐	154126	74848	25212	22073	28632	8267	98833	43635		

3—179 续表

单位:万元

城市	专卖店		便利店		仓储会员店		家居建材商店		其他	
	2005年	2004年	2005年	2004年	2005年	2004年	2005年	2004年	2005年	2004年
总计	**817892**	**744249**	**1378133**	**1140594**	**845508**	**696400**	**887256**	**892395**	**52119**	**39857**
北京	358021	317946	122025	118364	60303	33700	214004	316088	52119	39857
天津	22150	18786	3656	3122			63739	53521		
石家庄	1189	1277	17114	16310						
太原	2189	1775	11329	10807						
呼和浩特										
沈阳	150456	147857								
大连	364	270	47829	49089						
长春										
哈尔滨										
上海	26695	25665	784425	616655	754633	634646	393141	333156		
南京	19670	19954	2175	2622			20364	16269		
杭州	48378	36806	2384	1995			27851	22556		
宁波	9330	7199	26161	21942						
合肥	3580	2943								
福州										
厦门	162	180	5917	4441						
南昌	2985	2244								
济南			27799							
青岛	10550	10659			1450	1589	11013	9363		
郑州	15233	13633	28058	53625						
武汉	32104	78597	14507	13847						
长沙	10233	11536	8220	7852						
广州	102183	45563	46948	39041	7491	3319	39895	37779		
深圳			13495	10136			117249	103663		
南宁										
海口										
重庆	972	487	6602	6549						
成都			196754	153020						
贵阳			3909	3278	21631	23146				
昆明			1633	2017						
西安			7194	5884						
兰州										
西宁										
银川										
乌鲁木齐	1449	874								

3－180　35城市限额以上加盟连锁零售业商品零售额

（按业态分）

单位：万元

城　　市	2005年	2004年	百货商店		超级市场		专业店		加油站	
			2005年	2004年	2005年	2004年	2005年	2004年	2005年	2004年
总　　计	**9329554**	**8315101**	**459644**	**363251**	**4090519**	**3741638**	**4306758**	**3830439**	**278139**	**243745**
北　　京	1460788	1870478			51766	42496	1372883	1812313		
天　　津										
石 家 庄	15925	15358			13969	13012	22	13		
太　　原	15186	13521								
呼和浩特										
沈　　阳	65603	64461			180	230	65423	64231	48065	47433
大　　连	39868	16225								
长　　春	2793	2370					2793	2370		
哈 尔 滨										
上　　海	2811233	2765105	108310	102296	2469264	2453022	24576	30230	852	10371
南　　京	2204030	1531620			1010031	827629	1185089	695943		
杭　　州	5874	12906					4694	4914		
宁　　波	57639	42352			53801	40700				
合　　肥	153340	147926	67116	64260			86224	83665	86224	83665
福　　州										
厦　　门	1446	180					1446	180		
南　　昌										
济　　南	904628	602960			209	170	904419	602790		
青　　岛	152853	45507	152351	44962	357	401	145	144		
郑　　州	98	92					98	92		
武　　汉	23352	13951			1098		17257	9190	5758	1763
长　　沙	14044	8399					13787	8354		
广　　州	839265	629994	106751	82619	238196	139984	378739	301347	20000	
深　　圳	342979	344699	24971	69114	236140	210012	81867	65574		
南　　宁	17265	18830			12754	11229	4511	7601	1490	2600
海　　口	500	473					500	473		
重　　庆	33565	28061			1173	977	32392	27084		
成　　都	32870	26705			1567	1502	1075	3604		
贵　　阳	20725	15850					20725	15850	17000	12882
昆　　明	2235	1579					2090	1339		
西　　安	6762	4528					1833	2680		
兰　　州	98750	85030					98750	85030	98750	85030
西　　宁	195	307	145		14	271	36	37		
银　　川	238	226				3	238	223		
乌鲁木齐	5506	5409					5146	5169		

3—180 续表

单位:万元

城市	专卖店		便利店		仓储会员店		家居建材商店		其他	
	2005年	2004年	2005年	2004年	2005年	2004年	2005年	2004年	2005年	2004年
总计	**209480**	**183286**	**258996**	**191717**			**3176**	**3895**	**981**	**876**
北京	33645	14642	1514	151					981	876
天津										
石家庄	1133	1793	801	540						
太原			15186	13521						
呼和浩特										
沈阳										
大连	223	563	39645	15662						
长春										
哈尔滨										
上海	42253	38440	163654	137223			3176	3895		
南京	8910	8048								
杭州	406	7738	774	254						
宁波	1864	1053	1974	599						
合肥										
福州										
厦门										
南昌										
济南										
青岛										
郑州										
武汉	4998	4761								
长沙	256	45								
广州	115432	105965	147	79						
深圳										
南宁										
海口										
重庆										
成都			30228	21600						
贵阳										
昆明			145	240						
西安			4929	1848						
兰州										
西宁										
银川										
乌鲁木齐	360	240								

3—181 三大地带限额以上连锁零售业门店数

（按业态分）

单位：个

地 区	2005年	2004年	百货商店		超级市场		专业店		加油站	
			2005年	2004年	2005年	2004年	2005年	2004年	2005年	2004年
全国总计	**90476**	**77631**	**3438**	**3016**	**15421**	**12877**	**54241**	**47825**	**21411**	**20181**
三大地带	**51580**	**44866**	**2464**	**2174**	**11285**	**9629**	**24818**	**22790**	**9825**	**9547**
环 渤 海	**13124**	**12699**	**1602**	**1483**	**1719**	**1631**	**8112**	**8142**	**4918**	**4833**
北 京	4898	4818	29	27	1157	1111	2456	2641	446	429
天 津	920	874			346	312	480	476	417	418
唐 山	84	75			84	75				
沈 阳	1668	1572	1	1	29	27	1620	1524	1017	981
大 连	583	567			6	5	309	290	278	259
济 南	2988	2966	17	32	50	49	2888	2885	2695	2695
青 岛	1983	1827	1555	1423	47	52	359	326	65	51
长 三 角	**28458**	**23817**	**622**	**515**	**8577**	**7096**	**10526**	**9271**	**2764**	**2640**
上 海	14790	13065	3	3	5106	4170	3291	3131	536	496
南 京	4213	3554	7	6	1699	1541	2261	1767	201	188
苏 州	1273	951			500	401	585	406		
无 锡	727	627			109	93	461	412		
常 州	476	474			199	194	260	264		
镇 江										
南 通	1231	926	612	506	62	55	557	365	220	211
扬 州										
泰 州	68	63			62	60	6	3		
杭 州	2913	2739			26	24	2601	2499	1807	1745
宁 波	700	525			427	301	106	106		
嘉 兴	219	126			146	75	73	51		
湖 州	268	137			18	16	125	88		
绍 兴	1343	442			17	12	176	153		
舟 山	193	149			170	123	16	18		
台 州	44	39			36	31	8	8		
珠 三 角	**9998**	**8350**	**240**	**176**	**989**	**902**	**6180**	**5377**	**2143**	**2074**
广 州	7239	6251	155	107	200	204	4388	4118	2114	2048
深 圳	2392	1787	85	69	679	606	1535	1039		
珠 海	128	114			42	42	86	72		
佛 山										
江 门	20	19			4	4	16	15		
东 莞	39	40					39	40		
中 山	137	100			64	46	73	54	6	6
惠 州	20	19					20	19		
肇 庆	23	20					23	20	23	20

3—181　续表

单位:个

地　区	专卖店		便利店		仓储会员店		家居建材商店		其　他	
	2005 年	2004 年	2005 年	2004 年	2005 年	2004 年	2005 年	2004 年	2005 年	2004 年
全国总计	**5718**	**4816**	**11218**	**8824**	**157**	**82**	**94**	**79**	**189**	**112**
三大地带	**4138**	**3266**	**8519**	**6757**	**73**	**59**	**94**	**79**	**189**	**112**
环渤海	**655**	**574**	**806**	**719**	**11**	**12**	**30**	**26**	**189**	**112**
北　京	547	472	494	434	3	1	23	20	189	112
天　津	74	64	15	17			5	5		
唐　山										
沈　阳	18	20								
大　连	4	4	264	268						
济　南			33							
青　岛	12	14			8	11	2	1		
长三角	**1458**	**1240**	**7198**	**5632**	**27**	**23**	**50**	**40**		
上　海	869	734	5449	4968	27	23	45	36		
南　京	231	225	13	14			2	1		
苏　州	13	12	175	132						
无　锡	39	32	118	90						
常　州	17	16								
镇　江										
南　通										
扬　州										
泰　州										
杭　州	237	184	46	29			3	3		
宁　波	52	37	115	81						
嘉　兴										
湖　州			125	33						
绍　兴			1150	277						
舟　山			7	8						
台　州										
珠三角	**2025**	**1452**	**515**	**406**	**35**	**24**	**14**	**13**		
广　州	2025	1452	432	342	35	24	4	4		
深　圳			83	64			10	9		
珠　海										
佛　山										
江　门										
东　莞										
中　山										
惠　州										
肇　庆										

3—182 三大地带限额以上直营连锁零售业门店数

（按业态分）

单位：个

地 区	2005年	2004年	百货商店		超级市场		专业店		加油站	
			2005年	2004年	2005年	2004年	2005年	2004年	2005年	2004年
全国总计	**61087**	**54841**	**1231**	**1057**	**9655**	**8370**	**40266**	**36648**	**20863**	**19671**
三大地带	**33961**	**30725**	**375**	**324**	**6248**	**5502**	**19943**	**18266**	**9636**	**9377**
环渤海	**9558**	**9049**	**106**	**121**	**1348**	**1274**	**6798**	**6462**	**4836**	**4752**
北 京	3557	3194	29	27	817	789	1718	1523	446	429
天 津	920	874			346	312	480	476	417	418
唐 山	79	67			79	67				
沈 阳	1246	1162	1	1	26	24	1201	1117	935	900
大 连	461	500			6	5	309	290	278	259
济 南	2830	2811	17	32	43	43	2737	2736	2695	2695
青 岛	465	441	59	61	31	34	353	320	65	51
长三角	**17989**	**16002**	**44**	**36**	**4022**	**3422**	**8715**	**7810**	**2670**	**2551**
上 海	9319	8543	1	1	2207	1880	2898	2732	442	407
南 京	1958	1633	7	6	623	579	1148	874	201	188
苏 州	1008	773			290	259	561	392		
无 锡	665	575			87	73	448	399		
常 州	384	381			107	101	260	264		
镇 江										
南 通	531	422	36	29	62	55	433	338	220	211
扬 州										
泰 州	68	63			62	60	6	3		
杭 州	2820	2643			26	24	2534	2441	1807	1745
宁 波	471	360			265	170	106	106		
嘉 兴	171	110			110	63	61	47		
湖 州	93	60			1	1	67	43		
绍 兴	305	259			17	11	169	145		
舟 山	152	141			129	115	16	18		
台 州	44	39			36	31	8	8		
珠三角	**6414**	**5674**	**225**	**167**	**878**	**806**	**4430**	**3994**	**2130**	**2074**
广 州	3841	3713	141	101	149	159	2763	2819	2101	2048
深 圳	2211	1654	84	66	621	557	1413	958		
珠 海	128	114			42	42	86	72		
佛 山										
江 门	20	19			4	4	16	15		
东 莞	39	40					39	40		
中 山	135	98			62	44	73	54	6	6
惠 州	17	16					17	16		
肇 庆	23	20					23	20	23	20

3—182 续表 单位:个

地区	专卖店		便利店		仓储会员店		家居建材商店		其他	
	2005年	2004年	2005年	2004年	2005年	2004年	2005年	2004年	2005年	2004年
全国总计	**1970**	**1772**	**7658**	**6762**	**105**	**82**	**93**	**78**	**109**	**72**
三大地带	**1421**	**1204**	**5699**	**5220**	**73**	**59**	**93**	**78**	**109**	**72**
环渤海	**484**	**435**	**672**	**647**	**11**	**12**	**30**	**26**	**109**	**72**
北京	377	335	481	427	3	1	23	20	109	72
天津	74	64	15	17			5	5		
唐山										
沈阳	18	20								
大连	3	2	143	203						
济南			33							
青岛	12	14			8	11	2	1		
长三角	**614**	**503**	**4518**	**4169**	**27**	**23**	**49**	**39**		
上海	130	115	4012	3757	27	23	44	35		
南京	165	159	13	14			2	1		
苏州	11	12	146	110						
无锡	19	15	111	88						
常州	17	16								
镇江										
南通										
扬州										
泰州										
杭州	236	159	21	16			3	3		
宁波	36	27	64	57						
嘉兴										
湖州			25	16						
绍兴			119	103						
舟山			7	8						
台州										
珠三角	**323**	**266**	**509**	**404**	**35**	**24**	**14**	**13**		
广州	323	266	426	340	35	24	4	4		
深圳			83	64			10	9		
珠海										
佛山										
江门										
东莞										
中山										
惠州										
肇庆										

3—183　三大地带限额以上加盟连锁零售业门店数

（按业态分）

单位：个

地　　区	2005 年	2004 年	百货商店		超级市场		专业店		加油站	
			2005 年	2004 年	2005 年	2004 年	2005 年	2004 年	2005 年	2004 年
全国总计	**29389**	**22790**	**2207**	**1959**	**5766**	**4507**	**13975**	**11177**	**548**	**510**
三大地带	**17619**	**14141**	**2089**	**1850**	**5037**	**4127**	**4875**	**4524**	**189**	**170**
环 渤 海	**3566**	**3650**	**1496**	**1362**	**371**	**357**	**1314**	**1680**	**82**	**81**
北　　京	1341	1624			340	322	738	1118		
天　　津										
唐　　山	5	8			5	8				
沈　　阳	422	410			3	3	419	407	82	81
大　　连	122	67								
济　　南	158	155			7	6	151	149		
青　　岛	1518	1386	1496	1362	16	18	6	6		
长 三 角	**10469**	**7815**	**578**	**479**	**4555**	**3674**	**1811**	**1461**	**94**	**89**
上　　海	5471	4522	2	2	2899	2290	393	399	94	89
南　　京	2255	1921			1076	962	1113	893		
苏　　州	265	178			210	142	24	14		
无　　锡	62	52			22	20	13	13		
常　　州	92	93			92	93				
镇　　江										
南　　通	700	504	576	477			124	27		
扬　　州										
泰　　州										
杭　　州	93	96					67	58		
宁　　波	229	165			162	131				
嘉　　兴	48	16			36	12	12	4		
湖　　州	175	77			17	15	58	45		
绍　　兴	1038	183				1	7	8		
舟　　山	41	8			41	8				
台　　州										
珠 三 角	**3584**	**2676**	**15**	**9**	**111**	**96**	**1750**	**1383**	**13**	
广　　州	3398	2538	14	6	51	45	1625	1299	13	
深　　圳	181	133	1	3	58	49	122	81		
珠　　海										
佛　　山										
江　　门										
东　　莞										
中　　山	2	2			2	2				
惠　　州	3	3					3	3		
肇　　庆										

3—183 续表

单位:个

地区	专卖店		便利店		仓储会员店		家居建材商店		其他	
	2005年	2004年	2005年	2004年	2005年	2004年	2005年	2004年	2005年	2004年
全国总计	**3748**	**3044**	**3560**	**2062**	**52**		**1**	**1**	**80**	**40**
三大地带	**2717**	**2062**	**2820**	**1537**			**1**	**1**	**80**	**40**
环渤海	**171**	**139**	**134**	**72**					**80**	**40**
北京	170	137	13	7					80	40
天津										
唐山										
沈阳										
大连	1	2	121	65						
济南										
青岛										
长三角	**844**	**737**	**2680**	**1463**			**1**	**1**		
上海	739	619	1437	1211			1	1		
南京	66	66								
苏州	2		29	22						
无锡	20	17	7	2						
常州										
镇江										
南通										
扬州										
泰州										
杭州	1	25	25	13						
宁波	16	10	51	24						
嘉兴										
湖州			100	17						
绍兴			1031	174						
舟山										
台州										
珠三角	**1702**	**1186**	**6**	**2**						
广州	1702	1186	6	2						
深圳										
珠海										
佛山										
江门										
东莞										
中山										
惠州										
肇庆										

3－184 三大地带限额以上连锁零售业营业面积

（按业态分）

单位：平方米

地区	2005年	2004年	百货商店		超级市场		专业店		加油站	
			2005年	2004年	2005年	2004年	2005年	2004年	2005年	2004年
全国总计	**82027379**	**72025758**	**7938329**	**6702261**	**18621268**	**15274241**	**51865204**	**47004279**	**40290158**	**38514880**
三大地带	**48012260**	**42408755**	**4422152**	**3745925**	**13042346**	**10705224**	**27687106**	**25600470**	**21172706**	**20744076**
环渤海	**13931174**	**12589921**	**1888824**	**1638622**	**2804216**	**2309376**	**8258104**	**7843200**	**6268446**	**6136046**
北京	4341450	3747208	450485	440043	1711819	1368418	1406017	1313254	134532	119984
天津	1034819	924973			362729	314834	600241	540650	458700	459800
唐山	102000	90600			102000	90600				
沈阳	1738856	1661442	32123	32123	133873	121750	1569660	1504269	1436977	1382635
大连	1053901	959506			296000	264960	678815	614630	674382	610197
济南	4388694	4211814	475000	405000	48167	48017	3837686	3758797	3562030	3562030
青岛	1271454	994378	931216	761456	149628	100797	165685	111600	1825	1400
长三角	**18364008**	**15537476**	**645242**	**561012**	**7288813**	**5987506**	**8963250**	**7772119**	**5969208**	**5775847**
上海	7287340	6069759	87000	87000	4697977	3865921	1369921	1125508	852471	815072
南京	3603716	2741979	149616	124853	1154775	944542	2271699	1645458	587083	583483
苏州	277227	227639			172001	151762	91981	66117		
无锡	314331	237663			97839	97298	202882	129328		
常州	161242	154452			93000	86500	65742	65502		
镇江										
南通	620117	514637	408626	349159	176017	139640	35474	25838	10000	9500
扬州										
泰州	21900	24330			21500	24050	400	280		
杭州	5067357	4859448			218804	206369	4802850	4614744	4519654	4367792
宁波	492328	348261			441278	305316	21802	20093		
嘉兴	71300	58144			60780	49804	10520	8340		
湖州	33720	19260			12050	6500	10670	6160		
绍兴	293938	181017			27893	13650	75945	61287		
舟山	78862	68187			76069	65254	1564	1664		
台州	40630	32700			38830	30900	1800	1800		
珠三角	**15717078**	**14281358**	**1888086**	**1546291**	**2949317**	**2408342**	**10465752**	**9985151**	**8935052**	**8832183**
广州	11075104	10568651	443438	374174	493993	440072	9904366	9579580	8919730	8818730
深圳	4234147	3366061	1444648	1172117	2194214	1761894	414669	265301		
珠海	100151	106912			68647	77352	31504	29560		
佛山										
江门	5941	5921			3500	3500	2441	2421		
东莞	87100	87000					87100	87000		
中山	199462	133589			188963	125524	10499	8065	2664	2664
惠州	2515	2435					2515	2435		
肇庆	12658	10789					12658	10789	12658	10789

3—184　续表

单位:平方米

地区	专卖店		便利店		仓储会员店		家居建材商店		其他	
	2005年	2004年	2005年	2004年	2005年	2004年	2005年	2004年	2005年	2004年
全国总计	**414011**	**341823**	**1536122**	**1297408**	**296330**	**226486**	**1300363**	**1129813**	**55752**	**49447**
三大地带	**295630**	**224214**	**934226**	**746331**	**274685**	**207331**	**1300363**	**1129813**	**55752**	**49447**
环渤海	**114657**	**94357**	**199080**	**155391**	**62061**	**23038**	**548480**	**476490**	**55752**	**49447**
北京	84202	66812	91576	74288	58751	18088	482848	416858	55752	49447
天津	15640	12670	4577	5187			51632	51632		
唐山										
沈阳	3200	3300								
大连	4000	4000	75086	75916						
济南			27841							
青岛	7615	7575			3310	4950	14000	8000		
长三角	**65652**	**56321**	**646374**	**519401**	**208827**	**182327**	**545850**	**458790**		
上海	33379	27716	389886	367997	208827	182327	500350	413290		
南京	10150	9450	2476	2676			15000	15000		
苏州	495	410	12750	9350						
无锡	6110	6085	7500	4952						
常州	2500	2450								
镇江										
南通										
扬州										
泰州										
杭州	8263	6530	6940	1305			30500	30500		
宁波	4755	3680	24493	19172						
嘉兴										
湖州			11000	6600						
绍兴			190100	106080						
舟山			1229	1269						
台州										
珠三角	**115321**	**73536**	**88772**	**71539**	**3797**	**1966**	**206033**	**194533**		
广州	115321	73536	81039	66173	3797	1966	33150	33150		
深圳			7733	5366			172883	161383		
珠海										
佛山										
江门										
东莞										
中山										
惠州										
肇庆										

3－185　三大地带限额以上直营连锁零售业营业面积

（按业态分）

单位：平方米

地　区	2005年	2004年	百货商店		超级市场		专业店		加油站	
			2005年	2004年	2005年	2004年	2005年	2004年	2005年	2004年
全国总计	**74945260**	**66233608**	**7321697**	**6196823**	**16078482**	**13274897**	**48457167**	**44069910**	**39378691**	**37648907**
三大地带	**42913443**	**38192499**	**3983802**	**3372953**	**10831322**	**8916851**	**25590576**	**23762336**	**20869148**	**20473446**
环 渤 海	**12724900**	**11407546**	**1744784**	**1518342**	**2727433**	**2245077**	**7319375**	**6876523**	**6148838**	**6020594**
北　京	3695166	3020876	450485	440043	1640884	1310579	856170	659280	134532	119984
天　津	1034819	924973			362729	314834	600241	540650	458700	459800
唐　山	99200	87100			99200	87100				
沈　阳	1575749	1500379	32123	32123	133573	121550	1406853	1343406	1317369	1267183
大　连	1032681	942906			296000	264960	678815	614630	674382	610197
济　南	4161859	4059364	475000	405000	46717	46717	3612301	3607647	3562030	3562030
青　岛	1125426	871948	787176	641176	148330	99337	164995	110910	1825	1400
长 三 角	**15531297**	**13312210**	**503116**	**433653**	**5497455**	**4508201**	**8270944**	**7282237**	**5811258**	**5620669**
上　海	5805484	4837582	30800	30800	3562168	2970972	1191188	947177	694521	659894
南　京	2556587	1952338	149616	124853	601215	455482	1779730	1346577	587083	583483
苏　州	248417	200850			147201	127292	91098	65640		
无　锡	306290	230552			91679	91578	202056	128502		
常　州	142207	133662			73965	65710	65742	65502		
镇　江										
南　通	522400	438826	322700	278000	176017	139640	23683	21186	10000	9500
扬　州										
泰　州	21900	24330			21500	24050	400	280		
杭　州	5059072	4854058			218804	206369	4798630	4610981	4519654	4367792
宁　波	443808	305292			396798	264936	21802	20093		
嘉　兴	67485	56288			57605	48148	9880	8140		
湖　州	27813	15463			11000	5600	7813	3863		
绍　兴	213631	162862			27893	13050	75558	60832		
舟　山	75573	67407			72780	64474	1564	1664		
台　州	40630	32700			38830	30900	1800	1800		
珠 三 角	**14657246**	**13472743**	**1735902**	**1420958**	**2606434**	**2163573**	**10000257**	**9603576**	**8909052**	**8832183**
广　州	10251092	9939608	313254	296174	345280	312303	9458521	9213244	8893730	8818730
深　圳	3999199	3187361	1422648	1124784	2000544	1645394	395391	250434		
珠　海	100151	106912			68647	77352	31504	29560		
佛　山										
江　门	5941	5921			3500	3500	2441	2421		
东　莞	87100	87000					87100	87000		
中　山	198962	133089			188463	125024	10499	8065	2664	2664
惠　州	2143	2063					2143	2063		
肇　庆	12658	10789					12658	10789	12658	10789

3—185 续表

单位:平方米

地区	专卖店		便利店		仓储会员店		家居建材商店		其他	
	2005年	2004年	2005年	2004年	2005年	2004年	2005年	2004年	2005年	2004年
全国总计	209300	190549	1239449	1102943	295290	226486	1293763	1123213	50112	48787
三大地带	151138	131086	738045	629942	274685	207331	1293763	1123213	50112	48787
环渤海	95638	80201	177017	139088	62061	23038	548480	476490	50112	48787
北京	65483	53656	90433	73585	58751	18088	482848	416858	50112	48787
天津	15640	12670	4577	5187			51632	51632		
唐山										
沈阳	3200	3300								
大连	3700	3000	54166	60316						
济南			27841							
青岛	7615	7575			3310	4950	14000	8000		
长三角	39049	34187	472656	419415	208827	182327	539250	452190		
上海	9631	9049	309120	290567	208827	182327	493750	406690		
南京	8550	7750	2476	2676			15000	15000		
苏州	410	410	9708	7508						
无锡	5510	5660	7045	4812						
常州	2500	2450								
镇江										
南通										
扬州										
泰州										
杭州	8153	5488	2985	720			30500	30500		
宁波	4295	3380	20913	16883						
嘉兴										
湖州			9000	6000						
绍兴			110180	88980						
舟山			1229	1269						
台州										
珠三角	16451	16698	88372	71439	3797	1966	206033	194533		
广州	16451	16698	80639	66073	3797	1966	33150	33150		
深圳			7733	5366			172883	161383		
珠海										
佛山										
江门										
东莞										
中山										
惠州										
肇庆										

3—186 三大地带限额以上加盟连锁零售业营业面积

（按业态分）

单位:平方米

地区	2005年	2004年	百货商店		超级市场		专业店		加油站	
			2005年	2004年	2005年	2004年	2005年	2004年	2005年	2004年
全国总计	**7082119**	**5792150**	**616632**	**505438**	**2542786**	**1999344**	**3408037**	**2934369**	**911467**	**865973**
三大地带	**5098817**	**4216256**	**438350**	**372972**	**2211024**	**1788373**	**2096530**	**1838134**	**303558**	**270630**
环渤海	**1206274**	**1182375**	**144040**	**120280**	**76783**	**64299**	**938729**	**966677**	**119608**	**115452**
北京	646284	726332			70935	57839	549847	653974		
天津										
唐山	2800	3500			2800	3500				
沈阳	163107	161063			300	200	162807	160863	119608	115452
大连	21220	16600								
济南	226835	152450			1450	1300	225385	151150		
青岛	146028	122430	144040	120280	1298	1460	690	690		
长三角	**2832711**	**2225266**	**142126**	**127359**	**1791358**	**1479305**	**692306**	**489882**	**157950**	**155178**
上海	1481856	1232177	56200	56200	1135809	894949	178733	178331	157950	155178
南京	1047129	789641			553560	489060	491969	298881		
苏州	28810	26789			24800	24470	883	477		
无锡	8041	7111			6160	5720	826	826		
常州	19035	20790			19035	20790				
镇江										
南通	97717	75811	85926	71159			11791	4652		
扬州										
泰州										
杭州	8285	5390					4220	3763		
宁波	48520	42969			44480	40380				
嘉兴	3815	1856			3175	1656	640	200		
湖州	5907	3797			1050	900	2857	2297		
绍兴	80307	18155				600	387	455		
舟山	3289	780			3289	780				
台州										
珠三角	**1059832**	**808615**	**152184**	**125333**	**342883**	**244769**	**465495**	**381575**	**26000**	
广州	824012	629043	130184	78000	148713	127769	445845	366336	26000	
深圳	234948	178700	22000	47333	193670	116500	19278	14867		
珠海										
佛山										
江门										
东莞										
中山	500	500			500	500				
惠州	372	372					372	372		
肇庆										

3—186 续表

单位:平方米

地区	专卖店		便利店		仓储会员店		家居建材商店		其他	
	2005年	2004年	2005年	2004年	2005年	2004年	2005年	2004年	2005年	2004年
全国总计	204711	151274	296673	194465	1040		6600	6600	5640	660
三大地带	144492	93128	196181	116389			6600	6600	5640	660
环渤海	19019	14156	22063	16303					5640	660
北京	18719	13156	1143	703					5640	660
天津										
唐山										
沈阳										
大连	300	1000	20920	15600						
济南										
青岛										
长三角	26603	22134	173718	99986			6600	6600		
上海	23748	18667	80766	77430			6600	6600		
南京	1600	1700								
苏州	85		3042	1842						
无锡	600	425	455	140						
常州										
镇江										
南通										
扬州										
泰州										
杭州	110	1042	3955	585						
宁波	460	300	3580	2289						
嘉兴										
湖州			2000	600						
绍兴			79920	17100						
舟山										
台州										
珠三角	98870	56838	400	100						
广州	98870	56838	400	100						
深圳										
珠海										
佛山										
江门										
东莞										
中山										
惠州										
肇庆										

3—187　三大地带限额以上连锁零售业从业人员

（按业态分）

单位：人

地　区	2005年	2004年	百货商店		超级市场		专业店		加油站	
			2005年	2004年	2005年	2004年	2005年	2004年	2005年	2004年
全国总计	**1488235**	**1282285**	**181603**	**166389**	**562015**	**479518**	**595175**	**505060**	**189923**	**176486**
三大地带	**939723**	**802223**	**86223**	**79473**	**386753**	**330664**	**357649**	**298883**	**89641**	**85403**
环渤海	**234761**	**213434**	**28023**	**27778**	**74300**	**67782**	**102564**	**91184**	**40504**	**36998**
北　京	121229	113119	11111	11645	50472	45911	36882	34900	4284	3868
天　津	20203	18972			11567	10622	5614	5210	3861	3650
唐　山	1785	1671			1785	1671				
沈　阳	20697	20563	291	325	2918	2523	17418	17570	11576	10716
大　连	5340	4738			2270	1956	545	540	335	330
济　南	42581	35219	2222	3250	2536	2375	37000	29594	19501	18072
青　岛	22926	19152	14399	12558	2752	2724	5105	3370	947	362
长三角	**495421**	**428213**	**14757**	**13841**	**238714**	**206499**	**181595**	**155239**	**27533**	**27245**
上　海	231788	197662	1094	1057	149166	128397	32218	24608	6347	5662
南　京	155899	133965	2269	1997	46823	41712	105149	88698	2417	2515
苏　州	10536	8115			5876	4517	3572	2528		
无　锡	8539	6874			2413	2348	5130	3716		
常　州	5075	5623			2402	2375	2544	3101		
镇　江										
南　通	21952	19630	11394	10787	7955	6478	2603	2365	1714	1702
扬　州										
泰　州	639	752			576	706	63	46		
杭　州	32830	32821			4695	4458	26803	26948	17055	17366
宁　波	14451	11768			12652	10066	676	747		
嘉　兴	1637	1426			1216	1054	421	372		
湖　州	1116	871			410	385	421	277		
绍　兴	7102	5076			974	675	1744	1581		
舟　山	2506	2447			2250	2190	206	207		
台　州	1351	1183			1306	1138	45	45		
珠三角	**209541**	**160576**	**43443**	**37854**	**73739**	**56383**	**73490**	**52460**	**21604**	**21160**
广　州	75986	64138	8721	7859	10615	8622	39996	35778	21144	20748
深　圳	126969	91077	34722	29995	58924	44608	31108	14474		
珠　海	1723	1825			986	1168	737	657		
佛　山										
江　门	330	324			121	117	209	207		
东　莞	250	270					250	270		
中　山	3715	2428			3093	1868	622	560	96	96
惠　州	204	198					204	198		
肇　庆	364	316					364	316	364	316

3—187 续表

单位:人

地区	专卖店		便利店		仓储会员店		家居建材商店		其他	
	2005年	2004年	2005年	2004年	2005年	2004年	2005年	2004年	2005年	2004年
全国总计	**44610**	**38128**	**80256**	**70587**	**10303**	**7427**	**12437**	**13618**	**1836**	**1558**
三大地带	**31150**	**24785**	**54245**	**46531**	**9430**	**6711**	**12437**	**13618**	**1836**	**1558**
环渤海	**11409**	**9824**	**9416**	**7337**	**1726**	**600**	**5487**	**7371**	**1836**	**1558**
北京	9399	7611	6005	4959	1584	446	3940	6089	1836	1558
天津	1712	1842	123	196			1187	1102		
唐山										
沈阳	70	145								
大连	60	60	2465	2182						
济南			823							
青岛	168	166			142	154	360	180		
长三角	**6172**	**5584**	**41759**	**36766**	**7571**	**6012**	**4853**	**4272**		
上海	3436	2944	34201	31223	7571	6012	4102	3421		
南京	1230	1120	68	58			360	380		
苏州	115	101	973	969						
无锡	212	203	784	607						
常州	129	147								
镇江										
南通										
扬州										
泰州										
杭州	720	794	221	150			391	471		
宁波	330	275	793	680						
嘉兴										
湖州			285	209						
绍兴			4384	2820						
舟山			50	50						
台州										
珠三角	**13569**	**9377**	**3070**	**2428**	**133**	**99**	**2097**	**1975**		
广州	13569	9377	2445	1888	133	99	507	515		
深圳			625	540			1590	1460		
珠海										
佛山										
江门										
东莞										
中山										
惠州										
肇庆										

3—188 三大地带限额以上直营连锁零售业从业人员

（按业态分）

单位：人

地　　区	2005 年	2004 年	百货商店		超级市场		专业店		加油站	
			2005 年	2004 年	2005 年	2004 年	2005 年	2004 年	2005 年	2004 年
全国总计	**1226552**	**1062057**	**157270**	**142093**	**459456**	**394107**	**497149**	**422105**	**184907**	**171774**
三大地带	**746414**	**640632**	**71762**	**66992**	**295513**	**254001**	**293270**	**242215**	**87301**	**83337**
环渤海	**196738**	**180760**	**21907**	**22456**	**72002**	**65626**	**75242**	**67362**	**39599**	**36107**
北　京	107469	97328	11111	11645	48349	43927	27125	22227	4284	3868
天　津	20203	18972			11567	10622	5614	5210	3861	3650
唐　山	1747	1621			1747	1621				
沈　阳	17978	18002	291	325	2909	2515	14708	15017	10671	9825
大　连	4933	4498			2270	1956	545	540	335	330
济　南	27670	26583	2222	3250	2456	2315	22169	21018	19501	18072
青　岛	16738	13756	8283	7236	2704	2670	5081	3350	947	362
长三角	**368020**	**318569**	**8195**	**8305**	**158756**	**137640**	**153297**	**129188**	**26278**	**26070**
上　海	168667	144145	532	521	99103	86065	29459	21907	5092	4487
南　京	104005	87012	2269	1997	19799	17748	80509	65939	2417	2515
苏　州	9119	6992			4785	3675	3439	2448		
无　锡	8207	6394			2196	1951	5077	3663		
常　州	4536	5163			1863	1915	2544	3101		
镇　江										
南　通	15668	14532	5394	5787	7955	6478	2319	2267	1714	1702
扬　州										
泰　州	639	752			576	706	63	46		
杭　州	32450	32520			4695	4458	26531	26708	17055	17366
宁　波	13425	10893			11862	9331	676	747		
嘉　兴	1523	1380			1144	1022	379	358		
湖　州	801	711			350	336	320	186		
绍　兴	5225	4463			974	645	1730	1566		
舟　山	2404	2429			2148	2172	206	207		
台　州	1351	1183			1306	1138	45	45		
珠三角	**181656**	**141303**	**41660**	**36231**	**64755**	**50735**	**64731**	**45665**	**21424**	**21160**
广　州	54488	47940	7235	6507	6763	5146	32195	29615	20964	20748
深　圳	120612	88032	34425	29724	53804	42448	30168	13860		
珠　海	1723	1825			986	1168	737	657		
佛　山										
江　门	330	324			121	117	209	207		
东　莞	250	270					250	270		
中　山	3703	2416			3081	1856	622	560	96	96
惠　州	186	180					186	180		
肇　庆	364	316					364	316	364	316

3—188 续表

单位:人

地区	专卖店		便利店		仓储会员店		家居建材商店		其他	
	2005年	2004年	2005年	2004年	2005年	2004年	2005年	2004年	2005年	2004年
全国总计	24107	21683	64389	59652	10199	7427	12383	13558	1599	1432
三大地带	18237	16003	44220	39720	9430	6711	12383	13558	1599	1432
环渤海	9863	8827	8912	7086	1726	600	5487	7371	1599	1432
北京	7873	6659	5888	4903	1584	446	3940	6089	1599	1432
天津	1712	1842	123	196			1187	1102		
唐山										
沈阳	70	145								
大连	40	15	2078	1987						
济南			823							
青岛	168	166			142	154	360	180		
长三角	3134	2990	32268	30222	7571	6012	4799	4212		
上海	739	674	27215	25605	7571	6012	4048	3361		
南京	1000	890	68	58			360	380		
苏州	102	101	793	768						
无锡	192	186	742	594						
常州	129	147								
镇江										
南通										
扬州										
泰州										
杭州	705	759	128	124			391	471		
宁波	267	233	620	582						
嘉兴										
湖州			131	189						
绍兴			2521	2252						
舟山			50	50						
台州										
珠三角	5240	4186	3040	2412	133	99	2097	1975		
广州	5240	4186	2415	1872	133	99	507	515		
深圳			625	540			1590	1460		
珠海										
佛山										
江门										
东莞										
中山										
惠州										
肇庆										

3－189 三大地带限额以上加盟连锁零售业从业人员

（按业态分）

单位：人

地区	2005年	2004年	百货商店		超级市场		专业店		加油站	
			2005年	2004年	2005年	2004年	2005年	2004年	2005年	2004年
全国总计	**261683**	**220228**	**24333**	**24296**	**102559**	**85411**	**98026**	**82955**	**5016**	**4712**
三大地带	**193309**	**161591**	**14461**	**12481**	**91240**	**76663**	**64379**	**56668**	**2340**	**2066**
环渤海	**38023**	**32674**	**6116**	**5322**	**2298**	**2156**	**27322**	**23822**	**905**	**891**
北京	13760	15791			2123	1984	9757	12673		
天津										
唐山	38	50			38	50				
沈阳	2719	2561			9	8	2710	2553	905	891
大连	407	240								
济南	14911	8636			80	60	14831	8576		
青岛	6188	5396	6116	5322	48	54	24	20		
长三角	**127401**	**109644**	**6562**	**5536**	**79958**	**68859**	**28298**	**26051**	**1255**	**1175**
上海	63121	53517	562	536	50063	42332	2759	2701	1255	1175
南京	51894	46953			27024	23964	24640	22759		
苏州	1417	1123			1091	842	133	80		
无锡	332	480			217	397	53	53		
常州	539	460			539	460				
镇江										
南通	6284	5098	6000	5000			284	98		
扬州										
泰州										
杭州	380	301					272	240		
宁波	1026	875			790	735				
嘉兴	114	46			72	32	42	14		
湖州	315	160			60	49	101	91		
绍兴	1877	613				30	14	15		
舟山	102	18			102	18				
台州										
珠三角	**27885**	**19273**	**1783**	**1623**	**8984**	**5648**	**8759**	**6795**	**180**	
广州	21498	16198	1486	1352	3852	3476	7801	6163	180	
深圳	6357	3045	297	271	5120	2160	940	614		
珠海										
佛山										
江门										
东莞										
中山	12	12			12	12				
惠州	18	18					18	18		
肇庆										

3—189 续表

单位:人

地区	专卖店		便利店		仓储会员店		家居建材商店		其他	
	2005年	2004年	2005年	2004年	2005年	2004年	2005年	2004年	2005年	2004年
全国总计	**20503**	**16445**	**15867**	**10935**	**104**		**54**	**60**	**237**	**126**
三大地带	**12913**	**8782**	**10025**	**6811**			**54**	**60**	**237**	**126**
环渤海	**1546**	**997**	**504**	**251**					**237**	**126**
北京	1526	952	117	56					237	126
天津										
唐山										
沈阳										
大连	20	45	387	195						
济南										
青岛										
长三角	**3038**	**2594**	**9491**	**6544**			**54**	**60**		
上海	2697	2270	6986	5618			54	60		
南京	230	230								
苏州	13		180	201						
无锡	20	17	42	13						
常州										
镇江										
南通										
扬州										
泰州										
杭州	15	35	93	26						
宁波	63	42	173	98						
嘉兴										
湖州			154	20						
绍兴			1863	568						
舟山										
台州										
珠三角	**8329**	**5191**	**30**	**16**						
广州	8329	5191	30	16						
深圳										
珠海										
佛山										
江门										
东莞										
中山										
惠州										
肇庆										

3—190 三大地带限额以上连锁零售业商品购进总额

（按业态分）

单位：万元

地区	2005年	2004年	百货商店		超级市场		专业店		加油站	
			2005年	2004年	2005年	2004年	2005年	2004年	2005年	2004年
全国总计	**90440922**	**71300583**	**9216760**	**9129414**	**21701696**	**17857346**	**54410013**	**40186241**	**33300254**	**24068168**
三大地带	**62574240**	**50212163**	**5040252**	**5786505**	**17689982**	**14795878**	**35370219**	**26120359**	**19333104**	**13704833**
环渤海	**20269390**	**15981484**	**1894663**	**1496350**	**4243039**	**3149776**	**12854182**	**10309730**	**7777794**	**5358350**
北京	9249652	7781478	499273	468260	3086955	2219610	4696757	4295904	1619974	1153179
天津	1809094	1401285			468886	374255	1261453	960874	941835	711533
唐山	101261	87144			101261	87144				
沈阳	1661123	1182701	8578	9508	105453	82939	1462533	1022451	1345524	899066
大连	208527	148642			108715	71065	4215	3090		
济南	5730514	4323616	368825	327865	207102	163720	5124986	3832031	3796383	2553548
青岛	1509219	1056620	1017987	690717	164668	151042	304238	195379	74078	41023
长三角	**27429064**	**22008905**	**1159210**	**899075**	**9461022**	**9274064**	**14561074**	**10025935**	**5741480**	**4205897**
上海	10548472	10170621	139332	133017	6202213	6832130	2312075	1674831	809948	487944
南京	8168519	5176809	238162	176489	1651319	1139092	6219513	3805445	685567	429932
苏州	456839	248632			138518	145471	301029	83920		
无锡	543855	336707			92033	74368	435843	248016		
常州	259999	271364			51734	46894	200981	219180		
镇江										
南通	1405297	1065637	781716	589570	302265	225878	321316	250189	302024	238212
扬州										
泰州	11868	16080			11290	15412	578	669		
杭州	4849367	3801192			192306	173509	4606434	3594433	3943941	3049809
宁波	647196	499966			587301	450020	17918	17541		
嘉兴	55322	56181			44744	43995	10578	12185		
湖州	33658	24891			11828	11588	5959	3429		
绍兴	295882	240041			32610	24380	119933	107496		
舟山	98122	54725			90486	48092	6623	5776		
台州	54668	46061			52374	43235	2294	2826		
珠三角	**14875786**	**12221773**	**1986379**	**3391081**	**3985921**	**2372038**	**7954963**	**5784694**	**5813830**	**4140585**
广州	10391222	6840477	540579	419138	1797267	580508	7213234	5259105	5780933	4125953
深圳	4194273	5189921	1445800	2971943	2039591	1686016	600502	439728		
珠海	63160	57018			34070	32447	29091	24571		
佛山										
江门	4230	4317			1268	1214	2962	3103		
东莞	62351	33039					62351	33039		
中山	149740	87211			113726	71853	36014	15358	27687	9743
惠州	5600	4900					5600	4900		
肇庆	5210	4890					5210	4890	5210	4890

3—190 续表

单位:万元

地区	专卖店		便利店		仓储会员店		家居建材商店		其他	
	2005年	2004年	2005年	2004年	2005年	2004年	2005年	2004年	2005年	2004年
全国总计	**1501091**	**1186351**	**1877717**	**1450376**	**787926**	**638316**	**890951**	**796158**	**54769**	**56379**
三大地带	**1347585**	**1020756**	**1419414**	**1021586**	**761069**	**614542**	**890951**	**796158**	**54769**	**56379**
环渤海	**632689**	**452197**	**236817**	**183333**	**59314**	**30931**	**293916**	**302789**	**54769**	**56379**
北京	522516	360987	109982	107603	58178	29597	221222	243137	54769	56379
天津	12843	10906	2585	2114			63326	53136		
唐山										
沈阳	84560	67803								
大连	948	870	94650	73616						
济南			29601							
青岛	11822	11632			1136	1334	9368	6516		
长三角	**126476**	**110071**	**975317**	**750912**	**679820**	**570364**	**466147**	**378485**		
上海	31110	32030	750722	573832	679820	570364	433200	354418		
南京	49341	48152	2224	3348			7961	4282		
苏州	952	602	16339	18640						
无锡	4273	4364	11706	9958						
常州	7284	5290								
镇江										
南通										
扬州										
泰州										
杭州	22324	11381	3316	2085			24987	19784		
宁波	11194	8252	30783	24154						
嘉兴										
湖州			15871	9875						
绍兴			143339	108164						
舟山			1014	857						
台州										
珠三角	**588418**	**458488**	**207281**	**87341**	**21935**	**13247**	**130888**	**114884**		
广州	588418	458488	196599	79789	21935	13247	33190	30202		
深圳			10682	7552			97698	84682		
珠海										
佛山										
江门										
东莞										
中山										
惠州										
肇庆										

3—191 三大地带限额以上直营连锁零售业商品购进总额

（按业态分）

单位：万元

地区	2005年	2004年	百货商店		超级市场		专业店		加油站	
			2005年	2004年	2005年	2004年	2005年	2004年	2005年	2004年
全国总计	**81270157**	**63146432**	**8593444**	**8764013**	**19142104**	**14909024**	**49086723**	**35871527**	**32659766**	**23598706**
三大地带	**54315826**	**42760139**	**4570963**	**5510753**	**15267569**	**11958896**	**30563497**	**22200226**	**18932099**	**13422443**
环渤海	**17738302**	**13380165**	**1784797**	**1463289**	**4221567**	**3133127**	**10509009**	**7785642**	**7705549**	**5293812**
北京	7888823	6024375	499273	468260	3068946	2205733	3366613	2563224	1619974	1153179
天津	1809094	1401285			468886	374255	1261453	960874	941835	711533
唐山	98388	85109			98388	85109				
沈阳	1576602	1104518	8578	9508	105326	82778	1378138	944429	1273279	834528
大连	166626	131666			108715	71065	4215	3090		
济南	4799914	3610274	368825	327865	207093	163720	4194395	3118689	3796383	2553548
青岛	1398856	1022940	908121	657656	164214	150466	304195	195336	74078	41023
长三角	**22862881**	**18088977**	**886807**	**728395**	**7433747**	**6761984**	**12521569**	**8955062**	**5439920**	**3988046**
上海	8837666	7904378	66929	64337	5047826	5000433	1987008	1430651	508388	270093
南京	5646205	3719342	238162	176489	843290	510905	4514321	2984840	685567	429932
苏州	440927	237444			125668	137473	300642	83719		
无锡	537585	331672			86886	69950	435304	247779		
常州	255019	265514			46754	41044	200981	219180		
镇江										
南通	1202389	963119	581716	487570	302265	225878	318408	249671	302024	238212
扬州										
泰州	11868	16080			11290	15412	578	669		
杭州	4843547	3794763			192306	173509	4601935	3589935	3943941	3049809
宁波	605341	468225			550165	419874	17918	17541		
嘉兴	54516	55572			44078	43483	10438	12089		
湖州	22946	19453			8692	8547	5312	2926		
绍兴	253028	212861			32610	24380	119809	107461		
舟山	97177	54494			89541	47861	6623	5776		
台州	54668	46061			52374	43235	2294	2826		
珠三角	**13714643**	**11290996**	**1899359**	**3319070**	**3612254**	**2063785**	**7532918**	**5459522**	**5786630**	**4140585**
广州	9429502	6086935	471212	364812	1558200	391962	6838359	4973776	5753733	4125953
深圳	3995310	5013176	1428147	2954258	1904991	1566309	553792	400375		
珠海	63160	57018			34070	32447	29091	24571		
佛山										
江门	4230	4317			1268	1214	2962	3103		
东莞	62351	33039					62351	33039		
中山	149740	87211			113726	71853	36014	15358	27687	9743
惠州	5140	4410					5140	4410		
肇庆	5210	4890					5210	4890	5210	4890

3—191 续表

单位:万元

地区	专卖店		便利店		仓储会员店		家居建材商店		其他	
	2005年	2004年	2005年	2004年	2005年	2004年	2005年	2004年	2005年	2004年
全国总计	**1121687**	**848590**	**1596750**	**1266880**	**787400**	**638316**	**888108**	**792501**	**53942**	**55581**
三大地带	**1029402**	**757014**	**1181278**	**870626**	**761069**	**614542**	**888108**	**792501**	**53942**	**55581**
环渤海	**621227**	**442324**	**194529**	**166483**	**59314**	**30931**	**293916**	**302789**	**53942**	**55581**
北京	511211	351349	109438	107494	58178	29597	221222	243137	53942	55581
天津	12843	10906	2585	2114			63326	53136		
唐山										
沈阳	84560	67803								
大连	791	635	52906	56875						
济南			29601							
青岛	11822	11632			1136	1334	9368	6516		
长三角	**98064**	**81347**	**779571**	**616999**	**679820**	**570364**	**463304**	**374828**		
上海	14481	15020	611245	472813	679820	570364	430357	350761		
南京	40248	39477	2224	3348			7961	4282		
苏州	802	602	13814	15650						
无锡	3918	4043	11477	9899						
常州	7284	5290								
镇江										
南通										
扬州										
泰州										
杭州	22003	9715	2316	1819			24987	19784		
宁波	9330	7199	27928	23612						
嘉兴										
湖州			8942	7981						
绍兴			100609	81020						
舟山			1014	857						
台州										
珠三角	**310110**	**233344**	**207178**	**87144**	**21935**	**13247**	**130888**	**114884**		
广州	310110	233344	196496	79592	21935	13247	33190	30202		
深圳			10682	7552			97698	84682		
珠海										
佛山										
江门										
东莞										
中山										
惠州										
肇庆										

3—192 三大地带限额以上加盟连锁零售业商品购进总额

（按业态分）

单位：万元

地　　区	2005 年	2004 年	百货商店		超级市场		专业店		加油站	
			2005 年	2004 年	2005 年	2004 年	2005 年	2004 年	2005 年	2004 年
全国总计	**9170765**	**8154151**	**623316**	**365401**	**2559592**	**2948322**	**5323290**	**4314714**	**640488**	**469461**
三大地带	**8258414**	**7452024**	**469289**	**275752**	**2422413**	**2836982**	**4806722**	**3920133**	**401005**	**282390**
环 渤 海	**2531088**	**2601319**	**109866**	**33061**	**21472**	**16649**	**2345173**	**2524088**	**72245**	**64538**
北　　京	1360829	1757103			18009	13877	1330144	1732680		
天　　津										
唐　　山	2873	2035			2873	2035				
沈　　阳	84521	78183			127	161	84395	78022	72245	64538
大　　连	41901	16976								
济　　南	930600	713342			9		930591	713342		
青　　岛	110363	33680	109866	33061	454	576	43	43		
长 三 角	**4566183**	**3919928**	**272403**	**170680**	**2027275**	**2512080**	**2039505**	**1070873**	**301560**	**217851**
上　　海	1710806	2266243	72403	68680	1154387	1831697	325067	244180	301560	217851
南　　京	2522314	1457467			808029	628187	1705192	820605		
苏　　州	15912	11188			12850	7998	387	201		
无　　锡	6270	5035			5147	4418	539	237		
常　　州	4980	5850			4980	5850				
镇　　江										
南　　通	202908	102518	200000	102000			2908	518		
扬　　州										
泰　　州										
杭　　州	5820	6429					4499	4498		
宁　　波	41855	31741			37136	30146				
嘉　　兴	806	609			666	512	140	96		
湖　　州	10712	5438			3136	3041	647	503		
绍　　兴	42854	27180					124	35		
舟　　山	945	231			945	231				
台　　州										
珠 三 角	**1161143**	**930777**	**87020**	**72011**	**373667**	**308253**	**422045**	**325172**	**27200**	
广　　州	961720	753542	69367	54326	239067	188546	374875	285329	27200	
深　　圳	198963	176745	17653	17685	134600	119707	46710	39353		
珠　　海										
佛　　山										
江　　门										
东　　莞										
中　　山										
惠　　州	460	490					460	490		
肇　　庆										

3—192 续表

单位:万元

地区	专卖店		便利店		仓储会员店		家居建材商店		其他	
	2005年	2004年	2005年	2004年	2005年	2004年	2005年	2004年	2005年	2004年
全国总计	**379405**	**337762**	**280967**	**183497**	**526**		**2843**	**3657**	**827**	**798**
三大地带	**318183**	**263742**	**238136**	**150960**			**2843**	**3657**	**827**	**798**
环渤海	**11462**	**9873**	**42288**	**16850**					**827**	**798**
北京	11305	9638	544	109					827	798
天津										
唐山										
沈阳										
大连	157	235	41744	16741						
济南										
青岛										
长三角	**28412**	**28724**	**195746**	**133913**			**2843**	**3657**		
上海	16629	17010	139477	101019			2843	3657		
南京	9093	8675								
苏州	150		2525	2990						
无锡	355	321	229	59						
常州										
镇江										
南通										
扬州										
泰州										
杭州	321	1666	1000	266						
宁波	1864	1053	2855	542						
嘉兴										
湖州			6929	1894						
绍兴			42730	27144						
舟山										
台州										
珠三角	**278308**	**225144**	**103**	**197**						
广州	278308	225144	103	197						
深圳										
珠海										
佛山										
江门										
东莞										
中山										
惠州										
肇庆										

3—193　三大地带限额以上连锁零售业统一配送商品购进额

（按业态分）

单位：万元

地　区	2005年	2004年	百货商店		超级市场		专业店		加油站	
			2005年	2004年	2005年	2004年	2005年	2004年	2005年	2004年
全国总计	**70367722**	**55455970**	**4943751**	**5654940**	**17212805**	**14763618**	**44482628**	**32119259**	**28135165**	**20303971**
三大地带	**47773635**	**38731997**	**2964554**	**4075275**	**13899752**	**12431603**	**27762627**	**19850973**	**15940315**	**11332973**
环渤海	**11503350**	**8518057**	**412397**	**300259**	**2897785**	**1993256**	**7720340**	**5867661**	**4812297**	**3306104**
北　京	4227182	3038646	43212	29332	2191075	1455064	1691954	1306954		
天　津	1590607	1220731			372139	266876	1145622	893389	941835	711533
唐　山	97736	83975			97736	83975				
沈　阳	80783	84178			1872	1727	78911	82450		
大　连	79784	53104			17951	12525	4215	3090		
济　南	4829779	3632086	90500	81966	207102	163720	4502576	3386399	3796383	2553548
青　岛	597480	405337	278685	188960	9912	9367	297062	195379	74078	41023
长三角	**24388949**	**19676294**	**861048**	**624586**	**8472695**	**8444726**	**13081261**	**9037706**	**5347086**	**3900916**
上　海	9992627	9769866	139332	133017	6167641	6773989	2042341	1550463	809948	487944
南　京	6495226	4008626			845779	534670	5589922	3418173	685567	429932
苏　州	447994	233813			129673	130651	301029	83920		
无　锡	369240	247182			85945	67907	267315	167715		
常　州	252727	189113			51734	46894	193709	136929		
镇　江										
南　通	1345294	966254	721716	491570	302265	224663	321312	250021	302024	238212
扬　州										
泰　州	11382	15412			10805	14744	578	669		
杭　州	4434019	3476990			182413	164011	4201864	3280565	3549547	2744828
宁　波	560060	400730			500165	350784	17918	17541		
嘉　兴	51725	49006			41147	36820	10578	12185		
湖　州	29576	21929			11828	11588	5846	3429		
绍　兴	272497	219179			26648	19270	119933	107496		
舟　山	97692	52929			90055	46296	6623	5776		
台　州	28891	25264			26598	22439	2294	2826		
珠三角	**11881336**	**10537647**	**1691109**	**3150431**	**2529272**	**1993621**	**6961026**	**4945606**	**5780933**	**4125953**
广　州	7688524	5421987	264670	202801	530892	374638	6301414	4488794	5780933	4125953
深　圳	4011833	5010542	1426439	2947630	1921349	1582451	555665	388226		
珠　海	55895	52867			31187	30938	24708	21929		
佛　山										
江　门	4230	4317			1268	1214	2962	3103		
东　莞	62351	33039					62351	33039		
中　山	52903	9995			44576	4380	8327	5616		
惠　州	5600	4900					5600	4900		
肇　庆										

3—193 续表

单位:万元

地区	专卖店		便利店		仓储会员店		家居建材商店		其他	
	2005年	2004年	2005年	2004年	2005年	2004年	2005年	2004年	2005年	2004年
全国总计	**780844**	**645119**	**1708965**	**1256170**	**771111**	**626685**	**415805**	**335099**	**51814**	**55079**
三大地带	**633163**	**485140**	**1300503**	**895443**	**745417**	**603386**	**415805**	**335099**	**51814**	**55079**
环渤海	**119920**	**105688**	**179590**	**113383**	**58178**	**29597**	**63326**	**53136**	**51814**	**55079**
北京	100214	87969	90734	74650	58178	29597			51814	55079
天津	6935	5217	2585	2114			63326	53136		
唐山										
沈阳										
大连	948	870	56670	36618						
济南			29601							
青岛	11822	11632								
长三角	**126476**	**107309**	**915092**	**696231**	**679820**	**570364**	**252556**	**195372**		
上海	31110	32030	712775	538698	679820	570364	219609	171305		
南京	49341	48152	2224	3348			7961	4282		
苏州	952	602	16339	18640						
无锡	4273	1602	11706	9958						
常州	7284	5290								
镇江										
南通										
扬州										
泰州										
杭州	22324	11381	2431	1251			24987	19784		
宁波	11194	8252	30783	24154						
嘉兴										
湖州			11904	6913						
绍兴			125916	92413						
舟山			1014	857						
台州										
珠三角	**386766**	**272142**	**205821**	**85829**	**7419**	**3426**	**99922**	**86591**		
广州	386766	272142	195139	78277	7419	3426	2224	1909		
深圳			10682	7552			97698	84682		
珠海										
佛山										
江门										
东莞										
中山										
惠州										
肇庆										

3—194 三大地带限额以上直营连锁零售业统一配送商品购进额

（按业态分）

单位：万元

地区	2005年	2004年	百货商店		超级市场		专业店		加油站	
			2005年	2004年	2005年	2004年	2005年	2004年	2005年	2004年
全国总计	**64898758**	**50687252**	**4490461**	**5416213**	**15480262**	**12436548**	**41637852**	**30250020**	**27581682**	**19910650**
三大地带	**43135882**	**34607503**	**2658621**	**3922701**	**12276657**	**10201811**	**25390039**	**18338403**	**15611555**	**11115122**
环渤海	**10928529**	**7973857**	**397785**	**289786**	**2877624**	**1977791**	**7219650**	**5365200**	**4812297**	**3306104**
北京	4169416	2984509	43212	29332	2173066	1441187	1664304	1276692		
天津	1590607	1220731			372139	266876	1145622	893389	941835	711533
唐山	95720	82549			95720	82549				
沈阳	73059	75579			1745	1566	71314	74013		
大连	52532	47301			17951	12525	4215	3090		
济南	4364371	3168367	90500	81966	207093	163720	4037177	2922680	3796383	2553548
青岛	582825	394821	264073	178487	9912	9367	297019	195336	74078	41023
长三角	**20970686**	**16592433**	**648645**	**551906**	**7237825**	**6524903**	**11325267**	**8103094**	**5045526**	**3683065**
上海	8291787	7512363	66929	64337	5013254	4942292	1717274	1306283	508388	270093
南京	5048722	3279280			830050	498343	4168240	2733829	685567	429932
苏州	432082	222838			116823	122867	300642	83719		
无锡	363074	242331			80903	63673	266776	167478		
常州	247747	183263			46754	41044	193709	136929		
镇江										
南通	1202386	961736	581716	487570	302265	224663	318404	249503	302024	238212
扬州										
泰州	11382	15412			10805	14744	578	669		
杭州	4428290	3470668			182413	164011	4197365	3276067	3549547	2744828
宁波	518205	368989			463029	320638	17918	17541		
嘉兴	50919	48397			40481	36308	10438	12089		
湖州	20597	17059			8692	8547	5199	2926		
绍兴	229859	192134			26648	19270	119809	107461		
舟山	96747	52698			89110	46065	6623	5776		
台州	28891	25264			26598	22439	2294	2826		
珠三角	**11236667**	**10041213**	**1612191**	**3081009**	**2161208**	**1699117**	**6845122**	**4870109**	**5753733**	**4125953**
广州	7243278	5102788	203405	151064	297428	199841	6232680	4453140	5753733	4125953
深圳	3812870	4833797	1408786	2929945	1786749	1462744	508955	348873		
珠海	55895	52867			31187	30938	24708	21929		
佛山										
江门	4230	4317			1268	1214	2962	3103		
东莞	62351	33039					62351	33039		
中山	52903	9995			44576	4380	8327	5616		
惠州	5140	4410					5140	4410		
肇庆										

3—194 续表

单位:万元

地区	专卖店		便利店		仓储会员店		家居建材商店		其他	
	2005年	2004年	2005年	2004年	2005年	2004年	2005年	2004年	2005年	2004年
全国总计	**599195**	**476779**	**1452660**	**1091146**	**771111**	**626685**	**415805**	**335099**	**51413**	**54762**
三大地带	**511608**	**389728**	**1086322**	**761614**	**745417**	**603386**	**415805**	**335099**	**51413**	**54762**
环渤海	**108458**	**95815**	**152095**	**107772**	**58178**	**29597**	**63326**	**53136**	**51413**	**54762**
北京	88909	78331	90334	74607	58178	29597			51413	54762
天津	6935	5217	2585	2114			63326	53136		
唐山										
沈阳										
大连	791	635	29575	31050						
济南			29601							
青岛	11822	11632								
长三角	**98064**	**78585**	**728509**	**568210**	**679820**	**570364**	**252556**	**195372**		
上海	14481	15020	580421	442763	679820	570364	219609	171305		
南京	40248	39477	2224	3348			7961	4282		
苏州	802	602	13814	15650						
无锡	3918	1281	11477	9899						
常州	7284	5290								
镇江										
南通										
扬州										
泰州										
杭州	22003	9715	1522	1092			24987	19784		
宁波	9330	7199	27928	23612						
嘉兴										
湖州			6707	5587						
绍兴			83402	65403						
舟山			1014	857						
台州										
珠三角	**305086**	**215328**	**205718**	**85632**	**7419**	**3426**	**99922**	**86591**		
广州	305086	215328	195036	78080	7419	3426	2224	1909		
深圳			10682	7552			97698	84682		
珠海										
佛山										
江门										
东莞										
中山										
惠州										
肇庆										

3—195 三大地带限额以上加盟连锁零售业统一配送商品购进额

（按业态分）

单位：万元

地区	2005年	2004年	百货商店		超级市场		专业店		加油站	
			2005年	2004年	2005年	2004年	2005年	2004年	2005年	2004年
全国总计	**5468964**	**4768718**	**453290**	**238727**	**1732543**	**2327069**	**2844776**	**1869239**	**553483**	**393321**
三大地带	**4637753**	**4124494**	**305933**	**152574**	**1623095**	**2229792**	**2372588**	**1512570**	**328760**	**217851**
环渤海	**574821**	**544200**	**14612**	**10473**	**20161**	**15465**	**500690**	**502461**		
北京	57766	54137			18009	13877	27650	30262		
天津										
唐山	2016	1426			2016	1426				
沈阳	7724	8599			127	161	7597	8437		
大连	27252	5803								
济南	465408	463719			9		465399	463719		
青岛	14655	10516	14612	10473			43	43		
长三角	**3418263**	**3083861**	**212403**	**72680**	**1234870**	**1919823**	**1755994**	**934612**	**301560**	**217851**
上海	1700840	2257503	72403	68680	1154387	1831697	325067	244180	301560	217851
南京	1446504	729346			15729	36327	1421682	684344		
苏州	15912	10975			12850	7784	387	201		
无锡	6166	4851			5042	4234	539	237		
常州	4980	5850			4980	5850				
镇江										
南通	142908	4518	140000	4000			2908	518		
扬州										
泰州										
杭州	5729	6322					4499	4498		
宁波	41855	31741			37136	30146				
嘉兴	806	609			666	512	140	96		
湖州	8979	4870			3136	3041	647	503		
绍兴	42638	27045					124	35		
舟山	945	231			945	231				
台州										
珠三角	**644669**	**496434**	**78918**	**69422**	**368064**	**294504**	**115904**	**75497**	**27200**	
广州	445246	319199	61265	51737	233464	174797	68734	35654	27200	
深圳	198963	176745	17653	17685	134600	119707	46710	39353		
珠海										
佛山										
江门										
东莞										
中山										
惠州	460	490					460	490		
肇庆										

3—195 续表

单位:万元

地区	专卖店		便利店		仓储会员店		家居建材商店		其他	
	2005年	2004年	2005年	2004年	2005年	2004年	2005年	2004年	2005年	2004年
全国总计	**181650**	**168340**	**256304**	**165024**					**401**	**317**
三大地带	**121555**	**95412**	**214181**	**133829**					**401**	**317**
环渤海	**11462**	**9873**	**27495**	**5611**					**401**	**317**
北京	11305	9638	400	43					401	317
天津										
唐山										
沈阳										
大连	157	235	27095	5568						
济南										
青岛										
长三角	**28412**	**28724**	**186583**	**128021**						
上海	16629	17010	132354	95935						
南京	9093	8675								
苏州	150		2525	2990						
无锡	355	321	229	59						
常州										
镇江										
南通										
扬州										
泰州										
杭州	321	1666	909	159						
宁波	1864	1053	2855	542						
嘉兴										
湖州			5197	1326						
绍兴			42514	27010						
舟山										
台州										
珠三角	**81680**	**56814**	**103**	**197**						
广州	81680	56814	103	197						
深圳										
珠海										
佛山										
江门										
东莞										
中山										
惠州										
肇庆										

3－196 三大地带限额以上连锁零售业自有配送中心配送商品购进额

（按业态分）

单位：万元

地区	2005年	2004年	百货商店		超级市场		专业店		加油站	
			2005年	2004年	2005年	2004年	2005年	2004年	2005年	2004年
全国总计	**57735641**	**44816703**	**4539365**	**5383195**	**10458012**	**8562879**	**40902961**	**29480867**	**26622106**	**19151812**
三大地带	**37403109**	**29816330**	**2660584**	**3885139**	**7634697**	**6586910**	**25832662**	**18484121**	**15933431**	**11320454**
环渤海	**8901685**	**6701905**	**369185**	**270926**	**1295324**	**1017377**	**6994587**	**5251410**	**4812297**	**3306104**
北京	1920813	1465138			809379	663531	969073	693510		
天津	1527281	1167596			372139	266876	1145622	893389	941835	711533
唐山	61636	45975			61636	45975				
沈阳	77910	81370			1872	1727	76038	79642		
大连	71452	50748			17951	12525	4215	3090		
济南	4645556	3486150	90500	81966	22879	17785	4502576	3386399	3796383	2553548
青岛	597038	404929	278685	188960	9470	8959	297062	195379	74078	41023
长三角	**17841406**	**13488746**	**641716**	**491570**	**4919015**	**4382927**	**11938770**	**8355628**	**5347086**	**3900916**
上海	4845010	4429230			2982237	3009153	1794529	1368832	809948	487944
南京	6045954	3678586			807489	504181	5179476	3119699	685567	429932
苏州	180683	173737			112399	119918	67332	53216		
无锡	123261	88307			49776	34016	69212	52709		
常州	226648	157946			39578	35453	179786	117203		
镇江										
南通	1261132	963439	641716	491570	298103	221849	321312	250021	302024	238212
扬州										
泰州	10983	15313			10405	14645	578	669		
杭州	4341084	3393682			141400	127008	4169734	3251444	3549547	2744828
宁波	365538	255354			310671	205958	17918	17541		
嘉兴	45762	36580			38707	29630	7054	6950		
湖州	25099	19855			11828	11588	4939	3429		
绍兴	251656	204375			7756	6648	117984	105315		
舟山	89706	47076			82069	40443	6623	5776		
台州	28891	25264			26598	22439	2294	2826		
珠三角	**10660017**	**9625680**	**1649683**	**3122643**	**1420357**	**1186606**	**6899304**	**4877083**	**5774049**	**4113434**
广州	7366923	5112583	253023	196784	282237	140028	6249371	4428658	5774049	4113434
深圳	3147024	4413594	1396660	2925859	1089442	1010046	552541	385454		
珠海	55895	52867			31187	30938	24708	21929		
佛山										
江门	4230	4317			1268	1214	2962	3103		
东莞	62351	33039					62351	33039		
中山	17995	4380			16223	4380	1772			
惠州	5600	4900					5600	4900		
肇庆										

3—196 续表

单位:万元

地区	专卖店		便利店		仓储会员店		家居建材商店		其他	
	2005年	2004年	2005年	2004年	2005年	2004年	2005年	2004年	2005年	2004年
全国总计	729993	578303	944919	681512	33113	26725	127278	103222		
三大地带	593941	432398	546529	321113	7419	3426	127278	103222		
环渤海	106099	78265	136490	83926						
北京	86394	60546	55967	47550						
天津	6935	5217	2585	2114						
唐山										
沈阳										
大连	948	870	48338	34262						
济南			29601							
青岛	11822	11632								
长三角	104576	85503	207749	154578			29579	18539		
上海	9209	10243	42612	29343			16423	11658		
南京	49341	48152	1688	2272			7961	4282		
苏州	952	602								
无锡	4273	1583								
常州	7284	5290								
镇江										
南通										
扬州										
泰州										
杭州	22324	11381	2431	1251			5195	2599		
宁波	11194	8252	25756	23604						
嘉兴										
湖州			8333	4839						
绍兴			125916	92413						
舟山			1014	857						
台州										
珠三角	383266	268630	202289	82609	7419	3426	97698	84682		
广州	383266	268630	191607	75057	7419	3426				
深圳			10682	7552			97698	84682		
珠海										
佛山										
江门										
东莞										
中山										
惠州										
肇庆										

3－197 三大地带限额以上直营连锁零售业自有配送中心配送商品购进额

（按业态分）

单位：万元

地区	2005年	2004年	百货商店		超级市场		专业店		加油站	
			2005年	2004年	2005年	2004年	2005年	2004年	2005年	2004年
全国总计	**53188021**	**41293615**	**4238632**	**5213208**	**9297881**	**7242303**	**38094340**	**27664707**	**26068623**	**18758491**
三大地带	**33659864**	**26917026**	**2507054**	**3801244**	**6580824**	**5360180**	**23484817**	**17015770**	**15604671**	**11102603**
环渤海	**8343190**	**6165829**	**354573**	**260453**	**1283567**	**1007863**	**6495387**	**4750638**	**4812297**	**3306104**
北京	1872906	1418027			799773	655604	942077	663964		
天津	1527281	1167596			372139	266876	1145622	893389	941835	711533
唐山	59620	44549			59620	44549				
沈阳	71022	73745			1745	1566	69277	72179		
大连	49831	45069			17951	12525	4215	3090		
济南	4180148	3022431	90500	81966	22870	17785	4037177	2922680	3796383	2553548
青岛	582383	394413	264073	178487	9470	8959	297019	195336	74078	41023
长三角	**15138045**	**11478427**	**581716**	**487570**	**4096272**	**3332878**	**10192767**	**7448731**	**5045526**	**3683065**
上海	3745077	3194042			2215647	2024674	1474102	1127141	508388	270093
南京	4602474	2972413			791760	467854	3760818	2458528	685567	429932
苏州	167452	165812			99549	112134	67101	53076		
无锡	122367	87620			49776	33887	68673	52472		
常州	226150	157068			39080	34575	179786	117203		
镇江										
南通	1198224	958921	581716	487570	298103	221849	318404	249503	302024	238212
扬州										
泰州	10983	15313			10405	14645	578	669		
杭州	4337526	3389352			141400	127008	4167406	3248939	3549547	2744828
宁波	338290	237055			288141	189254	17918	17541		
嘉兴	44956	36008			38041	29154	6914	6854		
湖州	17679	15383			8692	8547	4292	2926		
绍兴	209018	177330			7756	6648	117860	105280		
舟山	88961	46845			81324	40212	6623	5776		
台州	28891	25264			26598	22439	2294	2826		
珠三角	**10178629**	**9272770**	**1570765**	**3053221**	**1200985**	**1019439**	**6796662**	**4816401**	**5746849**	**4113434**
广州	7084958	4936908	191758	145047	197465	92568	6193899	4407819	5746849	4113434
深圳	2948061	4236849	1379007	2908174	954842	890339	505831	346101		
珠海	55895	52867			31187	30938	24708	21929		
佛山										
江门	4230	4317			1268	1214	2962	3103		
东莞	62351	33039					62351	33039		
中山	17995	4380			16223	4380	1772			
惠州	5140	4410					5140	4410		
肇庆										

3—197 续表

单位:万元

地区	专卖店		便利店		仓储会员店		家居建材商店		其他	
	2005年	2004年	2005年	2004年	2005年	2004年	2005年	2004年	2005年	2004年
全国总计	**572113**	**433717**	**824665**	**609733**	**33113**	**26725**	**127278**	**103222**		
三大地带	**489003**	**352654**	**463469**	**280529**	**7419**	**3426**	**127278**	**103222**		
环渤海	**94637**	**68392**	**115026**	**78482**						
北京	75089	50908	55967	47550						
天津	6935	5217	2585	2114						
唐山										
沈阳										
大连	791	635	26874	28818						
济南			29601							
青岛	11822	11632								
长三角	**91465**	**71098**	**146245**	**119611**			**29579**	**18539**		
上海	7881	7553	31024	23015			16423	11658		
南京	40248	39477	1688	2272			7961	4282		
苏州	802	602								
无锡	3918	1262								
常州	7284	5290								
镇江										
南通										
扬州										
泰州										
杭州	22003	9715	1522	1092			5195	2599		
宁波	9330	7199	22901	23062						
嘉兴										
湖州			4695	3911						
绍兴			83402	65403						
舟山			1014	857						
台州										
珠三角	**302901**	**213164**	**202198**	**82436**	**7419**	**3426**	**97698**	**84682**		
广州	302901	213164	191516	74884	7419	3426				
深圳			10682	7552			97698	84682		
珠海										
佛山										
江门										
东莞										
中山										
惠州										
肇庆										

3－198　三大地带限额以上加盟连锁零售业自有配送中心配送商品购进额

（按业态分）

单位：万元

地区	2005年	2004年	百货商店		超级市场		专业店		加油站	
			2005年	2004年	2005年	2004年	2005年	2004年	2005年	2004年
全国总计	**4547620**	**3523088**	**300734**	**169987**	**1160131**	**1320576**	**2808622**	**1816160**	**553483**	**393321**
三大地带	**3743245**	**2899304**	**153530**	**83895**	**1053873**	**1226730**	**2347845**	**1468351**	**328760**	**217851**
环渤海	**558495**	**536076**	**14612**	**10473**	**11757**	**9514**	**499200**	**500772**		
北京	47907	47111			9606	7927	26996	29546		
天津										
唐山	2016	1426			2016	1426				
沈阳	6888	7625			127	161	6761	7463		
大连	21621	5679								
济南	465408	463719			9		465399	463719		
青岛	14655	10516	14612	10473			43	43		
长三角	**2703361**	**2010319**	**60000**	**4000**	**822743**	**1050049**	**1746003**	**906897**	**301560**	**217851**
上海	1099933	1235188			766590	984479	320427	241691	301560	217851
南京	1443480	706173			15729	36327	1418658	661171		
苏州	13231	7925			12850	7784	231	140		
无锡	894	687				129	539	237		
常州	498	878			498	878				
镇江										
南通	62908	4518	60000	4000			2908	518		
扬州										
泰州										
杭州	3558	4330					2328	2505		
宁波	27248	18299			22530	16704				
嘉兴	806	572			666	476	140	96		
湖州	7420	4472			3136	3041	647	503		
绍兴	42638	27045					124	35		
舟山	745	231			745	231				
台州										
珠三角	**481388**	**352910**	**78918**	**69422**	**219372**	**167167**	**102642**	**60682**	**27200**	
广州	281965	175675	61265	51737	84772	47460	55472	20839	27200	
深圳	198963	176745	17653	17685	134600	119707	46710	39353		
珠海										
佛山										
江门										
东莞										
中山										
惠州	460	490					460	490		
肇庆										

3—198 续表

单位:万元

地区	专卖店		便利店		仓储会员店		家居建材商店		其他	
	2005年	2004年	2005年	2004年	2005年	2004年	2005年	2004年	2005年	2004年
全国总计	157879	144586	120254	71779						
三大地带	104938	79744	83060	40584						
环渤海	11462	9873	21464	5444						
北京	11305	9638								
天津										
唐山										
沈阳										
大连	157	235	21464	5444						
济南										
青岛										
长三角	13111	14405	61504	34967						
上海	1328	2690	11588	6328						
南京	9093	8675								
苏州	150									
无锡	355	321								
常州										
镇江										
南通										
扬州										
泰州										
杭州	321	1666	909	159						
宁波	1864	1053	2855	542						
嘉兴										
湖州			3638	928						
绍兴			42514	27010						
舟山										
台州										
珠三角	80365	55466	91	173						
广州	80365	55466	91	173						
深圳										
珠海										
佛山										
江门										
东莞										
中山										
惠州										
肇庆										

3—199 三大地带限额以上连锁零售业非自有配送中心配送商品购进额

（按业态分）

单位：万元

地区	2005年	2004年	百货商店		超级市场		专业店		加油站	
			2005年	2004年	2005年	2004年	2005年	2004年	2005年	2004年
全国总计	**12632081**	**10639216**	**404386**	**271746**	**6754792**	**6200738**	**3579667**	**2638393**	**1513059**	**1152159**
三大地带	**10370526**	**8915668**	**303970**	**190137**	**6265055**	**5844693**	**1929967**	**1366852**	**6884**	**12519**
环渤海	**2601664**	**1816152**	**43212**	**29332**	**1602461**	**975879**	**725753**	**616251**		
北京	2306369	1573508	43212	29332	1381696	791535	722880	613443		
天津	63326	53136								
唐山	36100	38000			36100	38000				
沈阳	2873	2808					2873	2808		
大连	8333	2356								
济南	184223	145936			184223	145936				
青岛	442	409			442	409				
长三角	**6547544**	**6187548**	**219332**	**133017**	**3553680**	**4061799**	**1142492**	**682078**		
上海	5147616	5340635	139332	133017	3185403	3764836	247812	181632		
南京	449272	330039			38290	30489	410447	298475		
苏州	267311	60076			17274	10733	233698	30703		
无锡	245978	158875			36168	33891	198103	115007		
常州	26079	31168			12156	11442	13923	19726		
镇江										
南通	84162	2815	80000		4162	2815				
扬州										
泰州	400	99			400	99				
杭州	92936	83309			41013	37003	32131	29120		
宁波	194521	145376			189494	144826				
嘉兴	5963	12426			2440	7191	3523	5235		
湖州	4478	2074					907			
绍兴	20841	14804			18893	12622	1949	2181		
舟山	7986	5853			7986	5853				
台州										
珠三角	**1221318**	**911968**	**41426**	**27788**	**1108915**	**807015**	**61722**	**68524**	**6884**	**12519**
广州	321601	309404	11647	6017	248655	234610	52043	60136	6884	12519
深圳	864809	596948	29779	21771	831907	572405	3123	2772		
珠海										
佛山										
江门										
东莞										
中山	34908	5616			28353		6555	5616		
惠州										
肇庆										

3—199 续表

单位:万元

地区	专卖店		便利店		仓储会员店		家居建材商店		其他	
	2005年	2004年	2005年	2004年	2005年	2004年	2005年	2004年	2005年	2004年
全国总计	50852	66816	764046	574658	737998	599960	288527	231877	51814	55079
三大地带	39222	52740	753975	574330	737998	599960	288527	231877	51814	55079
环渤海	13821	27423	43100	29457	58178	29597	63326	53136	51814	55079
北京	13821	27423	34768	27100	58178	29597			51814	55079
天津							63326	53136		
唐山										
沈阳										
大连			8333	2356						
济南										
青岛										
长三角	21901	21805	707343	541653	679820	570364	222977	176832		
上海	21901	21786	670163	509355	679820	570364	203185	159647		
南京			536	1076						
苏州			16339	18640						
无锡		19	11706	9958						
常州										
镇江										
南通										
扬州										
泰州										
杭州							19791	17185		
宁波			5027	550						
嘉兴										
湖州			3571	2074						
绍兴										
舟山										
台州										
珠三角	3500	3512	3532	3220			2224	1909		
广州	3500	3512	3532	3220			2224	1909		
深圳										
珠海										
佛山										
江门										
东莞										
中山										
惠州										
肇庆										

3—200 三大地带限额以上直营连锁零售业非自有配送中心配送商品购进额

（按业态分）

单位:万元

地区	2005年	2004年	百货商店		超级市场		专业店		加油站	
			2005年	2004年	2005年	2004年	2005年	2004年	2005年	2004年
全国总计	**11710737**	**9393637**	**251829**	**203005**	**6182381**	**5194245**	**3543512**	**2585313**	**1513059**	**1152159**
三大地带	**9476018**	**7690478**	**151567**	**121457**	**5695833**	**4841631**	**1905223**	**1322633**	**6884**	**12519**
环渤海	**2585339**	**1808028**	**43212**	**29332**	**1594057**	**969928**	**724263**	**614562**		
北京	2296510	1566482	43212	29332	1373292	785584	722226	612728		
天津	63326	53136								
唐山	36100	38000			36100	38000				
沈阳	2037	1834					2037	1834		
大连	2702	2232								
济南	184223	145936			184223	145936				
青岛	442	409			442	409				
长三角	**5832642**	**5114006**	**66929**	**64337**	**3141553**	**3192025**	**1132500**	**654363**		
上海	4546710	4318321	66929	64337	2797607	2917618	243172	179142		
南京	446248	306866			38290	30489	407423	275302		
苏州	264630	57026			17274	10733	233542	30643		
无锡	240707	154711			31126	29786	198103	115007		
常州	21597	26196			7674	6470	13923	19726		
镇江										
南通	4162	2815			4162	2815				
扬州										
泰州	400	99			400	99				
杭州	90764	81317			41013	37003	29959	27128		
宁波	179915	131934			174888	131384				
嘉兴	5963	12389			2440	7154	3523	5235		
湖州	2919	1676					907			
绍兴	20841	14804			18893	12622	1949	2181		
舟山	7786	5853			7786	5853				
台州										
珠三角	**1058037**	**768444**	**41426**	**27788**	**960223**	**679678**	**48460**	**53709**	**6884**	**12519**
广州	158320	165880	11647	6017	99963	107273	38781	45321	6884	12519
深圳	864809	596948	29779	21771	831907	572405	3123	2772		
珠海										
佛山										
江门										
东莞										
中山	34908	5616			28353		6555	5616		
惠州										
肇庆										

3—200 续表

单位:万元

地　区	专卖店		便利店		仓储会员店		家居建材商店		其　他	
	2005 年	2004 年	2005 年	2004 年	2005 年	2004 年	2005 年	2004 年	2005 年	2004 年
全国总计	**27081**	**43062**	**627995**	**481413**	**737998**	**599960**	**288527**	**231877**	**51413**	**54762**
三大地带	**22605**	**37073**	**622853**	**481085**	**737998**	**599960**	**288527**	**231877**	**51413**	**54762**
环 渤 海	**13821**	**27423**	**37069**	**29290**	**58178**	**29597**	**63326**	**53136**	**51413**	**54762**
北　京	13821	27423	34368	27057	58178	29597			51413	54762
天　津							63326	53136		
唐　山										
沈　阳										
大　连			2702	2232						
济　南										
青　岛										
长 三 角	**6599**	**7486**	**582264**	**448599**	**679820**	**570364**	**222977**	**176832**		
上　海	6599	7467	549397	419748	679820	570364	203185	159647		
南　京			536	1076						
苏　州			13814	15650						
无　锡		19	11477	9899						
常　州										
镇　江										
南　通										
扬　州										
泰　州										
杭　州							19791	17185		
宁　波			5027	550						
嘉　兴										
湖　州			2012	1676						
绍　兴										
舟　山										
台　州										
珠 三 角	**2185**	**2164**	**3520**	**3196**			**2224**	**1909**		
广　州	2185	2164	3520	3196			2224	1909		
深　圳										
珠　海										
佛　山										
江　门										
东　莞										
中　山										
惠　州										
肇　庆										

3—201 三大地带限额以上加盟连锁零售业非自有配送中心配送商品购进额

（按业态分）

单位：万元

地区	2005年	2004年	百货商店		超级市场		专业店		加油站	
			2005年	2004年	2005年	2004年	2005年	2004年	2005年	2004年
全国总计	**921344**	**1245630**	**152556**	**68741**	**572411**	**1006493**	**36155**	**53080**		
三大地带	**894508**	**1225190**	**152403**	**68680**	**569222**	**1003062**	**24744**	**44219**		
环渤海	**16325**	**8124**			**8404**	**5951**	**1490**	**1689**		
北京	9859	7026			8404	5951	654	715		
天津										
唐山										
沈阳	836	974					836	974		
大连	5631	124								
济南										
青岛										
长三角	**714902**	**1073542**	**152403**	**68680**	**412127**	**869774**	**9992**	**27715**		
上海	600906	1022314	72403	68680	387796	847218	4640	2490		
南京	3024	23173					3024	23173		
苏州	2681	3050					156	60		
无锡	5271	4164			5042	4105				
常州	4482	4972			4482	4972				
镇江										
南通	80000		80000							
扬州										
泰州										
杭州	2172	1992					2172	1992		
宁波	14606	13442			14606	13442				
嘉兴		37				37				
湖州	1559	398								
绍兴										
舟山	200				200					
台州										
珠三角	**163281**	**143524**			**148692**	**127337**	**13262**	**14815**		
广州	163281	143524			148692	127337	13262	14815		
深圳										
珠海										
佛山										
江门										
东莞										
中山										
惠州										
肇庆										

3—201 续表

单位：万元

地区	专卖店		便利店		仓储会员店		家居建材商店		其他	
	2005年	2004年	2005年	2004年	2005年	2004年	2005年	2004年	2005年	2004年
全国总计	23771	23755	136050	93245					401	317
三大地带	16617	15667	131122	93245					401	317
环渤海			6031	167					401	317
北京			400	43					401	317
天津										
唐山										
沈阳										
大连			5631	124						
济南										
青岛										
长三角	15302	14319	125079	93054						
上海	15302	14319	120766	89607						
南京										
苏州			2525	2990						
无锡			229	59						
常州										
镇江										
南通										
扬州										
泰州										
杭州										
宁波										
嘉兴										
湖州			1559	398						
绍兴										
舟山										
台州										
珠三角	1315	1348	12	24						
广州	1315	1348	12	24						
深圳										
珠海										
佛山										
江门										
东莞										
中山										
惠州										
肇庆										

3—202 三大地带限额以上连锁零售业商品销售额

（按业态分）

单位：万元

地区	2005年	2004年	百货商店		超级市场		专业店		加油站	
			2005年	2004年	2005年	2004年	2005年	2004年	2005年	2004年
全国总计	**106683746**	**83936158**	**11571706**	**9298397**	**28488359**	**23415972**	**60859489**	**46458374**	**38023121**	**29234987**
三大地带	**74952328**	**58772195**	**6445069**	**5068390**	**23660147**	**19708708**	**39814422**	**29965671**	**22175946**	**16567594**
环渤海	**23183869**	**18625719**	**2505491**	**1916612**	**4895685**	**3927467**	**14283956**	**11512756**	**9168808**	**6404999**
北京	10356147	9037330	764617	637482	3629971	2934212	4853082	4514083	1741495	1273709
天津	1787459	1423381			464854	367252	1233059	980701	941835	711533
唐山	95759	80381			95759	80381				
沈阳	1808874	1330333	24289	19110	134427	103477	1499702	1059889	1345524	899066
大连	635570	384778			112385	68354	423738	243989	420323	240651
济南	6715030	5126535	461032	402164	249051	194382	5977148	4529989	4651093	3242069
青岛	1785031	1242980	1255553	857856	209238	179408	297228	184105	68539	37970
长三角	**36065113**	**27700823**	**1498281**	**1173763**	**15097026**	**12856443**	**16749689**	**11437609**	**6680267**	**5060713**
上海	16456230	13930841	207745	197177	11091278	9687853	2850683	2151150	1398681	959576
南京	9665843	6065273	290441	212323	1922790	1501675	7375936	4276819	647662	461062
苏州	565184	308890			190423	162770	353611	127052		
无锡	556218	350175			92050	83676	445172	251567		
常州	308809	297126			59492	55418	241315	234391		
镇江										
南通	1985534	1526877	1000095	764262	615677	475121	369762	287494	348018	273944
扬州										
泰州	14397	19486			13798	18786	598	700		
杭州	5241590	4178122			246584	194009	4911175	3912695	4285908	3366131
宁波	695492	534879			629617	477112	21491	23867		
嘉兴	61512	61868			50604	49971	10908	11896		
湖州	35115	25177			12548	10715	6532	3710		
绍兴	331856	276394			35442	23640	153028	147240		
舟山	86925	75106			78856	68219	6932	5892		
台州	60410	50612			57864	47476	2546	3136		
珠三角	**15703345**	**12445652**	**2441297**	**1978015**	**3667436**	**2924799**	**8780777**	**7015307**	**6326871**	**5101882**
广州	10045752	7853377	684786	568529	913715	587117	7764160	6283999	6290836	5085999
深圳	5331740	4367724	1756511	1409486	2593949	2226197	850536	618242		
珠海	83027	74014			37099	35306	45928	38707		
佛山										
江门	4481	4436			1527	1321	2954	3115		
东莞	66400	44112					66400	44112		
中山	161359	91887			121147	74858	40212	17029	29779	9911
惠州	4330	4131					4330	4131		
肇庆	6256	5972					6256	5972	6256	5972

3—202 续表 单位:万元

地区	专卖店		便利店		仓储会员店		家居建材商店		其他	
	2005年	2004年	2005年	2004年	2005年	2004年	2005年	2004年	2005年	2004年
全国总计	1554148	1305448	2264336	1764485	861336	706661	1028850	939943	55524	46879
三大地带	1371403	1072843	1738016	1286247	838899	683515	1028850	939943	55524	46879
环渤海	758092	605189	256412	202558	61752	35289	366958	378971	55524	46879
北京	573548	426788	126899	128099	60303	33700	292206	316088	55524	46879
天津	22150	18786	3656	3122			63739	53521		
唐山										
沈阳	150456	147857								
大连	1388	1099	98059	71337						
济南			27799							
青岛	10550	10659			1450	1589	11013	9363		
长三角	201840	188488	1258897	990346	754633	634646	504748	419529		
上海	68948	64105	1026410	815207	754633	634646	456533	380704		
南京	54084	55507	2227	2679			20364	16269		
苏州	1031	792	20119	18275						
无锡	5758	5904	13237	9028						
常州	8002	7317								
镇江										
南通										
扬州										
泰州										
杭州	52822	46612	3158	2249			27851	22556		
宁波	11194	8252	33190	25647						
嘉兴										
湖州			16034	10752						
绍兴			143386	105513						
舟山			1136	995						
台州										
珠三角	411471	279166	222707	93343	22513	13580	157144	141442		
广州	411471	279166	209212	83207	22513	13580	39895	37779		
深圳			13495	10136			117249	103663		
珠海										
佛山										
江门										
东莞										
中山										
惠州										
肇庆										

3—203 三大地带限额以上直营连锁零售业商品销售额

（按业态分）

单位：万元

地区	2005年	2004年	百货商店		超级市场		专业店		加油站	
			2005年	2004年	2005年	2004年	2005年	2004年	2005年	2004年
全国总计	**95096430**	**73995117**	**10772210**	**8696032**	**24166659**	**19452135**	**55001522**	**41579700**	**37348263**	**28697419**
三大地带	**64319428**	**49655689**	**5779736**	**4614599**	**19486392**	**15860781**	**34497841**	**25524579**	**21733029**	**16235835**
环渤海	**20467992**	**15903521**	**2353140**	**1871650**	**4839877**	**3880931**	**11855206**	**8917810**	**9096563**	**6340461**
北京	8891460	7162458	764617	637482	3577547	2891709	3479919	2701243	1741495	1273709
天津	1787459	1423381			464854	367252	1233059	980701	941835	711533
唐山	93121	77150			93121	77150				
沈阳	1719092	1246301	24289	19110	134247	103247	1410100	976087	1273279	834528
大连	595702	368553			112385	68354	423738	243989	420323	240651
济南	5748981	4428205	461032	402164	248842	194212	5011308	3831829	4651093	3242069
青岛	1632178	1197473	1103202	812894	208881	179007	297083	183961	68539	37970
长三角	**29376275**	**22306030**	**1117021**	**916667**	**11453571**	**9405070**	**14363358**	**9979989**	**6343232**	**4793492**
上海	13238091	10813512	99435	94881	8551292	7139456	2489923	1864071	1061646	692355
南京	6628701	4063696	290441	212323	912759	674046	5360432	3113077	647662	461062
苏州	541112	288085			169640	145241	353066	126771		
无锡	548310	343710			85388	77876	444695	251276		
常州	302609	289826			53292	48118	241315	234391		
镇江										
南通	1709365	1371619	727145	609462	615677	475121	366543	287036	348018	273944
扬州										
泰州	14397	19486			13798	18786	598	700		
杭州	5235204	4165195			246584	194009	4906287	3907657	4285908	3366131
宁波	637311	492019			575274	435904	21491	23867		
嘉兴	60706	61499			49938	49699	10768	11800		
湖州	23774	19912			8667	8042	5858	3109		
绍兴	290263	252019			35442	23340	152904	147205		
舟山	86023	74843			77954	67956	6932	5892		
台州	60410	50612			57864	47476	2546	3136		
珠三角	**14475160**	**11446137**	**2309575**	**1826282**	**3192944**	**2574780**	**8279277**	**6626781**	**6293234**	**5101882**
广州	9161122	7199045	578035	485910	675519	447133	7344947	5961507	6257199	5085999
深圳	4988761	4023025	1731540	1340372	2357809	2016185	768669	552668		
珠海	83027	74014			37099	35306	45928	38707		
佛山										
江门	4481	4436			1527	1321	2954	3115		
东莞	66400	44112					66400	44112		
中山	161203	91864			120991	74835	40212	17029	29779	9911
惠州	3910	3670					3910	3670		
肇庆	6256	5972					6256	5972	6256	5972

3—203 续表

单位:万元

地区	专卖店		便利店		仓储会员店		家居建材商店		其他	
	2005年	2004年	2005年	2004年	2005年	2004年	2005年	2004年	2005年	2004年
全国总计	**1269744**	**1042732**	**1945424**	**1535956**	**860656**	**706661**	**1025674**	**936048**	**54543**	**45853**
三大地带	**1157111**	**887120**	**1479234**	**1103195**	**838899**	**683515**	**1025674**	**936048**	**54543**	**45853**
环渤海	**721262**	**586274**	**215254**	**186744**	**61752**	**35289**	**366958**	**378971**	**54543**	**45853**
北京	536942	408436	125385	127948	60303	33700	292206	316088	54543	45853
天津	22150	18786	3656	3122			63739	53521		
唐山										
沈阳	150456	147857								
大连	1165	536	58414	55675						
济南			27799							
青岛	10550	10659			1450	1589	11013	9363		
长三角	**144700**	**130838**	**1041420**	**823187**	**754633**	**634646**	**501572**	**415634**		
上海	26695	25665	862756	677984	754633	634646	453357	376809		
南京	42477	45301	2227	2679			20364	16269		
苏州	872	792	17533	15280						
无锡	5225	5588	13002	8970						
常州	8002	7317								
镇江										
南通										
扬州										
泰州										
杭州	52099	38977	2384	1995			27851	22556		
宁波	9330	7199	31216	25048						
嘉兴										
湖州			9249	8761						
绍兴			101917	81474						
舟山			1136	995						
台州										
珠三角	**291148**	**170008**	**222560**	**93264**	**22513**	**13580**	**157144**	**141442**		
广州	291148	170008	209065	83128	22513	13580	39895	37779		
深圳			13495	10136			117249	103663		
珠海										
佛山										
江门										
东莞										
中山										
惠州										
肇庆										

3—204　三大地带限额以上加盟连锁零售业商品销售额

（按业态分）

单位：万元

地　区	2005年	2004年	百货商店		超级市场		专业店		加油站	
			2005年	2004年	2005年	2004年	2005年	2004年	2005年	2004年
全国总计	**11587316**	**9941041**	**799496**	**602365**	**4321700**	**3963836**	**5857967**	**4878674**	**674859**	**537568**
三大地带	**10632900**	**9116506**	**665333**	**453791**	**4173755**	**3847927**	**5316581**	**4441092**	**442917**	**331759**
环渤海	**2715877**	**2722198**	**152351**	**44962**	**55808**	**46536**	**2428750**	**2594946**	**72245**	**64538**
北　京	1464687	1874872			52424	42503	1373163	1812840		
天　津										
唐　山	2638	3231			2638	3231				
沈　阳	89782	84032			180	230	89602	83802	72245	64538
大　连	39868	16225								
济　南	966049	698330			209	170	965840	698160		
青　岛	152853	45507	152351	44962	357	401	145	144		
长三角	**6688838**	**5394793**	**381260**	**257096**	**3643455**	**3451373**	**2386331**	**1457620**	**337035**	**267221**
上　海	3218139	3117329	108310	102296	2539986	2548397	360760	287079	337035	267221
南　京	3037142	2001577			1010031	827629	2015504	1163742		
苏　州	24072	20805			20783	17529	545	281		
无　锡	7908	6465			6662	5800	477	291		
常　州	6200	7300			6200	7300				
镇　江										
南　通	276169	155258	272950	154800			3219	458		
扬　州										
泰　州										
杭　州	6386	12927					4888	5038		
宁　波	58181	42860			54343	41208				
嘉　兴	806	369			666	272	140	96		
湖　州	11341	5265			3881	2673	674	601		
绍　兴	41593	24375				300	124	35		
舟　山	902	263			902	263				
台　州										
珠三角	**1228185**	**999515**	**131722**	**151733**	**474492**	**350019**	**501500**	**388526**	**33637**	
广　州	884630	654332	106751	82619	238196	139984	419213	322492	33637	
深　圳	342979	344699	24971	69114	236140	210012	81867	65574		
珠　海										
佛　山										
江　门										
东　莞										
中　山	156	23			156	23				
惠　州	420	461					420	461		
肇　庆										

3—204　续表

单位:万元

地　　区	专卖店		便利店		仓储会员店		家居建材商店		其　　他	
	2005 年	2004 年	2005 年	2004 年	2005 年	2004 年	2005 年	2004 年	2005 年	2004 年
全国总计	**284404**	**262716**	**318913**	**228529**	**680**		**3176**	**3895**	**981**	**1026**
三大地带	**214292**	**185723**	**258782**	**183052**			**3176**	**3895**	**981**	**1026**
环 渤 海	**36830**	**18915**	**41158**	**15814**					**981**	**1026**
北　　京	36606	18352	1514	151					981	1026
天　　津										
唐　　山										
沈　　阳										
大　　连	223	563	39645	15662						
济　　南										
青　　岛										
长 三 角	**57140**	**57650**	**217477**	**167159**			**3176**	**3895**		
上　　海	42253	38440	163654	137223			3176	3895		
南　　京	11607	10206								
苏　　州	159		2586	2995						
无　　锡	533	316	235	58						
常　　州										
镇　　江										
南　　通										
扬　　州										
泰　　州										
杭　　州	723	7635	774	254						
宁　　波	1864	1053	1974	599						
嘉　　兴										
湖　　州			6785	1991						
绍　　兴			41469	24039						
舟　　山										
台　　州										
珠 三 角	**120323**	**109158**	**147**	**79**						
广　　州	120323	109158	147	79						
深　　圳										
珠　　海										
佛　　山										
江　　门										
东　　莞										
中　　山										
惠　　州										
肇　　庆										

3—205　三大地带限额以上连锁零售业商品零售额

（按业态分）

单位：万元

地区	2005年	2004年	百货商店		超级市场		专业店		加油站	
			2005年	2004年	2005年	2004年	2005年	2004年	2005年	2004年
全国总计	**78103204**	**61630819**	**9930590**	**7995069**	**23760069**	**19477883**	**39642623**	**29986845**	**21894583**	**16371933**
三大地带	**54114368**	**42698715**	**5748552**	**4598364**	**19680962**	**16266972**	**24488278**	**18247955**	**10792879**	**7629513**
环渤海	**16600712**	**13762899**	**2194383**	**1731479**	**4667922**	**3751089**	**8516922**	**7128228**	**3757304**	**2609756**
北京	9175535	8157331	764228	637357	3566145	2885642	4002553	3792709	1015010	689276
天津	1778486	1375449			464854	367252	1224086	932769	941835	711533
唐山	88344	74000			88344	74000				
沈阳	840463	708709	24289	19110	134427	103477	531291	438265	381378	281912
大连	633771	382906			121972	73333	423738	243989	420323	240651
济南	2625974	2024413	461032	402164	91511	76011	2045632	1546238	930219	648414
青岛	1458140	1040091	944835	672849	200669	171374	289624	174258	68539	37970
长三角	**24448578**	**18982825**	**1140323**	**915604**	**11479552**	**9728504**	**9296450**	**6250942**	**2586825**	**1899937**
上海	11777511	10123910	207745	197177	7978573	6918087	1423216	1218968	4732	57619
南京	6273125	3985062	290441	212323	1772059	1403427	4159505	2322418	92504	63960
苏州	448528	289525			170763	151767	258439	119409		
无锡	395830	262248			91852	82830	289510	168576		
常州	225199	241474			58541	54650	158656	179507		
镇江										
南通	1061460	831426	642137	506103	323036	258203	96287	67120	89105	60701
扬州										
泰州	14271	19486			13673	18786	598	700		
杭州	3078513	2288531			220772	175308	2777950	2043874	2400484	1717658
宁波	689233	530645			628414	475985	21491	23867		
嘉兴	61512	61868			50604	49971	10908	11896		
湖州	35115	25177			12548	10715	6532	3710		
绍兴	255020	209845			34969	23640	84980	83396		
舟山	78007	67708			70623	61891	6248	4822		
台州	55255	45924			53126	43243	2130	2681		
珠三角	**13065079**	**9952992**	**2413846**	**1951281**	**3533488**	**2787380**	**6674905**	**4868785**	**4448750**	**3119819**
广州	7629076	5554293	657335	541795	909418	586348	5750227	4194404	4432892	3111702
深圳	5286266	4298329	1756511	1409486	2554866	2163045	844145	611999		
珠海	72824	67524			33013	33488	39811	34035		
佛山										
江门	4481	4436			1527	1321	2954	3115		
东莞	7147	5867					7147	5867		
中山	54699	12441			34665	3178	20034	9263	9601	2145
惠州	4330	4131					4330	4131		
肇庆	6256	5972					6256	5972	6256	5972

3—205 续表

单位:万元

地区	专卖店		便利店		仓储会员店		家居建材商店		其他	
	2005年	2004年	2005年	2004年	2005年	2004年	2005年	2004年	2005年	2004年
全国总计	**1108580**	**1017475**	**1872303**	**1520125**	**845508**	**696400**	**890432**	**896290**	**53100**	**40733**
三大地带	**960793**	**817075**	**1468376**	**1158073**	**823877**	**673254**	**890432**	**896290**	**53100**	**40733**
环渤海	**575408**	**510722**	**242467**	**186388**	**61752**	**35289**	**288756**	**378971**	**53100**	**40733**
北京	391666	332588	123539	118515	60303	33700	214004	316088	53100	40733
天津	22150	18786	3656	3122			63739	53521		
唐山										
沈阳	150456	147857								
大连	587	833	87474	64751						
济南			27799							
青岛	10550	10659			1450	1589	11013	9363		
长三角	**167769**	**154825**	**1165319**	**922429**	**754633**	**634646**	**444532**	**375876**		
上海	68948	64105	948079	753878	754633	634646	396317	337051		
南京	28580	28002	2175	2622			20364	16269		
苏州	1031	792	18296	17557						
无锡	1230	1815	13237	9028						
常州	8002	7317								
镇江										
南通										
扬州										
泰州										
杭州	48784	44544	3158	2249			27851	22556		
宁波	11194	8252	28135	22541						
嘉兴										
湖州			16034	10752						
绍兴			135071	102808						
舟山			1136	995						
台州										
珠三角	**217615**	**151528**	**60590**	**49256**	**7491**	**3319**	**157144**	**141442**		
广州	217615	151528	47095	39120	7491	3319	39895	37779		
深圳			13495	10136			117249	103663		
珠海										
佛山										
江门										
东莞										
中山										
惠州										
肇庆										

3—206 三大地带限额以上直营连锁零售业商品零售额

（按业态分）

单位：万元

地区	2005年	2004年	百货商店		超级市场		专业店		加油站	
			2005年	2004年	2005年	2004年	2005年	2004年	2005年	2004年
全国总计	**68167287**	**52853004**	**9207659**	**7443638**	**19514497**	**15618044**	**35240480**	**26078363**	**21615200**	**16126621**
三大地带	**44923093**	**34589873**	**5146169**	**4179373**	**15579129**	**12521392**	**20467582**	**14668270**	**10723962**	**7571708**
环渤海	**13974335**	**11160036**	**2042032**	**1686517**	**4612772**	**3704560**	**6174053**	**4648750**	**3709239**	**2562323**
北京	7714747	6286853	764228	637357	3514379	2843146	2629670	1980396	1015010	689276
天津	1778486	1375449			464854	367252	1224086	932769	941835	711533
唐山	85706	70769			85706	70769				
沈阳	774860	644248	24289	19110	134247	103247	465868	374034	333313	234479
大连	593903	366681			121972	73333	423738	243989	420323	240651
济南	1721346	1421453	461032	402164	91302	75841	1141213	943448	930219	648414
青岛	1305287	994584	792484	627887	200312	170973	289479	174114	68539	37970
长三角	**19066500**	**14452022**	**822013**	**693308**	**7907361**	**6379471**	**8079650**	**5518116**	**2585973**	**1889566**
上海	8966278	7358805	99435	94881	5509309	4465065	1398640	1188738	3880	47248
南京	4069095	2453442	290441	212323	762028	575798	2974416	1626475	92504	63960
苏州	424456	274734			149980	140252	257894	119128		
无锡	387922	256226			85190	77472	289033	168285		
常州	218999	234174			52341	47350	158656	179507		
镇江										
南通	850980	710990	432137	386103	323036	258203	95807	66684	89105	60701
扬州										
泰州	14271	19486			13673	18786	598	700		
杭州	3072639	2275625			220772	175308	2773256	2038960	2400484	1717658
宁波	631594	488293			574613	435285	21491	23867		
嘉兴	60706	61499			49938	49699	10768	11800		
湖州	23774	19912			8667	8042	5858	3109		
绍兴	213427	185470			34969	23340	84856	83361		
舟山	77105	67445			69721	61628	6248	4822		
台州	55255	45924			53126	43243	2130	2681		
珠三角	**11882259**	**8977815**	**2282124**	**1799548**	**3058996**	**2437361**	**6213879**	**4501404**	**4428750**	**3119819**
广州	6789811	4924299	550584	459176	671222	446364	5371488	3893057	4412892	3111702
深圳	4943287	3953630	1731540	1340372	2318726	1953033	762278	546425		
珠海	72824	67524			33013	33488	39811	34035		
佛山										
江门	4481	4436			1527	1321	2954	3115		
东莞	7147	5867					7147	5867		
中山	54543	12418			34509	3155	20034	9263	9601	2145
惠州	3910	3670					3910	3670		
肇庆	6256	5972					6256	5972	6256	5972

3—206 续表

单位:万元

地区	专卖店		便利店		仓储会员店		家居建材商店		其他	
	2005年	2004年	2005年	2004年	2005年	2004年	2005年	2004年	2005年	2004年
全国总计	**863308**	**789340**	**1556461**	**1294967**	**845508**	**696400**	**887256**	**892395**	**52119**	**39857**
三大地带	**757368**	**640311**	**1209594**	**975021**	**823877**	**673254**	**887256**	**892395**	**52119**	**39857**
环渤海	**541540**	**495517**	**201309**	**170574**	**61752**	**35289**	**288756**	**378971**	**52119**	**39857**
北京	358021	317946	122025	118364	60303	33700	214004	316088	52119	39857
天津	22150	18786	3656	3122			63739	53521		
唐山										
沈阳	150456	147857								
大连	364	270	47829	49089						
济南			27799							
青岛	10550	10659			1450	1589	11013	9363		
长三角	**113644**	**99231**	**947842**	**755270**	**754633**	**634646**	**441356**	**371981**		
上海	26695	25665	784425	616655	754633	634646	393141	333156		
南京	19670	19954	2175	2622			20364	16269		
苏州	872	792	15710	14562						
无锡	697	1499	13002	8970						
常州	8002	7317								
镇江										
南通										
扬州										
泰州										
杭州	48378	36806	2384	1995			27851	22556		
宁波	9330	7199	26161	21942						
嘉兴										
湖州			9249	8761						
绍兴			93602	78769						
舟山			1136	995						
台州										
珠三角	**102183**	**45563**	**60443**	**49177**	**7491**	**3319**	**157144**	**141442**		
广州	102183	45563	46948	39041	7491	3319	39895	37779		
深圳			13495	10136			117249	103663		
珠海										
佛山										
江门										
东莞										
中山										
惠州										
肇庆										

3—207 三大地带限额以上加盟连锁零售业商品零售额

（按业态分）

单位：万元

地区	2005年	2004年	百货商店		超级市场		专业店		加油站	
			2005年	2004年	2005年	2004年	2005年	2004年	2005年	2004年
全国总计	**9935917**	**8777815**	**722931**	**551431**	**4245572**	**3859839**	**4402144**	**3908482**	**279383**	**245312**
三大地带	**9191275**	**8108842**	**602383**	**418991**	**4101833**	**3745580**	**4020696**	**3579685**	**68917**	**57805**
环渤海	**2626377**	**2602863**	**152351**	**44962**	**55150**	**46529**	**2342869**	**2479478**	**48065**	**47433**
北京	1460788	1870478			51766	42496	1372883	1812313		
天津										
唐山	2638	3231			2638	3231				
沈阳	65603	64461			180	230	65423	64231	48065	47433
大连	39868	16225								
济南	904628	602960			209	170	904419	602790		
青岛	152853	45507	152351	44962	357	401	145	144		
长三角	**5382078**	**4530803**	**318310**	**222296**	**3572191**	**3349033**	**1216800**	**732826**	**852**	**10371**
上海	2811233	2765105	108310	102296	2469264	2453022	24576	30230	852	10371
南京	2204030	1531620			1010031	827629	1185089	695943		
苏州	24072	14791			20783	11515	545	281		
无锡	7908	6022			6662	5358	477	291		
常州	6200	7300			6200	7300				
镇江										
南通	210480	120436	210000	120000			480	436		
扬州										
泰州										
杭州	5874	12906					4694	4914		
宁波	57639	42352			53801	40700				
嘉兴	806	369			666	272	140	96		
湖州	11341	5265			3881	2673	674	601		
绍兴	41593	24375				300	124	35		
舟山	902	263			902	263				
台州										
珠三角	**1182820**	**975177**	**131722**	**151733**	**474492**	**350019**	**461026**	**367381**	**20000**	
广州	839265	629994	106751	82619	238196	139984	378739	301347	20000	
深圳	342979	344699	24971	69114	236140	210012	81867	65574		
珠海										
佛山										
江门										
东莞										
中山	156	23			156	23				
惠州	420	461					420	461		
肇庆										

3—207 续表

单位:万元

地区	专卖店		便利店		仓储会员店		家居建材商店		其他	
	2005年	2004年	2005年	2004年	2005年	2004年	2005年	2004年	2005年	2004年
全国总计	**245272**	**228135**	**315842**	**225157**			**3176**	**3895**	**981**	**876**
三大地带	**203425**	**176764**	**258782**	**183052**			**3176**	**3895**	**981**	**876**
环渤海	**33868**	**15205**	**41158**	**15814**					**981**	**876**
北京	33645	14642	1514	151					981	876
天津										
唐山										
沈阳										
大连	223	563	39645	15662						
济南										
青岛										
长三角	**54125**	**55594**	**217477**	**167159**			**3176**	**3895**		
上海	42253	38440	163654	137223			3176	3895		
南京	8910	8048								
苏州	159		2586	2995						
无锡	533	316	235	58						
常州										
镇江										
南通										
扬州										
泰州										
杭州	406	7738	774	254						
宁波	1864	1053	1974	599						
嘉兴										
湖州			6785	1991						
绍兴			41469	24039						
舟山										
台州										
珠三角	**115432**	**105965**	**147**	**79**						
广州	115432	105965	147	79						
深圳										
珠海										
佛山										
江门										
东莞										
中山										
惠州										
肇庆										

第四部分 限额以上连锁零售业配送中心情况

4—1 各地区限额以上连锁零售业配送中心数

（按业态分）

单位：个

地区	2005年	2004年	百货商店		超级市场		专业店		加油站	
			2005年	2004年	2005年	2004年	2005年	2004年	2005年	2004年
全国	**2177**	**1969**	**88**	**88**	**429**	**409**	**1417**	**1249**	**280**	**265**
北京	131	105			27	23	58	46		
天津	18	20	1	1	5	5	6	8	1	1
河北	36	33	2	2	11	11	15	12		
山西	46	44	3	3	13	11	25	25	1	1
内蒙古	56	56	1	1	1	1	54	54	46	46
辽宁	47	46			4	4	36	35	5	4
吉林	13	11	2	2	3	3	8	6	1	1
黑龙江	19	16	2	2	4	3	13	11	1	1
上海	66	61			21	17	27	27	1	1
江苏	194	183	2	2	40	40	144	132	2	2
浙江	172	165			48	47	97	93	11	11
安徽	210	162	2	2	19	18	187	140	26	26
福建	99	92	6	6	17	18	71	63	25	25
江西	48	42	4	3	8	8	35	30	12	12
山东	147	138	12	11	56	54	74	69	18	18
河南	151	137	5	5	28	26	105	95		
湖北	96	90	7	7	20	19	60	55	21	17
湖南	68	61	2	2	19	19	38	30	16	11
广东	202	181	23	22	37	35	113	94	25	21
广西	68	66			4	4	62	60	39	40
海南	3	3			2	2	1	1	1	1
重庆	46	41	2	2	10	10	32	27	1	1
四川	50	40	2	2	12	12	30	21	2	2
贵州	31	29	1	1			28	26	17	15
云南	27	28			4	4	21	22		
西藏										
陕西	22	16			7	6	11	6	1	1
甘肃	9	8			2	2	7	6	1	1
青海	6	7	2	3	1	1	3	3		
宁夏	11	11			3	3	8	8	5	5
新疆	84	76	7	9	2	2	48	44	1	1
港澳台和国外	1	1			1	1				

4—1 续表

单位:个

地区	专卖店		便利店		仓储会员店		家居建材商店		其他	
	2005年	2004年	2005年	2004年	2005年	2004年	2005年	2004年	2005年	2004年
全　国	**130**	**119**	**95**	**87**	**6**	**5**	**11**	**11**	**1**	**1**
北　京	30	23	15	12					1	1
天　津	2	2	1	1			3	3		
河　北	4	4	4	4						
山　西	1	1	4	4						
内蒙古										
辽　宁	1	1	6	6						
吉　林										
黑龙江										
上　海	6	7	9	7	1	1	2	2		
江　苏	6	6	1	2			1	1		
浙　江	9	9	16	14			2	2		
安　徽	2	2								
福　建	2	2	3	3						
江　西	1	1								
山　东	2	2	3	2						
河　南	8	7	4	4	1					
湖　北	6	6	3	3						
湖　南	5	6	4	4						
广　东	15	16	8	8	3	3	3	3		
广　西			2	2						
海　南										
重　庆	1	1	1	1						
四　川	2	2	4	3						
贵　州			1	1	1	1				
云　南			2	2						
西　藏										
陕　西	1	1	3	3						
甘　肃										
青　海										
宁　夏										
新　疆	26	20	1	1						
港澳台和国外										

4—2 各地区限额以上连锁零售业自有配送中心数

（按业态分）

单位：个

地　区	2005年	2004年	百货商店		超级市场		专业店		加油站	
			2005年	2004年	2005年	2004年	2005年	2004年	2005年	2004年
全　国	1901	1721	77	77	341	326	1291	1142	255	240
北　京	109	87			22	19	54	42		
天　津	14	16	1	1	5	5	6	8	1	1
河　北	35	31	2	2	11	11	15	11		
山　西	42	41	3	3	10	9	24	24	1	1
内蒙古	56	56	1	1	1	1	54	54	46	46
辽　宁	45	44			4	4	35	34	5	4
吉　林	12	10	1	1	3	3	8	6	1	1
黑龙江	17	15	1	1	4	3	12	11	1	1
上　海	53	49			19	15	27	27	1	1
江　苏	179	169	2	2	36	36	133	123	2	2
浙　江	153	149			44	44	84	82	11	11
安　徽	181	148	2	2	18	17	159	127	26	26
福　建	65	58	2	2	15	16	46	38	13	13
江　西	29	23	4	3	3	3	21	16	1	1
山　东	110	101	12	11	21	20	72	66	18	18
河　南	141	127	2	2	24	23	103	92		
湖　北	96	90	7	7	20	19	60	55	21	17
湖　南	62	55	2	2	14	14	38	30	16	11
广　东	175	153	21	20	30	28	102	83	24	20
广　西	63	61			4	4	57	55	38	39
海　南	2	2			1	1	1	1	1	1
重　庆	42	37	2	2	8	8	30	25	1	1
四　川	41	34	2	2	6	6	28	21	2	2
贵　州	30	28	1	1			27	25	17	15
云　南	24	25			4	4	18	19		
西　藏										
陕　西	20	14			6	5	11	6	1	1
甘　肃	9	8			2	2	7	6	1	1
青　海	6	7	2	3	1	1	3	3		
宁　夏	11	11			3	3	8	8	5	5
新　疆	79	72	7	9	2	2	48	44	1	1
港澳台和国外										

4—2 续表

单位:个

地区	专卖店		便利店		仓储会员店		家居建材商店		其他	
	2005年	2004年	2005年	2004年	2005年	2004年	2005年	2004年	2005年	2004年
全国	**110**	**99**	**72**	**68**	**4**	**3**	**6**	**6**		
北京	26	20	7	6						
天津	1	1	1	1						
河北	3	3	4	4						
山西	1	1	4	4						
内蒙古										
辽宁	1	1	5	5						
吉林										
黑龙江										
上海	3	3	2	2			2	2		
江苏	6	6	1	1			1	1		
浙江	9	9	15	13			1	1		
安徽	2	2								
福建	1	1	1	1						
江西	1	1								
山东	2	2	3	2						
河南	7	6	4	4	1					
湖北	6	6	3	3						
湖南	4	5	4	4						
广东	12	12	6	6	2	2	2	2		
广西			2	2						
海南										
重庆	1	1	1	1						
四川	2	2	3	3						
贵州			1	1	1	1				
云南			2	2						
西藏										
陕西	1	1	2	2						
甘肃										
青海										
宁夏										
新疆	21	16	1	1						
港澳台和国外										

4—3 各地区限额以上连锁零售业非自有配送中心数

（按业态分）

单位：个

地区	2005年	2004年	百货商店		超级市场		专业店		加油站	
			2005年	2004年	2005年	2004年	2005年	2004年	2005年	2004年
全　国	276	248	11	11	88	83	126	107	25	25
北　京	22	18			5	4	4	4		
天　津	4	4								
河　北	1	2						1		
山　西	4	3			3	2	1	1		
内蒙古										
辽　宁	2	2					1	1		
吉　林	1	1	1	1						
黑龙江	2	1	1	1			1			
上　海	13	12			2	2				
江　苏	15	14			4	4	11	9		
浙　江	19	16			4	3	13	11		
安　徽	29	14			1	1	28	13		
福　建	34	34	4	4	2	2	25	25	12	12
江　西	19	19			5	5	14	14	11	11
山　东	37	37			35	34	2	3		
河　南	10	10	3	3	4	3	2	3		
湖　北										
湖　南	6	6			5	5				
广　东	27	28	2	2	7	7	11	11	1	1
广　西	5	5					5	5	1	1
海　南	1	1			1	1				
重　庆	4	4			2	2	2	2		
四　川	9	6			6	6	2			
贵　州	1	1					1	1		
云　南	3	3					3	3		
西　藏										
陕　西	2	2			1	1				
甘　肃										
青　海										
宁　夏										
新　疆	5	4								
港澳台和国外	1	1			1	1				

4—3 续表

单位:个

地区	专卖店		便利店		仓储会员店		家居建材商店		其他	
	2005年	2004年	2005年	2004年	2005年	2004年	2005年	2004年	2005年	2004年
全国	**20**	**20**	**23**	**19**	**2**	**2**	**5**	**5**	**1**	**1**
北京	4	3	8	6					1	1
天津	1	1					3	3		
河北	1	1								
山西										
内蒙古										
辽宁			1	1						
吉林										
黑龙江										
上海	3	4	7	5	1	1				
江苏				1						
浙江			1	1			1	1		
安徽										
福建	1	1	2	2						
江西										
山东										
河南	1	1								
湖北										
湖南	1	1								
广东	3	4	2	2	1	1	1	1		
广西										
海南										
重庆										
四川			1							
贵州										
云南										
西藏										
陕西			1	1						
甘肃										
青海										
宁夏										
新疆	5	4								
港澳台和国外										

4—4 各地区限额以上连锁零售业配送中心数

（按登记注册类型分）

单位：个

地区	合计		自有		非自有	
	2005年	2004年	2005年	2004年	2005年	2004年
全国	**2177**	**1969**	**1901**	**1721**	**276**	**248**
北京	131	105	109	87	22	18
天津	18	20	14	16	4	4
河北	36	33	35	31	1	2
山西	46	44	42	41	4	3
内蒙古	56	56	56	56		
辽宁	47	46	45	44	2	2
吉林	13	11	12	10	1	1
黑龙江	19	16	17	15	2	1
上海	66	61	53	49	13	12
江苏	194	183	179	169	15	14
浙江	172	165	153	149	19	16
安徽	210	162	181	148	29	14
福建	99	92	65	58	34	34
江西	48	42	29	23	19	19
山东	147	138	110	101	37	37
河南	151	137	141	127	10	10
湖北	96	90	96	90		
湖南	68	61	62	55	6	6
广东	202	181	175	153	27	28
广西	68	66	63	61	5	5
海南	3	3	2	2	1	1
重庆	46	41	42	37	4	4
四川	50	40	41	34	9	6
贵州	31	29	30	28	1	1
云南	27	28	24	25	3	3
西藏						
陕西	22	16	20	14	2	2
甘肃	9	8	9	8		
青海	6	7	6	7		
宁夏	11	11	11	11		
新疆	84	76	79	72	5	4
港澳台和国外	1	1			1	1

4—5 各地区限额以上内资企业连锁零售业配送中心数

（按登记注册类型分）

单位：个

地区	合计		自有		非自有	
	2005年	2004年	2005年	2004年	2005年	2004年
全国	**2076**	**1873**	**1825**	**1650**	**251**	**223**
北京	123	99	105	85	18	14
天津	13	15	9	11	4	4
河北	36	33	35	31	1	2
山西	46	44	42	41	4	3
内蒙古	56	56	56	56		
辽宁	45	44	43	42	2	2
吉林	13	11	12	10	1	1
黑龙江	19	16	17	15	2	1
上海	59	55	49	46	10	9
江苏	188	178	174	165	14	13
浙江	161	155	145	141	16	14
安徽	210	162	181	148	29	14
福建	96	89	64	57	32	32
江西	47	41	29	23	18	18
山东	143	135	107	99	36	36
河南	150	136	140	126	10	10
湖北	94	88	94	88		
湖南	67	60	61	54	6	6
广东	167	145	147	125	20	20
广西	68	66	63	61	5	5
海南	3	3	2	2	1	1
重庆	45	40	41	36	4	4
四川	48	38	41	34	7	4
贵州	30	28	29	27	1	1
云南	23	24	20	21	3	3
西藏						
陕西	22	16	20	14	2	2
甘肃	9	8	9	8		
青海	6	7	6	7		
宁夏	11	11	11	11		
新疆	78	70	73	66	5	4
港澳台及国外						

4—6 各地区限额以上国有企业连锁零售业配送中心数

（按登记注册类型分）

单位：个

地区	合计		自有		非自有	
	2005年	2004年	2005年	2004年	2005年	2004年
全国	**204**	**185**	**195**	**175**	**9**	**10**
北京	8	6	4	3	4	3
天津						
河北	6	6	6	6		
山西	10	10	10	10		
内蒙古						
辽宁	6	5	6	5		
吉林	1	1	1	1		
黑龙江	2	2	2	2		
上海	4	4	4	4		
江苏	11	11	11	11		
浙江	14	14	14	14		
安徽	32	32	32	32		
福建	3	3	2	2	1	1
江西	8	8	8	8		
山东	17	19	15	15	2	4
河南	4	4	3	3	1	1
湖北	8	8	8	8		
湖南	16	11	16	11		
广东	27	23	26	22	1	1
广西	2	2	2	2		
海南						
重庆	3	3	3	3		
四川						
贵州	1	1	1	1		
云南						
西藏						
陕西	2	2	2	2		
甘肃	1	1	1	1		
青海						
宁夏	3	3	3	3		
新疆	15	6	15	6		
港澳台及国外						

4—7 各地区限额以上集体企业连锁零售业配送中心数

（按登记注册类型分）

单位：个

地区	合计		自有		非自有	
	2005年	2004年	2005年	2004年	2005年	2004年
全国	**24**	**25**	**22**	**23**	**2**	**2**
北京	1	1	1	1		
天津	1	1	1	1		
河北						
山西	2	2	2	2		
内蒙古	1	3	1	3		
辽宁	1	1	1	1		
吉林						
黑龙江	1	1	1	1		
上海						
江苏						
浙江	5	4	5	4		
安徽	2	2	2	2		
福建	3	3	2	2	1	1
江西						
山东	1	1	1	1		
河南	1	1	1	1		
湖北	1	1	1	1		
湖南						
广东	2	2	1	1	1	1
广西						
海南						
重庆						
四川						
贵州						
云南	2	2	2	2		
西藏						
陕西						
甘肃						
青海						
宁夏						
新疆						
港澳台及国外						

4—8 各地区限额以上股份合作企业连锁零售业配送中心数

（按登记注册类型分）

单位：个

地区	合计		自有		非自有	
	2005年	2004年	2005年	2004年	2005年	2004年
全国	20	17	20	17		
北京	2	2	2	2		
天津	1	1	1	1		
河北	2	2	2	2		
山西						
内蒙古						
辽宁						
吉林						
黑龙江	1	1	1	1		
上海						
江苏	1	1	1	1		
浙江						
安徽	4	2	4	2		
福建						
江西						
山东	6	5	6	5		
河南	2	2	2	2		
湖北						
湖南						
广东						
广西	1	1	1	1		
海南						
重庆						
四川						
贵州						
云南						
西藏						
陕西						
甘肃						
青海						
宁夏						
新疆						
港澳台及国外						

4—9 各地区限额以上联营企业连锁零售业配送中心数

（按登记注册类型分）

单位：个

地 区	合 计		自 有		非自有	
	2005年	2004年	2005年	2004年	2005年	2004年
全 国	6	6	5	5	1	1
北 京						
天 津						
河 北						
山 西						
内蒙古						
辽 宁						
吉 林						
黑龙江						
上 海						
江 苏						
浙 江						
安 徽						
福 建	2	2	1	1	1	1
江 西						
山 东	2	2	2	2		
河 南						
湖 北						
湖 南						
广 东	2	2	2	2		
广 西						
海 南						
重 庆						
四 川						
贵 州						
云 南						
西 藏						
陕 西						
甘 肃						
青 海						
宁 夏						
新 疆						
港澳台及国外						

4—10 各地区限额以上有限责任公司连锁零售业配送中心数

（按登记注册类型分）

单位：个

地区	合计		自有		非自有	
	2005年	2004年	2005年	2004年	2005年	2004年
全国	**866**	**777**	**732**	**667**	**134**	**110**
北京	48	44	35	33	13	11
天津	2	2	2	2		
河北	17	17	16	16	1	1
山西	21	18	19	17	2	1
内蒙古	5	5	5	5		
辽宁	28	30	27	29	1	1
吉林	6	6	5	5	1	1
黑龙江	3	3	3	3		
上海	20	18	14	14	6	4
江苏	80	70	78	67	2	3
浙江	75	67	65	59	10	8
安徽	145	102	116	88	29	14
福建	29	23	18	12	11	11
江西	11	8	9	6	2	2
山东	62	54	32	26	30	28
河南	111	100	108	96	3	4
湖北	33	33	33	33		
湖南	21	22	18	19	3	3
广东	47	42	41	36	6	6
广西	15	15	13	13	2	2
海南	2	2	1	1	1	1
重庆	21	20	18	17	3	3
四川	22	19	18	17	4	2
贵州	9	9	8	8	1	1
云南	11	12	9	10	2	2
西藏						
陕西	8	7	7	6	1	1
甘肃	4	4	4	4		
青海						
宁夏	2	2	2	2		
新疆	8	23	8	23		
港澳台及国外						

4—11 各地区限额以上股份有限公司连锁零售业配送中心数

（按登记注册类型分）

单位：个

地区	合计		自有		非自有	
	2005年	2004年	2005年	2004年	2005年	2004年
全国	**437**	**386**	**401**	**349**	**36**	**37**
北京	18	14	18	14		
天津	4	6	1	3	3	3
河北	6	3	6	2		1
山西	3	4	3	4		
内蒙古	48	46	48	46		
辽宁	4	2	4	2		
吉林	5	3	5	3		
黑龙江	6	5	5	4	1	1
上海	20	19	20	19		
江苏	37	37	36	36	1	1
浙江	12	18	12	18		
安徽	12	9	12	9		
福建	22	21	13	12	9	9
江西	18	16	7	5	11	11
山东	41	42	37	38	4	4
河南	4	3	4	3		
湖北	31	27	31	27		
湖南	10	7	9	6	1	1
广东	27	15	27	15		
广西	45	43	42	40	3	3
海南	1	1	1	1		
重庆	5	1	5	1		
四川	18	12	16	10	2	2
贵州	17	15	17	15		
云南	1		1			
西藏						
陕西	9	4	8	3	1	1
甘肃	2	1	2	1		
青海	5	6	5	6		
宁夏	5	5	5	5		
新疆	1	1	1	1		
港澳台及国外						

4—12 各地区限额以上私营企业连锁零售业配送中心数

（按登记注册类型分）

单位：个

地区	合计		自有		非自有	
	2005年	2004年	2005年	2004年	2005年	2004年
全国	**509**	**467**	**440**	**404**	**69**	**63**
北京	46	32	45	32	1	
天津	5	5	4	4	1	1
河北	5	5	5	5		
山西	10	10	8	8	2	2
内蒙古	2	2	2	2		
辽宁	6	6	5	5	1	1
吉林	1	1	1	1		
黑龙江	6	4	5	4	1	
上海	13	12	9	7	4	5
江苏	59	59	48	50	11	9
浙江	55	52	49	46	6	6
安徽	15	15	15	15		
福建	37	37	28	28	9	9
江西	10	9	5	4	5	5
山东	11	9	11	9		
河南	28	26	22	21	6	5
湖北	21	19	21	19		
湖南	18	18	16	16	2	2
广东	62	61	50	49	12	12
广西	4	4	4	4		
海南						
重庆	15	15	14	14	1	1
四川	8	7	7	7	1	
贵州	3	3	3	3		
云南	9	10	8	9	1	1
西藏						
陕西	3	3	3	3		
甘肃	2	2	2	2		
青海	1	1	1	1		
宁夏	1	1	1	1		
新疆	53	39	48	35	5	4
港澳台及国外						

4—13 各地区限额以上港澳台商投资企业连锁零售业配送中心数

（按登记注册类型分）

单位：个

地区	合计		自有		非自有	
	2005年	2004年	2005年	2004年	2005年	2004年
全国	**44**	**41**	**38**	**36**	**6**	**5**
北京	1	1	1	1		
天津	2	2	2	2		
河北						
山西						
内蒙古						
辽宁	2	2	2	2		
吉林						
黑龙江						
上海	2	2	1	1	1	1
江苏	2	2	2	2		
浙江	5	4	4	4	1	
安徽						
福建						
江西						
山东	1		1			
河南						
湖北	2	2	2	2		
湖南						
广东	19	18	17	16	2	2
广西						
海南						
重庆						
四川	1	1			1	1
贵州						
云南	1	1	1	1		
西藏						
陕西						
甘肃						
青海						
宁夏						
新疆	5	5	5	5		
港澳台及国外	1	1			1	1

4—14 各地区限额以上外商投资企业连锁零售业配送中心数

（按登记注册类型分）

单位：个

地 区	合 计		自 有		非自有	
	2005年	2004年	2005年	2004年	2005年	2004年
全 国	**57**	**55**	**38**	**35**	**19**	**20**
北 京	7	5	3	1	4	4
天 津	3	3	3	3		
河 北						
山 西						
内蒙古						
辽 宁						
吉 林						
黑龙江						
上 海	5	4	3	2	2	2
江 苏	4	3	3	2	1	1
浙 江	6	6	4	4	2	2
安 徽						
福 建	3	3	1	1	2	2
江 西	1	1			1	1
山 东	3	3	2	2	1	1
河 南	1	1	1	1		
湖 北						
湖 南	1	1	1	1		
广 东	16	18	11	12	5	6
广 西						
海 南						
重 庆	1	1	1	1		
四 川	1	1			1	1
贵 州	1	1	1	1		
云 南	3	3	3	3		
西 藏						
陕 西						
甘 肃						
青 海						
宁 夏						
新 疆	1	1	1	1		
港澳台及国外						

4—15 东中西部地区限额以上连锁零售业配送中心数

(按业态分)

单位:个

地区	2005年	2004年	百货商店		超级市场		专业店		#加油站	
			2005年	2004年	2005年	2004年	2005年	2004年	2005年	2004年
全　国	**2177**	**1969**	**88**	**88**	**429**	**409**	**1417**	**1249**	**280**	**265**
东　部	1183	1093	46	44	272	260	704	640	128	124
中　部	707	619	28	27	115	108	525	446	124	115
西　部	286	256	14	17	41	40	188	163	28	26

4—15 续表

单位:个

地区	专卖店		便利店		仓储会员店		家居建材商店		其　他	
	2005年	2004年	2005年	2004年	2005年	2004年	2005年	2004年	2005年	2004年
全　国	**130**	**119**	**95**	**87**	**6**	**5**	**11**	**11**	**1**	**1**
东　部	77	72	68	61	4	4	11	11	1	1
中　部	23	23	15	15	1					
西　部	30	24	12	11	1	1				

4—16 东中西部地区限额以上连锁零售业自有配送中心数

(按业态分)

单位:个

地区	2005年	2004年	百货商店		超级市场		专业店		#加油站	
			2005年	2004年	2005年	2004年	2005年	2004年	2005年	2004年
全　国	**1901**	**1721**	**77**	**77**	**341**	**326**	**1291**	**1142**	**255**	**240**
东　部	1003	920	40	38	212	203	632	570	114	110
中　部	636	565	23	22	97	92	479	415	113	104
西　部	262	236	14	17	32	31	180	157	28	26

4—16 续表

单位:个

地区	专卖店		便利店		仓储会员店		家居建材商店		其　他	
	2005年	2004年	2005年	2004年	2005年	2004年	2005年	2004年	2005年	2004年
全　国	**110**	**99**	**72**	**68**	**4**	**3**	**6**	**6**		
东　部	64	58	47	43	2	2	6	6		
中　部	21	21	15	15	1					
西　部	25	20	10	10	1	1				

4—17 东中西部地区限额以上连锁零售业非自有配送中心数

（按业态分）

单位：个

地区	2005年	2004年	百货商店		超级市场		专业店		#加油站	
			2005年	2004年	2005年	2004年	2005年	2004年	2005年	2004年
全　国	**276**	**248**	**11**	**11**	**88**	**83**	**126**	**107**	**25**	**25**
东　部	180	173	6	6	60	57	72	70	14	14
中　部	71	54	5	5	18	16	46	31	11	11
西　部	24	20			9	9	8	6		

4—17 续表

单位：个

地区	专卖店		便利店		仓储会员店		家居建材商店		其　他	
	2005年	2004年	2005年	2004年	2005年	2004年	2005年	2004年	2005年	2004年
全　国	**20**	**20**	**23**	**19**	**2**	**2**	**5**	**5**	**1**	**1**
东　部	13	14	21	18	2	2	5	5	1	1
中　部	2	2								
西　部	5	4	2	1						

4—18 六经济区限额以上连锁零售业配送中心数

（按业态分）

单位：个

地区	2005年	2004年	百货商店		超级市场		专业店		#加油站	
			2005年	2004年	2005年	2004年	2005年	2004年	2005年	2004年
全　国	**2177**	**1969**	**88**	**88**	**429**	**409**	**1417**	**1249**	**280**	**265**
华　北	287	258	7	7	57	51	158	145	48	48
东　北	79	73	4	4	11	10	57	52	7	6
华　东	936	843	26	24	209	202	635	554	95	95
中　南	588	538	37	36	110	105	379	335	102	90
西　南	154	138	5	5	26	26	111	96	20	18
西　北	132	118	9	12	15	14	77	67	8	8

4—18 续表

单位：个

地区	专卖店		便利店		仓储会员店		家居建材商店		其　他	
	2005年	2004年	2005年	2004年	2005年	2004年	2005年	2004年	2005年	2004年
全　国	**130**	**119**	**95**	**87**	**6**	**5**	**11**	**11**	**1**	**1**
华　北	37	30	24	21			3	3	1	1
东　北	1	1	6	6						
华　东	28	29	32	28	1	1	5	5		
中　南	34	35	21	21	4	3	3	3		
西　南	3	3	8	7	1	1				
西　北	27	21	4	4						

4—19 六经济区限额以上连锁零售业自有配送中心数

（按业态分）

单位：个

地区	2005年	2004年	百货商店		超级市场		专业店		#加油站	
			2005年	2004年	2005年	2004年	2005年	2004年	2005年	2004年
全国	**1901**	**1721**	**77**	**77**	**341**	**326**	**1291**	**1142**	**255**	**240**
华北	256	231	7	7	49	45	153	139	48	48
东北	74	69	2	2	11	10	55	51	7	6
华东	770	697	22	20	156	151	542	479	72	72
中南	539	488	32	31	93	89	361	316	100	88
西南	137	124	5	5	18	18	103	90	20	18
西北	125	112	9	12	14	13	77	67	8	8

4—19 续表

单位：个

地区	专卖店		便利店		仓储会员店		家居建材商店		其他	
	2005年	2004年	2005年	2004年	2005年	2004年	2005年	2004年	2005年	2004年
全国	**110**	**99**	**72**	**68**	**4**	**3**	**6**	**6**		
华北	31	25	16	15						
东北	1	1	5	5						
华东	24	24	22	19			4	4		
中南	29	29	19	19	3	2	2	2		
西南	3	3	7	7	1	1				
西北	22	17	3	3						

4—20 六经济区限额以上连锁零售业非自有配送中心数

（按业态分）

单位：个

地区	2005年	2004年	百货商店		超级市场		专业店		#加油站	
			2005年	2004年	2005年	2004年	2005年	2004年	2005年	2004年
全国	**276**	**248**	**11**	**11**	**88**	**83**	**126**	**107**	**25**	**25**
华北	31	27			8	6	5	6		
东北	5	4	2	2			2	1		
华东	166	146	4	4	53	51	93	75	23	23
中南	49	50	5	5	17	16	18	19	2	2
西南	17	14			8	8	8	6		
西北	7	6			1	1				

4—20 续表

单位：个

地区	专卖店		便利店		仓储会员店		家居建材商店		其他	
	2005年	2004年	2005年	2004年	2005年	2004年	2005年	2004年	2005年	2004年
全国	**20**	**20**	**23**	**19**	**2**	**2**	**5**	**5**	**1**	**1**
华北	6	5	8	6			3	3	1	1
东北			1	1						
华东	4	5	10	9	1	1	1	1		
中南	5	6	2	2	1	1	1	1		
西南			1							
西北	5	4	1	1						

4—21 大中小城市限额以上连锁零售业配送中心数

（按业态分）

单位：个

地区	2005年	2004年	百货商店		超级市场		专业店		#加油站	
			2005年	2004年	2005年	2004年	2005年	2004年	2005年	2004年
全国	**2177**	**1969**	**88**	**88**	**429**	**409**	**1417**	**1249**	**280**	**265**
大城市	1034	938	57	58	177	164	596	529	57	55
中城市	828	738	25	24	202	196	569	487	145	137
小城市	315	293	6	6	50	49	252	233	78	73

4—21 续表

单位：个

地区	专卖店		便利店		仓储会员店		家居建材商店		其他	
	2005年	2004年	2005年	2004年	2005年	2004年	2005年	2004年	2005年	2004年
全国	**130**	**119**	**95**	**87**	**6**	**5**	**11**	**11**	**1**	**1**
大城市	111	101	76	69	5	5	11	11	1	1
中城市	18	17	13	14	1					
小城市	1	1	6	4						

4—22 大中小城市限额以上连锁零售业自有配送中心数

（按业态分）

单位：个

地区	2005年	2004年	百货商店		超级市场		专业店		#加油站	
			2005年	2004年	2005年	2004年	2005年	2004年	2005年	2004年
全国	**1901**	**1721**	**77**	**77**	**341**	**326**	**1291**	**1142**	**255**	**240**
大城市	891	805	53	54	146	136	535	470	50	48
中城市	709	637	21	20	152	147	508	444	127	119
小城市	301	279	3	3	43	43	248	228	78	73

4—22 续表

单位：个

地区	专卖店		便利店		仓储会员店		家居建材商店		其他	
	2005年	2004年	2005年	2004年	2005年	2004年	2005年	2004年	2005年	2004年
全国	**110**	**99**	**72**	**68**	**4**	**3**	**6**	**6**		
大城市	93	83	55	53	3	3	6	6		
中城市	16	15	11	11	1					
小城市	1	1	6	4						

4—23 大中小城市限额以上连锁零售业非自有配送中心数

（按业态分）

单位：个

地　区	2005年	2004年	百货商店		超级市场		专业店		#加油站	
			2005年	2004年	2005年	2004年	2005年	2004年	2005年	2004年
全　国	**276**	**248**	**11**	**11**	**88**	**83**	**126**	**107**	**25**	**25**
大城市	143	133	4	4	31	28	61	59	7	7
中城市	119	101	4	4	50	49	61	43	18	18
小城市	14	14	3	3	7	6	4	5		

4—23　续表

单位：个

地　区	专卖店		便利店		仓储会员店		家居建材商店		其　他	
	2005年	2004年	2005年	2004年	2005年	2004年	2005年	2004年	2005年	2004年
全　国	**20**	**20**	**23**	**19**	**2**	**2**	**5**	**5**	**1**	**1**
大城市	18	18	21	16	2	2	5	5	1	1
中城市	2	2	2	3						
小城市										

4—24　35城市限额以上连锁零售业配送中心数

（按业态分）

单位：个

地　　区	2005年	2004年	百货商店		超级市场		专业店		加油站	
			2005年	2004年	2005年	2004年	2005年	2004年	2005年	2004年
总　　计	**1034**	**938**	**57**	**58**	**177**	**164**	**596**	**529**	**57**	**55**
北　　京	131	105			27	23	58	46		
天　　津	18	20	1	1	5	5	6	8	1	1
石 家 庄	15	14	1	1	2	2	9	8		
太　　原	18	16			6	4	7	7	1	1
呼和浩特	4	2					4	2	2	2
沈　　阳	11	11			2	2	9	9		
大　　连	17	15			2	2	8	6	5	4
长　　春	7	6			1	1	6	5	1	1
哈 尔 滨	7	6	2	2	1	1	4	3	1	1
上　　海	66	61			21	17	27	27	1	1
南　　京	43	40			9	8	29	27	1	1
杭　　州	55	52			9	10	38	34	1	1
宁　　波	21	21			8	7	7	8	1	1
合　　肥	41	38	2	2	4	4	34	31	3	4
福　　州	11	9			2	2	9	7	1	1
厦　　门	35	34	1	1	3	3	28	27	4	4
南　　昌	22	16	3	2			18	13	2	2
济　　南	10	9	1	1	3	3	5	5	1	1
青　　岛	36	32	5	5	9	9	20	16	2	2
郑　　州	30	27			3	3	20	17		
武　　汉	47	46	5	5	5	5	30	29	5	5
长　　沙	32	30	2	2	5	5	17	14	4	2
广　　州	95	92	15	14	10	9	47	45	3	3
深　　圳	34	31	8	8	7	7	14	11		
南　　宁	24	23			1	1	23	22	10	10
海　　口	3	3			2	2	1	1	1	1
重　　庆	46	41	2	2	10	10	32	27	1	1
成　　都	23	17			6	6	12	7		
贵　　阳	13	13					11	11	2	2
昆　　明	23	23			3	3	18	18		
西　　安	19	15			6	5	9	6	1	1
兰　　州	3	2					3	2	1	1
西　　宁	6	7	2	3	1	1	3	3		
银　　川	7	7			3	3	4	4	1	1
乌鲁木齐	61	54	7	9	1	1	26	23		

4—24 续表

单位:个

地区	专卖店		便利店		仓储会员店		家居建材商店		其他	
	2005年	2004年	2005年	2004年	2005年	2004年	2005年	2004年	2005年	2004年
总计	**111**	**101**	**76**	**69**	**5**	**5**	**11**	**11**	**1**	**1**
北京	30	23	15	12					1	1
天津	2	2	1	1			3	3		
石家庄	1	1	2	2						
太原	1	1	4	4						
呼和浩特										
沈阳										
大连	1	1	6	6						
长春										
哈尔滨										
上海	6	7	9	7	1	1	2	2		
南京	3	3	1	1			1	1		
杭州	4	4	2	2			2	2		
宁波	2	2	4	4						
合肥	1	1								
福州										
厦门	1	1	2	2						
南昌	1	1								
济南			1							
青岛	2	2								
郑州	4	4	3	3						
武汉	5	5	2	2						
长沙	4	5	4	4						
广州	14	15	6	6	2	2	1	1		
深圳			2	2	1	1	2	2		
南宁										
海口										
重庆	1	1	1	1						
成都	1	1	4	3						
贵阳			1	1	1	1				
昆明			2	2						
西安	1	1	3	3						
兰州										
西宁										
银川										
乌鲁木齐	26	20	1	1						

4—25 35城市限额以上连锁零售业自有配送中心数

（按业态分）

单位：个

地　　区	2005年	2004年	百货商店		超级市场		专业店		加油站	
			2005年	2004年	2005年	2004年	2005年	2004年	2005年	2004年
总　　计	**891**	**805**	**53**	**54**	**146**	**136**	**535**	**470**	**50**	**48**
北　　京	109	87			22	19	54	42		
天　　津	14	16	1	1	5	5	6	8	1	1
石 家 庄	14	12	1	1	2	2	9	7		
太　　原	17	16			5	4	7	7	1	1
呼和浩特	4	2					4	2	2	2
沈　　阳	10	10			2	2	8	8		
大　　连	16	14			2	2	8	6	5	4
长　　春	7	6			1	1	6	5	1	1
哈 尔 滨	6	5	1	1	1	1	4	3	1	1
上　　海	53	49			19	15	27	27	1	1
南　　京	35	33			8	7	22	21	1	1
杭　　州	45	43			8	9	30	27	1	1
宁　　波	19	20			6	6	7	8	1	1
合　　肥	36	34	2	2	3	3	30	28	3	4
福　　州	10	8			1	1	9	7	1	1
厦　　门	19	18			3	3	14	13		
南　　昌	18	12	3	2			14	9	1	1
济　　南	9	8	1	1	2	2	5	5	1	1
青　　岛	32	28	5	5	5	5	20	16	2	2
郑　　州	27	24			3	3	18	15		
武　　汉	47	46	5	5	5	5	30	29	5	5
长　　沙	31	29	2	2	5	5	17	14	4	2
广　　州	78	74	14	13	7	6	39	37	2	2
深　　圳	30	27	7	7	6	6	13	10		
南　　宁	22	21			1	1	21	20	9	9
海　　口	2	2			1	1	1	1	1	1
重　　庆	42	37	2	2	8	8	30	25	1	1
成　　都	18	13			2	2	12	7		
贵　　阳	12	12					10	10	2	2
昆　　明	20	20			3	3	15	15		
西　　安	17	13			5	4	9	6	1	1
兰　　州	3	2					3	2	1	1
西　　宁	6	7	2	3	1	1	3	3		
银　　川	7	7			3	3	4	4	1	1
乌鲁木齐	56	50	7	9	1	1	26	23		

4—25　续表

单位:个

地　区	专卖店		便利店		仓储会员店		家居建材商店		其　他	
	2005年	2004年	2005年	2004年	2005年	2004年	2005年	2004年	2005年	2004年
总　计	**93**	**83**	**55**	**53**	**3**	**3**	**6**	**6**		
北　京	26	20	7	6						
天　津	1	1	1	1						
石家庄			2	2						
太　原	1	1	4	4						
呼和浩特										
沈　阳										
大　连	1	1	5	5						
长　春										
哈尔滨										
上　海	3	3	2	2			2	2		
南　京	3	3	1	1			1	1		
杭　州	4	4	2	2			1	1		
宁　波	2	2	4	4						
合　肥	1	1								
福　州										
厦　门	1	1	1	1						
南　昌	1	1								
济　南			1							
青　岛	2	2								
郑　州	3	3	3	3						
武　汉	5	5	2	2						
长　沙	3	4	4	4						
广　州	12	12	4	4	2	2				
深　圳			2	2			2	2		
南　宁										
海　口										
重　庆	1	1	1	1						
成　都	1	1	3	3						
贵　阳			1	1	1	1				
昆　明			2	2						
西　安	1	1	2	2						
兰　州										
西　宁										
银　川										
乌鲁木齐	21	16	1	1						

4—26 35城市限额以上连锁零售业非自有配送中心数

（按业态分）

单位：个

地区	2005年	2004年	百货商店		超级市场		专业店		加油站	
			2005年	2004年	2005年	2004年	2005年	2004年	2005年	2004年
总计	143	133	4	4	31	28	61	59	7	7
北京	22	18			5	4	4	4		
天津	4	4								
石家庄	1	2						1		
太原	1				1					
呼和浩特										
沈阳	1	1					1	1		
大连	1	1								
长春										
哈尔滨	1	1	1	1						
上海	13	12			2	2				
南京	8	7			1	1	7	6		
杭州	10	9			1	1	8	7		
宁波	2	1			2	1				
合肥	5	4			1	1	4	3		
福州	1	1			1	1				
厦门	16	16	1	1			14	14	4	4
南昌	4	4					4	4	1	1
济南	1	1			1	1				
青岛	4	4			4	4				
郑州	3	3					2	2		
武汉										
长沙	1	1								
广州	17	18	1	1	3	3	8	8	1	1
深圳	4	4	1	1	1	1	1	1		
南宁	2	2					2	2	1	1
海口	1	1			1	1				
重庆	4	4			2	2	2	2		
成都	5	4			4	4				
贵阳	1	1					1	1		
昆明	3	3					3	3		
西安	2	2			1	1				
兰州										
西宁										
银川										
乌鲁木齐	5	4								

4—26 续表

单位:个

地区	专卖店		便利店		仓储会员店		家居建材商店		其他	
	2005年	2004年	2005年	2004年	2005年	2004年	2005年	2004年	2005年	2004年
总计	**18**	**18**	**21**	**16**	**2**	**2**	**5**	**5**	**1**	**1**
北京	4	3	8	6					1	1
天津	1	1					3	3		
石家庄	1	1								
太原										
呼和浩特										
沈阳										
大连			1	1						
长春										
哈尔滨										
上海	3	4	7	5	1	1				
南京										
杭州							1	1		
宁波										
合肥										
福州										
厦门			1	1						
南昌										
济南										
青岛										
郑州	1	1								
武汉										
长沙	1	1								
广州	2	3	2	2			1	1		
深圳					1	1				
南宁										
海口										
重庆										
成都			1							
贵阳										
昆明										
西安			1	1						
兰州										
西宁										
银川										
乌鲁木齐	5	4								

4—27　三大地带限额以上连锁零售业配送中心数

（按业态分）

单位：个

地　　区	2005年	2004年	百货商店		超级市场		专业店		加油站	
			2005年	2004年	2005年	2004年	2005年	2004年	2005年	2004年
全国总计	**2177**	**1969**	**88**	**88**	**429**	**409**	**1417**	**1249**	**280**	**265**
三大地带	**756**	**689**	**32**	**31**	**167**	**157**	**418**	**373**	**24**	**23**
环 渤 海	**226**	**194**	**7**	**7**	**50**	**46**	**107**	**90**	**9**	**8**
北　　京	131	105			27	23	58	46		
天　　津	18	20	1	1	5	5	6	8	1	1
唐　　山	3	2			2	2	1			
沈　　阳	11	11			2	2	9	9		
大　　连	17	15			2	2	8	6	5	4
济　　南	10	9	1	1	3	3	5	5	1	1
青　　岛	36	32	5	5	9	9	20	16	2	2
长 三 角	**366**	**344**	**2**	**2**	**92**	**88**	**224**	**207**	**10**	**10**
上　　海	66	61			21	17	27	27	1	1
南　　京	43	40			9	8	29	27	1	1
苏　　州	31	30			5	5	25	23		
无　　锡	16	14			4	4	11	9		
常　　州	31	30			9	9	21	20		
镇　　江	6	6					6	6		
南　　通	26	25	2	2	3	3	21	20	1	1
扬　　州	6	3					6	3		
泰　　州	9	10			5	6	4	4		
杭　　州	55	52			9	10	38	34	1	1
宁　　波	21	21			8	7	7	8	1	1
嘉　　兴	12	11			5	5	7	6	1	1
湖　　州	10	8			1	1	7	5	1	1
绍　　兴	15	14			1	1	9	9	1	1
舟　　山	10	10			6	6	3	3	1	1
台　　州	9	9			6	6	3	3	1	1
珠 三 角	**164**	**151**	**23**	**22**	**25**	**23**	**87**	**76**	**5**	**5**
广　　州	95	92	15	14	10	9	47	45	3	3
深　　圳	34	31	8	8	7	7	14	11		
珠　　海	12	12			3	3	8	8		
佛　　山	3	2					3	2		
江　　门	3	2			1	1	2	1		
东　　莞	4	3					4	3		
中　　山	6	5			4	3	2	2		
惠　　州	3	2					3	2		
肇　　庆	4	2					4	2	2	2

4—27　续表

单位:个

地　区	专卖店		便利店		仓储会员店		家居建材商店		其　他	
	2005年	2004年	2005年	2004年	2005年	2004年	2005年	2004年	2005年	2004年
全国总计	**130**	**119**	**95**	**87**	**6**	**5**	**11**	**11**	**1**	**1**
三大地带	**68**	**63**	**55**	**49**	**4**	**4**	**11**	**11**	**1**	**1**
环渤海	**35**	**28**	**23**	**19**			**3**	**3**	**1**	**1**
北　京	30	23	15	12					1	1
天　津	2	2	1	1			3	3		
唐　山										
沈　阳										
大　连	1	1	6	6						
济　南			1							
青　岛	2	2								
长三角	**18**	**19**	**24**	**22**	**1**	**1**	**5**	**5**		
上　海	6	7	9	7	1	1	2	2		
南　京	3	3	1	1			1	1		
苏　州	1	1		1						
无　锡	1	1								
常　州	1	1								
镇　江										
南　通										
扬　州										
泰　州										
杭　州	4	4	2	2			2	2		
宁　波	2	2	4	4						
嘉　兴										
湖　州			2	2						
绍　兴			5	4						
舟　山			1	1						
台　州										
珠三角	**15**	**16**	**8**	**8**	**3**	**3**	**3**	**3**		
广　州	14	15	6	6	2	2	1	1		
深　圳			2	2	1	1	2	2		
珠　海	1	1								
佛　山										
江　门										
东　莞										
中　山										
惠　州										
肇　庆										

4—28　三大地带限额以上连锁零售业自有配送中心数

（按业态分）

单位：个

地　区	2005年	2004年	百货商店		超级市场		专业店		加油站	
			2005年	2004年	2005年	2004年	2005年	2004年	2005年	2004年
全国总计	**1901**	**1721**	**77**	**77**	**341**	**326**	**1291**	**1142**	**255**	**240**
三大地带	**655**	**596**	**30**	**29**	**144**	**136**	**380**	**339**	**23**	**22**
环渤海	**193**	**165**	**7**	**7**	**40**	**37**	**102**	**85**	**9**	**8**
北　京	109	87			22	19	54	42		
天　津	14	16	1	1	5	5	6	8	1	1
唐　山	3	2			2	2	1			
沈　阳	10	10			2	2	8	8		
大　连	16	14			2	2	8	6	5	4
济　南	9	8	1	1	2	2	5	5	1	1
青　岛	32	28	5	5	5	5	20	16	2	2
长三角	**322**	**305**	**2**	**2**	**83**	**80**	**202**	**189**	**10**	**10**
上　海	53	49			19	15	27	27	1	1
南　京	35	33			8	7	22	21	1	1
苏　州	29	27			4	4	24	22		
无　锡	16	14			4	4	11	9		
常　州	28	27			7	7	20	19		
镇　江	6	6					6	6		
南　通	25	24	2	2	3	3	20	19	1	1
扬　州	5	3					5	3		
泰　州	9	10			5	6	4	4		
杭　州	45	43			8	9	30	27	1	1
宁　波	19	20			6	6	7	8	1	1
嘉　兴	11	10			5	5	6	5	1	1
湖　州	8	7			1	1	6	5	1	1
绍　兴	14	13			1	1	8	8	1	1
舟　山	10	10			6	6	3	3	1	1
台　州	9	9			6	6	3	3	1	1
珠三角	**140**	**126**	**21**	**20**	**21**	**19**	**76**	**65**	**4**	**4**
广　州	78	74	14	13	7	6	39	37	2	2
深　圳	30	27	7	7	6	6	13	10		
珠　海	11	11			3	3	8	8		
佛　山	1						1			
江　门	3	2			1	1	2	1		
东　莞	4	3					4	3		
中　山	6	5			4	3	2	2		
惠　州	3	2					3	2		
肇　庆	4	2					4	2	2	2

4—28 续表

单位:个

地区	专卖店		便利店		仓储会员店		家居建材商店		其他	
	2005年	2004年	2005年	2004年	2005年	2004年	2005年	2004年	2005年	2004年
全国总计	**110**	**99**	**72**	**68**	**4**	**3**	**6**	**6**		
三大地带	**57**	**51**	**36**	**33**	**2**	**2**	**6**	**6**		
环渤海	**30**	**24**	**14**	**12**						
北京	26	20	7	6						
天津	1	1	1	1						
唐山										
沈阳										
大连	1	1	5	5						
济南			1							
青岛	2	2								
长三角	**15**	**15**	**16**	**15**			**4**	**4**		
上海	3	3	2	2			2	2		
南京	3	3	1	1			1	1		
苏州	1	1								
无锡	1	1								
常州	1	1								
镇江										
南通										
扬州										
泰州										
杭州	4	4	2	2			1	1		
宁波	2	2	4	4						
嘉兴										
湖州			1	1						
绍兴			5	4						
舟山			1	1						
台州										
珠三角	**12**	**12**	**6**	**6**	**2**	**2**	**2**	**2**		
广州	12	12	4	4	2	2				
深圳			2	2			2	2		
珠海										
佛山										
江门										
东莞										
中山										
惠州										
肇庆										

4—29 三大地带限额以上连锁零售业非自有配送中心数

（按业态分）

单位：个

地区	2005年	2004年	百货商店		超级市场		专业店		加油站	
			2005年	2004年	2005年	2004年	2005年	2004年	2005年	2004年
全国总计	276	248	11	11	88	83	126	107	25	25
三大地带	101	93	2	2	23	21	38	34	1	1
环渤海	33	29			10	9	5	5		
北京	22	18			5	4	4	4		
天津	4	4								
唐山										
沈阳	1	1					1	1		
大连	1	1								
济南	1	1			1	1				
青岛	4	4			4	4				
长三角	44	39			9	8	22	18		
上海	13	12			2	2				
南京	8	7			1	1	7	6		
苏州	2	3			1	1	1	1		
无锡										
常州	3	3			2	2	1	1		
镇江										
南通	1	1					1	1		
扬州	1						1			
泰州										
杭州	10	9			1	1	8	7		
宁波	2	1			2	1				
嘉兴	1	1					1	1		
湖州	2	1					1			
绍兴	1	1					1	1		
舟山										
台州										
珠三角	24	25	2	2	4	4	11	11	1	1
广州	17	18	1	1	3	3	8	8	1	1
深圳	4	4	1	1	1	1	1	1		
珠海	1	1								
佛山	2	2					2	2		
江门										
东莞										
中山										
惠州										
肇庆										

4—29 续表

单位:个

地 区	专卖店		便利店		仓储会员店		家居建材商店		其 他	
	2005年	2004年	2005年	2004年	2005年	2004年	2005年	2004年	2005年	2004年
全国总计	20	20	23	19	2	2	5	5	1	1
三大地带	11	12	19	16	2	2	5	5	1	1
环渤海	5	4	9	7			3	3	1	1
北 京	4	3	8	6					1	1
天 津	1	1					3	3		
唐 山										
沈 阳										
大 连			1	1						
济 南										
青 岛										
长三角	3	4	8	7	1	1	1	1		
上 海	3	4	7	5	1	1				
南 京										
苏 州				1						
无 锡										
常 州										
镇 江										
南 通										
扬 州										
泰 州										
杭 州							1	1		
宁 波										
嘉 兴										
湖 州			1	1						
绍 兴										
舟 山										
台 州										
珠三角	3	4	2	2	1	1	1	1		
广 州	2	3	2	2			1	1		
深 圳					1	1				
珠 海	1	1								
佛 山										
江 门										
东 莞										
中 山										
惠 州										
肇 庆										

第五部分 连锁零售业集团（企业）门店情况

5—1　100门店以上连锁零售集团(企业)

(2005年)

2000个以上(2家,共4782个门店)
中国石油化工股份有限公司山东分公司
中国石油化工股份有限公司广东分公司

1000～1999个(17家,共23509个门店)
上海联华快客便利有限公司
上海华联超市股份有限公司
联华超市股份有限公司(上海)
中国石油化工股份有限公司浙江分公司
上海东方书报刊服务有限公司
苏果超市有限公司(南京)
中石化股份有限公司安徽分公司
中国石油化工股份有限公司湖南分公司
重庆和平药房连锁有限责任公司
中国石油内蒙古销售公司
上海可的便利店有限公司
安徽辉隆农资集团有限公司
深圳市海王星辰医药有限公司
中国石油甘肃销售分公司
中国石油化工股份有限公司江西分公司
中国石油天然气股份有限公司辽宁分公司
上海好德便利有限公司

500～999个(21家,共13678个门店)
广东本草药业连锁有限公司
江苏苏农农资连锁集团股份有限公司
安徽徽商农家福有限公司
广州友谊班尼路服饰有限公司
上海古今内衣有限公司
青岛维客集团股份有限公司
绍兴供销超市有限公司
中石化股份有限公司贵州分公司
上海良友金伴便利连锁有限公司
青岛利群集团股份有限公司
中国石油天然气股份有限公司河北分公司
物美控股集团有限公司(北京)
江苏文峰大世界连销发展股份有限公司
中国石油天然气重庆分公司
成都红旗连锁有限公司

500～999个(21家,共13678个门店)
上海农工商超市有限公司
江西黄庆仁栈华氏大药房有限公司
重庆昌野药房连锁有限公司
中国石化股份上海石油分公司
云南东骏药业有限公司
华润万家有限公司(深圳)

100～499个(117家,共23366个门店)
辽宁成大方圆医药连锁有限公司
陕西伟志集团股份有限公司
中国石油化工股份有限公司北京分公司
捷强烟草糖酒(集团)连锁有限公司(上海)
重庆长龙天圣大药房连锁有限公司
绍兴大通超市有限公司
中国石油化工股份有限公司天津分公司
四川省互惠商业有限责任公司
广东国药医药连锁企业有限公司
广州市宝生园有限公司
中百集团
深圳虎威制衣有限公司广州分公司
江苏苏宁电器连锁集团股份有限公司
北京亚飞汽车连锁总店有限责任公司
福中信息产业集团有限公司(南京)
重庆时珍阁大药房连 锁有限责任公司
漯河双汇商业连锁有限公司
北京金象大药房医药连锁有限责任公司
云南鸿翔药业有限公司
重庆市万州区江南大药房连锁有限公司
中国石油天然气股份有限公司湖南分公司
重庆市双叶药房连锁有限公司
山东省威海糖酒采购供应站
上海华联罗森有限公司
浙江省新华书店集团有限公司
梅林正广和便利连锁公司(上海)
中国石油天然气股份有限公司大连分公司
湖北九州通大药房连锁有限公司
广东赛壹便利店有限公司

5—1 续表

100～499个(117家，共23366个门店)	100～499个(117家，共23366个门店)
天津市消费合作总社	广州市苹果牌服装连锁店有限公司
中国石油天然气股份有限公司安徽分公司	中国石油化工股份有限公司广西贵港石油分公司
吉林大药房药业股份有限公司	湖北富迪实业有限公司
中国石油海南分公司	山西长治市昂生大药房连锁有限公司
中国石油天然气股份有限公司宁夏分公司	广州金叶连锁有限公司
张家口佳美连锁超市有限公司	中国石油化工股份有限公司广西桂林石油分公司
中国石化股份有限公司江苏南通分公司	杭州五丰食品有限公司
常熟市常客隆供配超市有限责任公司	河南思达连锁商业有限公司
河北沧州好日子超市股份有限公司	广州市海王星辰医药连锁有限公司
中国石油化工股份有限公司江苏南京石油公司	四川永正药房连锁有限公司
太原市金虎连锁超市配送有限公司	中国石油天然气股份有限公司阿克苏分公司
中国石油化学股份有限公司广西南宁石油分公司	常州市信特超市有限公司
哈尔滨人民同泰医药连锁店	湖州老大房超市有限公司
深圳市一致医药连锁有限公司	上海家得利超市有限公司
四川新华文轩连锁股份有限公司	重庆医药工业有限公司
南京桂花鸭有限公司	山东新星集团有限公司
江苏五星电器有限公司	北京联华快客便利超市有限公司
青岛利客来商贸股份有限公司	浙江金华市太和堂医药连锁有限公司
重庆桐君阁大药房连锁有限公司	中国石油化工股份有限公司漳州分公司
山东北药鲁抗有限公司	上海巴黎三城眼镜有限公司
广西一心医药有限责任公司	浙江华联商厦有限公司
石家庄市奥开双鸽连锁总店	武汉煤气(集团)公司
上海复星大药房连锁经营有限公司	中石油贵州销售分公司
上海国大药房连锁有限公司	深圳市中联大药房有限公司
中石化湖北襄樊石油分公司	青岛国风大药房连锁有限公司
嘉事堂药业股份有限公司(北京)	常州中诚医药连锁有限公司
三联商社(济南)	湖南千金大药房连锁有限公司
重庆市万州区中兴大药房连锁有限公司	北京港佳好邻居连锁便利店有限公司
华氏大药房(上海)	南京华诚超市有限公司
北京京客隆商业集团股份有限公司	湖北石油直属销售分公司
江苏通州市通联农资有限公司	华润超级市场(苏州)有限公司
山西省太原唐久超市有限公司	重庆市明星大药房连锁有限公司
北京医保全新大药房有限责任公司	太原六味斋实业有限公司
中国石油天然气股份有限公司黑龙江分公司	上海红星眼镜有限公司
云南健之佳健康药房有限公司	湖南金沙大药房零售连锁有限公司
重庆新华书店(集团)有限责任公司	成都红艳超市有限公司
泸州宝光药房连锁有限公司	广州联华快客连锁便利有限公司
哈尔滨中央红集团股份有限公司	泉州市东南医药连锁有限公司
河南漯河汇通商业连锁有限公司	广州东海堂(饼屋)食品有限公司
温州人本超市有限公司	中石化壳牌(江苏)石油销售有限公司
中国石油化工股份有限公司泉州分公司	通州仁寿大药房连锁有限公司
中国石油化工股份有限公司广西柳州石油分公司	北京吴裕泰茶叶公司
江苏海王星辰健康药房连锁有限公司	中国石油化工股份有限公司福建分公司
宁波市北仑加贝购物俱乐部	厦门银祥食品公司

5—2 100门店以上连锁百货商店

（2005年）

500～999个(3家,共1970个门店)	100～499个(2家,共330个门店)
青岛维客集团股份有限公司	青岛利客来商贸股份有限公司
青岛利群集团股份有限公司	哈尔滨中央红集团股份有限公司
江苏文峰大世界连销发展股份有限公司	

5—3 100门店以上连锁超级市场

（2005年）

1000～1999个(3家,共5270个门店)	100～499个(18家,共3342个门店)
上海华联超市股份有限公司	常熟市常客隆供配超市有限责任公司
联华超市股份有限公司(上海)	北京京客隆商业集团股份有限公司
苏果超市有限公司(南京)	温州人本超市有限公司
500～999个(3家,共1697个门店)	宁波市北仑加贝购物俱乐部
物美控股集团有限公司(北京)	湖北富迪实业有限公司
上海农工商超市有限公司	河南思达连锁商业有限公司
华润万家有限公司(深圳)	常州市信特超市有限公司
100～499个(18家,共3342个门店)	上海家得利超市有限公司
捷强烟草糖酒(集团)连锁有限公司	山东新星集团有限公司
中百集团	浙江华联商厦有限公司
山东省威海糖酒采购供应站	南京华诚超市有限公司
天津市消费合作总社	华润超级市场(苏州)有限公司
张家口佳美连锁超市有限公司	成都红艳超市有限公司

5—4 100门店以上连锁专业店

(2005年)

1000～1999个(4家,共5122个门店)	100～499个(54家,共10369个门店)
上海东方书报刊服务有限公司	上海复星大药房连锁经营有限公司
重庆和平药房连锁有限责任公司	上海国大药房连锁有限公司
安徽辉隆农资集团有限公司	嘉事堂药业股份有限公司(北京)
深圳市海王星辰医药有限公司	重庆市万州区中兴大药房连锁有限公司
500～999个(7家,共4750个门店)	三联商社(济南)
广东本草药业连锁有限公司	华氏大药房(上海)
江苏苏农农资连锁集团股份有限公司	江苏通州市通联农资有限公司
安徽徽商农家福有限公司	北京医保全新大药房有限责任公司
中国石油天然气股份有限公司河北分公司	云南健之佳健康药房有限公司
江西黄庆仁栈华氏大药房有限公司	重庆新华书店(集团)有限责任公司
重庆昌野药房连锁有限公司	泸州宝光药房连锁有限公司
云南东骏药业有限公司	河南漯河汇通商业连锁有限公司
100～499个(54家,共10369个门店)	江苏海王星辰健康药房连锁有限公司
辽宁成大方圆医药连锁有限公司	山西长治市昂生大药房连锁有限公司
重庆长龙天圣大药房连锁有限公司	广州金叶连锁有限公司
广东国药医药连锁企业有限公司	广州市海王星辰医药连锁有限公司
江苏苏宁电器连锁集团股份有限公司	四川永正药房连锁有限公司
北京亚飞汽车连锁总店有限责任公司	重庆医药工业有限公司
福中信息产业集团有限公司(南京)	浙江金华市太和堂医药连锁有限公司
重庆时珍阁大药房连锁有限责任公司	上海巴黎三城眼镜有限公司
北京金象大药房医药连锁有限责任公司	武汉煤气(集团)公司
云南鸿翔药业有限公司	深圳市中联大药房有限公司
重庆市万州区江南大药房连锁有限公司	青岛国风大药房连锁有限公司
重庆市双叶药房连锁有限公司	常州中诚医药连锁有限公司
浙江省新华书店集团有限公司	湖南千金大药房连锁有限公司
湖北九州通大药房连锁有限公司	重庆市明星大药房连锁有限公司
吉林大药房药业股份有限公司	太原六味斋实业有限公司
哈尔滨人民同泰医药连锁店	上海红星眼镜有限公司
深圳市一致医药连锁有限公司	湖南金沙大药房零售连锁有限公司
四川新华文轩连锁股份有限公司	泉州市东南医药连锁有限公司
江苏五星电器有限公司	中石化壳牌(江苏)石油销售有限公司
重庆桐君阁大药房连锁有限公司	通州仁寿大药房连锁有限公司
山东北药鲁抗有限公司	厦门银祥食品公司
广西一心医药有限责任公司	

5—5 100门店以上连锁加油站

（2005年）

2000个以上(2家,共4782个门店)
中国石油化工股份有限公司山东分公司
中国石油化工股份有限公司广东分公司
1000～1999个(7家,共8966个门店)
中国石油化工股份有限公司浙江分公司
中石化股份有限公司安徽分公司
中国石油化工股份有限公司湖南分公司
中国石油内蒙古销售公司
中国石油甘肃销售分公司
中国石油化工股份有限公司江西分公司
中国石油天然气股份有限公司辽宁分公司
500～999个(3家,共1786个门店)
中石化股份有限公司贵州分公司
中国石油天然气重庆分公司
中国石化股份上海石油分公司
100～499个(21家,共4232个门店)
中国石油化工股份有限公司北京分公司
中国石油化工股份有限公司天津分公司
中国石油天然气股份有限公司湖南分公司
100～499个(21家,共4232个门店)
中国石油天然气股份有限公司大连分公司
中国石油天然气股份有限公司安徽分公司
中国石油海南分公司
中国石油天然气股份有限公司宁夏分公司
中国石化股份有限公司江苏南通分公司
中国石油化工股份有限公司江苏南京分公司
中国石油化学股份有限公司广西南宁石油分公司
中石化湖北襄樊石油分公司
中国石油天然气股份有限公司黑龙江分公司
中国石油化工股份有限公司广西柳州石油分公司
中国石油化工股份有限公司泉州分公司
中国石油化工股份有限公司广西贵港石油分公司
中国石油化工股份有限公司广西桂林石油分公司
中国石油天然气股份有限公司阿克苏分公司
中国石油化工股份有限公司漳州分公司
中石油贵州销售分公司
湖北石油直属销售分公司
中国石油化工股份有限公司福建分公司

5—6 100门店以上连锁专卖店

（2005年）

500～999个(2家,共1547个门店)
广州友谊班尼路服饰有限公司
上海古今内衣有限公司
100～499个(10家,共2428个门店)
陕西伟志集团股份有限公司
广州市宝生园有限公司
深圳虎威制衣有限公司广州分公司
河南漯河双汇商业连锁有限公司
100～499个(10家,共2428个门店)
南京桂花鸭有限公司
石家庄市奥开双鸽连锁总店
广州市萍果牌服装连锁店有限公司
杭州五丰食品有限公司
广州东海堂(饼屋)食品有限公司
北京吴裕泰茶叶公司

5—7　100 门店以上连锁便利店

（2005 年）

1000～1999 个(3 家,共 4151 个门店)	100～499 个(12 家,共 2665 个门店)
上海联华快客便利有限公司	上海华联罗森有限公司
上海可的便利店有限公司	梅林正广和便利连锁公司(上海)
上海好德便利有限公司	广东赛壹便利店有限公司
500～999 个(3 家,共 1928 个门店)	河北沧州好日子超市股份有限公司
绍兴供销超市有限公司	太原市金虎连锁超市配送有限公司
上海良友金伴便利连锁有限公司	山西省太原唐久超市有限公司
成都红旗连锁有限公司	湖州老大房超市有限公司
100～499 个(12 家,共 2665 个门店)	北京联华快客便利超市有限公司
绍兴大通超市有限公司	北京港佳好邻居连锁便利店有限公司
四川省互惠商业有限责任公司	广州联华快客连锁便利有限公司

5—8　限额以上连锁仓储会员店门店

（2005 年）

(7 家,共 157 个门店)	(7 家,共 157 个门店)
河南省焦作市润生食品有限责任公司	广州市盛世长运商贸连锁有限公司
贵州大昌隆仓储式购物有限公司	青岛市三聚成连锁公司
锦江麦德龙现购自运有限公司	北京沃尔玛百货有限公司
广州市科泊好连锁有限公司	

5—9　限额以上连锁家居建材商店门店

（2005 年）

(15 家,共 94 个门店)	(15 家,共 94 个门店)
好美家装潢建材有限公司(上海)	南京华德美居购物中心有限公司
东方家园有限公司(北京)	广州联邦家居广场有限公司
深圳市南方香江家具有限公司	青岛百安居建材有限公司
欧海家居有限公司(上海)	广州市百安居装饰建材有限公司
上海百安居建材超市有限公司	上海华德美居超市有限公司
上海九百家居装饰商城有限公司	杭州百安居装饰建材有限公司
天津家居装饰建材中心	欧倍德建材超市有限公司(杭州)
深圳百安居装饰建材有限公司	

第六部分 连锁零售业集团（企业）营业面积情况

6—1 营业面积10万平米以上连锁零售集团(企业)

(2005年)

100万平米以上(15家,共3842.9万平米)	10～50万平米(77家,共1647.4万平米)
中国石油化工股份有限公司广东分公司	北京亚飞汽车连锁总店有限责任公司
中国石油化工股份有限公司浙江分公司	中国石油天然气股份有限公司安徽分公司
中国石油化工股份有限公司湖南分公司	东方家园有限公司(北京)
中国石油化工股份有限公司山东分公司	武商集团(武汉)
中国石油内蒙古销售公司	山东银座商城股份有限公司
中国石油甘肃销售分公司	山东省威海糖酒采购供应站
中石化股份有限公司贵州分公司	武汉中商集团股份有限公司
中国石油天然气股份有限公司河北分公司	中国石油化工股份有限公司天津分公司
联华超市股份有限公司(上海)	中百集团(武汉)
中国石油天然气股份有限公司辽宁分公司	江苏文峰大世界连销发展股份有限公司
中国石油天然气重庆分公司	中石化股份有限公司安徽分公司
上海农工商超市有限公司	上海大润发有限公司
苏果超市有限公司(南京)	合肥百大集团股份有限公司
江苏苏宁电器连锁集团股份有限公司	北京王府井百货(集团)股份有限公司
华润万家有限公司(深圳)	江苏五星电器有限公司
50～100万平米(13家,共874.9万平米)	深圳天虹商场有限公司
中国石油天然气股份有限公司宁夏分公司	重庆商社新世纪百货公司
新一佳超市有限公司(深圳)	中石油贵州销售分公司
中国石化股份上海石油分公司	步步高商业连锁股份有限公司
中国石油化学股份有限公司广西南宁石油分公司	中国石油化工股份有限公司漳州分公司
中国石油天然气股份有限公司大连分公司	三联商社(济南)
深圳沃尔玛珠江百货有限公司	大连沃尔玛百货有限公司
上海华联超市股份有限公司	中国石油化工股份有限公司广西百色石油分公司
广东物资集团汽车贸易公司	北京市大中电器有限公司
中国石油化工股份有限公司江苏南京分公司	安徽辉隆农资集团有限公司
中国石油化工股份有限公司江西分公司	锦江麦德龙现购自运有限公司
青岛利群集团股份有限公司	上海永乐家用电器有限公司
物美控股集团有限公司(北京)	好美家装潢建材有限公司(上海)
中国石油天然气股份有限公司阿克苏分公司	临沂九州经贸有限责任公司

6—1 续表1

10～50万平米(77家,共1647.4万平米)	10～50万平米(77家,共1647.4万平米)
天津克瑞思(集团)有限公司	北京京客隆商业集团股份有限公司
浙江省新华书店集团有限公司	广州市国美电器有限公司
青岛维客集团股份有限公司	欧海家居有限公司(上海)
安徽商之都有限公司	深圳市南方香江家具有限公司
上海易初莲花连锁超市有限公司	北京苏宁电器有限公司
重庆百货大楼股份有限公司	河北保龙仓商业连锁经营有限公司
江苏时代超市有限公司	江西洪客隆投资集团有限公司
成都红旗连锁有限公司	上海国美电器公司
中国石油化工股份有限公司广西北海石油分公司	上海可的便利店有限公司
上海家得利超市有限公司	四川新华文轩连锁股份有限公司
国美电器有限公司(北京)	湖南心连心实业有限公司
中山市壹加壹商业连锁有限公司	人人乐连锁商业(集团)有限公司
南京金鹰国际集团购物中心有限公司	绍兴供销超市有限公司
宁波三江购物俱乐部有限公司	长沙有有实业有限公司
广州市广百股份有限公司	广州正大一万客隆(佳景)有限公司
广州市万佳百货有限公司	深圳市海王星辰医药有限公司
无锡永乐家用电器有限公司	中石油遂宁销售分公司
广州市好又多百货商业广场有限公司	中国石油天燃气四川攀枝花分公司
华联集团吉买盛购物中心有限公司	温州人本超市有限公司
中国石油化工股份有限公司北京分公司	深圳市民润农产品配送连锁商业公司
湖南省新一佳商业投资有限公司	上海联华快客便利有限公司
深圳市茂业商厦有限公司	中国石油天然气股份有限公司广西南宁销售分公司
青岛利客来商贸股份有限公司	中国石油化工股份有限公司福建分公司
深圳国美电器有限公司	中国石油化工股份有限公司厦门分公司

6—2 营业面积10万平米以上连锁百货商店

(2005年)

50～100万平米(2家,共121.2万平米)	10～50万平米(19家,共485.2万平米)
深圳沃尔玛珠江百货有限公司	临沂九州经贸有限责任公司
青岛利群集团股份有限公司	青岛维客集团股份有限公司
10～50万平米(19家,共485.2万平米)	安徽商之都有限公司
武商集团	重庆百货大楼股份有限公司
山东银座商城股份有限公司	南京金鹰国际集团购物中心有限公司
武汉中商集团股份有限公司	广州市广百股份有限公司
江苏文峰大世界连销发展股份有限公司	广州市万佳百货有限公司
合肥百大集团股份有限公司	深圳市茂业商厦有限公司
北京王府井百货(集团)股份有限公司	青岛利客来商贸股份有限公司
深圳天虹商场有限公司	江西洪客隆投资集团有限公司
重庆商社新世纪百货公司	人人乐连锁商业(集团)有限公司(深圳)

6—3 营业面积10万平米以上连锁超级市场

(2005年)

100万平米以上(4家,共473.1万平米)	10～50万平米(20家,共391.5万平米)
联华超市股份有限公司(上海)	上海易初莲花连锁超市有限公司
上海农工商超市有限公司	江苏时代超市有限公司
苏果超市有限公司(南京)	上海家得利超市有限公司
华润万家有限公司(深圳)	中山市壹加壹商业连锁有限公司
50～100万平米(3家,共211.2万平米)	宁波三江购物俱乐部有限公司
新一佳超市有限公司	广州市好又多百货商业广场有限公司
上海华联超市股份有限公司	华联集团吉买盛购物中心有限公司(上海)
物美控股集团有限公司(北京)	湖南省新一佳商业投资有限公司
10～50万平米(20家,共391.5万平米)	北京京客隆商业集团股份有限公司
山东省威海糖酒采购供应站	河北保龙仓商业连锁经营有限公司
中百集团(武汉)	湖南心连心实业有限公司
上海大润发有限公司	广州正大一万客隆(佳景)有限公司
步步高商业连锁股份有限公司(湘潭市)	温州人本超市有限公司
大连沃尔玛百货有限公司	深圳市民润农产品配送连锁商业公司
天津克瑞思(集团)有限公司	

6—4 营业面积10万平米以上连锁专业店

(2005年)

100万平米以上(2家,共268.8万平米)	10～50万平米(16家,共307.2万平米)
中国石油天然气股份有限公司河北分公司	浙江省新华书店集团有限公司
江苏苏宁电器连锁集团股份有限公司	国美电器有限公司(北京)
50～100万平米(1家,共60万平米)	无锡永乐家用电器有限公司
广东物资集团汽车贸易公司	深圳国美电器有限公司
10～50万平米(16家,共307.2万平米)	广州市国美电器有限公司
北京亚飞汽车连锁总店有限责任公司	北京苏宁电器有限公司
江苏五星电器有限公司	上海国美电器公司
三联商社(济南)	四川新华文轩连锁股份有限公司
北京市大中电器有限公司	长沙有有实业有限公司
安徽辉隆农资集团有限公司	深圳市海王星辰医药有限公司
上海永乐家用电器有限公司	

6—5 营业面积10万平米以上连锁加油站

(2005年)

100万平米以上(9家,共3100.9万平米)	10～50万平米(13家,共300.3万平米)
中国石油化工股份有限公司广东分公司	中国石油天然气股份有限公司安徽分公司
中国石油化工股份有限公司浙江分公司	中国石油化工股份有限公司天津分公司
中国石油化工股份有限公司湖南分公司	中石化股份有限公司安徽分公司
中国石油化工股份有限公司山东分公司	中石油贵州销售分公司
中国石油内蒙古销售公司	中国石油化工股份有限公司漳州分公司
中国石油甘肃销售分公司	中国石油化工股份有限公司广西百色石油分公司
中石化股份有限公司贵州分公司	中国石油化工股份有限公司广西北海石油分公司
中国石油天然气股份有限公司辽宁分公司	中国石油化工股份有限公司北京分公司
中国石油天然气重庆分公司	中石油遂宁销售分公司
50～100万平米(7家,共482.5万平米)	中国石油天燃气四川攀枝花分公司
中国石油天然气股份有限公司宁夏分公司	中国石油天然气股份有限公司广西南宁销售分公司
中国石化股份上海石油分公司	中国石油化工股份有限公司福建分公司
中国石油化学股份有限公司广西南宁石油分公司	中国石油化工股份有限公司厦门分公司
中国石油天然气股份有限公司大连分公司	
中国石油化工股份有限公司江苏南通分公司	
中国石油化工股份有限公司江西分公司	
中国石油天然气股份有限公司阿克苏分公司	

6—6 营业面积8000平米以上连锁专卖店

（2005年）

9家，共22.1万平米	9家，共22.1万平米
广州友谊班尼路服饰有限公司	北京稻香村食品集团
河南漯河双汇商业连锁有限公司	天津市班尼路服饰有限公司
深圳虎威制衣有限公司广州分公司	北京张一元茶叶有限责任公司
上海古今内衣有限公司	广州市宝生园有限公司
陕西伟志集团股份有限公司	

6—7 营业面积8000平米以上连锁便利店

（2005年）

41家，共135.7万平米	41家，共135.7万平米
成都红旗连锁有限公司	梅林正广和便利连锁公司（上海）
上海可的便利店有限公司	山西省太原唐久超市有限公司
绍兴供销超市有限公司	北京二商食品连锁配送中心
上海联华快客便利有限公司	长沙市金沙超市
上海好德便利有限公司	广东赛壹便利店有限公司
四川省互惠商业有限责任公司	河北国大连锁商业有限公司
广州联华快客连锁便利有限公司	石家庄市天元发展有限责任公司
郑州丹尼斯生活广场有限公司	开封市三毛便利连锁有限公司
沧州富达日化超市有限公司	陕西新合作西果连锁超市有限公司
上海良友金伴便利连锁有限公司	太原市金虎连锁超市配送有限公司
河北沧州好日子超市股份有限公司	宁波市家家乐食品有限责任公司
昌临旺客隆连锁有限公司（大连）	淄博久久连锁有限公司
绍兴大通超市有限公司	北京港佳好邻居连锁便利店有限公司
山东统一银座商业有限公司	湖州老大房超市有限公司
诸暨雄城大厦百货有限公司	柳州五星连锁经营有限责任公司
北京首航国力商贸有限公司	大连明天良友金伴便利连锁有限公司
寿光市糖酒茶副食品有限公司	大连旺达连锁有限公司
诸暨市第一百货商店	重庆十分利商贸有限公司
旅顺供销大厦	宁海县小小食品超市有限公司
上海华联罗森有限公司	广州屈臣氏个人用品商店有限公司
武汉丽红商业有限公司	

6—8 限额以上连锁仓储会员店营业面积

(2005年)

7家,共29.6万平米	7家,共29.6万平米
锦江麦德龙现购自运有限公司	广州市盛世长运商贸连锁有限公司
北京沃尔玛百货有限公司	河南省焦作市润生食品有限责任公司
贵州大昌隆仓储式购物有限公司	广州市科治好连锁有限公司
青岛市三聚成连锁公司	

6—9 限额以上连锁家居建材商店营业面积

(2005年)

15家,共130万平米	15家,共130万平米
东方家园有限公司(北京)	上海华德美居超市有限公司
好美家装潢建材有限公司(上海)	广州市百安居装饰建材有限公司
欧海家居有限公司(上海)	杭州百安居装饰建材有限公司
深圳市南方香江家具有限公司	南京华德美居购物中心有限公司
上海百安居建材超市有限公司	青岛百安居建材有限公司
上海九百家居装饰商城有限公司	欧倍德建材超市有限公司(杭州)
天津家居装饰建材中心	广州联邦家居广场有限公司
深圳百安居装饰建材有限公司	

第七部分 连锁零售业集团（企业）销售额情况

7—1 销售额10亿元以上连锁零售业集团(企业)

(2005年)

100亿元以上(24家,共5021.1亿元)

中国石油化工股份有限公司广东分公司

中国石油化工股份有限公司山东分公司

中国石油化工股份有限公司浙江分公司

江苏苏宁电器连锁集团股份有限公司

联华超市股份有限公司(上海)

中国石油化工股份有限公司湖南分公司

上海大润发有限公司

苏果超市有限公司(南京)

中国石油化工股份有限公司北京分公司

上海华联超市股份有限公司

物美控股集团有限公司(北京)

中石化股份有限公司安徽分公司

上海农工商超市有限公司

中国石油化工股份有限公司江西分公司

中国石化股份上海石油分公司

中国石油天然气股份有限公司辽宁分公司

北京亚飞汽车连锁总店有限责任公司

三联商社(济南)

中国石油内蒙古销售公司

华润万家有限公司(深圳)

新一佳超市有限公司(深圳)

合肥百大集团股份有限公司

江苏五星电器有限公司

江苏文峰大世界连销发展股份有限公司

50～100亿元(20家,共1463亿元)

中国石油化工股份有限公司天津分公司

中国石油陕西销售分公司

50～100亿元(20家,共1463亿元)

广东物资集团汽车贸易公司

青岛利群集团股份有限公司

武商集团(武汉)

中百集团(武汉)

中国石油甘肃销售分公司

上海永乐家用电器有限公司

锦江麦德龙现购自运有限公司

江苏宏图三胞科技发展有限公司

深圳沃尔玛珠江百货有限公司

中国石油天然气重庆分公司

中石化股份有限公司贵州分公司

上海易初莲花连锁超市有限公司

北京王府井百货(集团)股份有限公司

中国石油化工股份有限公司江苏南京石油分公司

北京市大中电器有限公司

江苏时代超市有限公司

中国石油天然气股份有限公司阿克苏分公司

武汉中商集团股份有限公司

10～50亿元(116家,共2465.2亿元)

江苏苏农农资连锁集团股份有限公司

重庆商社新世纪百货公司

山东银座商城股份有限公司

浙江省新华书店集团有限公司

山东省威海糖酒采购供应站

重庆百货大楼股份有限公司

中国石油天然气股份有限公司安徽分公司

中国石油天然气股份有限公司大连分公司

7—1 续表1

10～50亿元(116家,共2465.2亿元)	10～50亿元(116家,共2465.2亿元)
安徽商之都有限公司	好美家装潢建材有限公司(上海)
华联集团吉买盛购物中心有限公司(上海)	北京家乐福商业有限公司
中国石油化学股份有限公司广西南宁石油分公司	上海国美电器公司
国美电器有限公司(北京)	上海家得利超市有限公司
无锡永乐家用电器有限公司	武汉工贸有限公司
深圳天虹商场有限公司	上海可的便利店有限公司
中国石化股份有限公司江苏南通分公司	中国石油化工股份有限公司广西柳州石油分公司
中国石油化工股份有限公司泉州分公司	北京苏宁电器有限公司
中国石化武汉石油(集团)股份公司	广州正大一万客隆(佳景)有限公司
上海好德便利有限公司	山东新星集团有限公司
东方家园有限公司(北京)	广州市广百股份有限公司
南京金鹰国际集团购物中心有限公司	北京北星行汽车销售中心
中国石油化工股份有限公司福建分公司	济南人民大润发商业有限公司
福中信息产业集团有限公司(南京)	天津国美电器有限公司
北京京客隆商业集团股份有限公司	青岛维客集团股份有限公司
上海联华快客便利有限公司	步步高商业连锁股份有限公司(湘潭市)
安徽辉隆农资集团有限公司	广州百佳超级市场有限公司
中国石油海南分公司	上海太平洋百货有限公司
中国石油天然气股份有限公司宁夏分公司	中石化壳牌(江苏)石油销售有限公司
成都红旗连锁有限公司	深圳国美电器有限公司
广州市好又多百货商业广场有限公司	湖南老百姓大药房连锁有限公司
中国石油化工股份有限公司厦门分公司	中石油贵州销售分公司
中国石油天然气股份有限公司黑龙江分公司	深圳市顺电连锁股份有限公司
深圳市茂业商厦有限公司	广州友谊商店股份有限公司
宁波三江购物俱乐部有限公司	华糖洋华堂商业有限公司(北京)
广州友谊班尼路服饰有限公司	中国石油化工股份有限公司广西玉林分公司
天津克瑞思(集团)有限公司	江苏明都汽车摩托车有限公司

7—1　续表2

10～50亿元(116家,共2465.2亿元)	10～50亿元(116家,共2465.2亿元)
福建永辉集团有限公司	新华海科技实业集团有限公司
临沂汽车工业贸易有限公司	广州市国美电器有限公司
中石油山西销售分公司	福州国美电器有限公司
人人乐连锁商业(集团)有限公司(深圳)	武汉汉福超市有限公司
成都国美电器有限公司	浙江慈客隆超市有限公司
广州屈臣氏个人用品商店有限公司	北京物美综合超市有限公司
上海苏宁电器有限公司	安利[中国]日用品有限公司北京分公司
湖北石油直属销售分公司	哈尔滨中央红集团股份有限公司
深圳市海王星辰医药有限公司	湖南友谊阿波罗股份有限公司
捷强烟草糖酒(集团)连锁有限公司(上海)	中国石油化工股份有限公司漳州分公司
北京超市发连锁股份有限公司	华普超市有限公司(北京)
中国石油天然气股份有限公司江西分公司	广州市万佳百货有限公司
沈阳市烟草公司	中国石油化工股份有限公司广西梧州分公司
南昌百货大楼股份有限公司	中石化股份有限公司福建三明石分公司
北京美廉美连锁商业股份有限公司	深圳虎威制衣有限公司广州分公司
上海欧尚超市有限公司	上海百安居建材超市有限公司
中国石油化工股份有限公司广西贵港石油分公司	北京易初莲花连锁超市有限公司
深圳市岁宝百货有限公司	广州家广超市有限公司(家乐福)
广东吉之岛天贸百货有限公司	河北保龙仓商业连锁经营有限公司
广东苏宁电器有限公司	山东北药鲁抗有限公司
中国石油天然气股份有限公司广州分公司	永旺东泰商业有限公司(青岛)
南昌洪城大厦股份有限公司	湖北高速公路油站管理分公司
中石化湖北襄樊石油分公司	浙江雄风实业集团有限公司
重庆国美电器有限公司	安徽徽商农家福有限公司
上海文峰千家惠购物中心有限公司	中国石油化工股份有限公司福建分公司
中国石油化工股份有限公司广西百色石油分公司	湖南省新一佳商业投资有限公司
中国石油化工股份有限公司广西北海石油分公司	北京迪信通电子通信技术有限分公司

7—2 销售额10亿元以上连锁百货商店

（2005年）

100亿元以上(2家,共205亿元)	10～50亿元(19家,共460.5亿元)
合肥百大集团股份有限公司	南京金鹰国际集团购物中心有限公司
江苏文峰大世界连销发展股份有限公司	深圳市茂业商厦有限公司
50～100亿元(5家,共351.9亿元)	广州市广百股份有限公司
青岛利群集团股份有限公司	青岛维客集团股份有限公司
武商集团	上海太平洋百货有限公司
深圳沃尔玛珠江百货有限公司	广州友谊商店股份有限公司
北京王府井百货(集团)股份有限公司	人人乐连锁商业(集团)有限公司
武汉中商集团股份有限公司	南昌百货大楼股份有限公司
10～50亿元(19家,共460.5亿元)	深圳市岁宝百货有限公司
重庆商社新世纪百货公司	广东吉之岛天贸百货有限公司
山东银座商城股份有限公司	南昌洪城大厦股份有限公司
重庆百货大楼股份有限公司	哈尔滨中央红集团股份有限公司
安徽商之都有限公司	湖南友谊阿波罗股份有限公司
深圳天虹商场有限公司	广州市万佳百货有限公司

7—3 销售额10亿元以上连锁超级市场

（2005年）

100亿元以上(8家,共1447.3亿元)	10～50亿元(29家,共555.7亿元)
联华超市股份有限公司	广州正大一万客隆(佳景)有限公司
上海大润发有限公司	山东新星集团有限公司
苏果超市有限公司	济南人民大润发商业有限公司
上海华联超市股份有限公司	步步高商业连锁股份有限公司
物美控股集团有限公司(北京)	广州百佳超级市场有限公司
上海农工商超市有限公司	华糖洋华堂商业有限公司
华润万家有限公司	福建永辉集团有限公司
新一佳超市有限公司	捷强烟草糖酒(集团)连锁有限公司(上海)
50～100亿元(3家,共206.2亿元)	北京超市发连锁股份有限公司
中百集团	北京美廉美连锁商业股份有限公司
上海易初莲花连锁超市有限公司	上海欧尚超市有限公司
江苏时代超市有限公司	上海文峰千家惠购物中心有限公司
10～50亿元(29家,共555.7亿元)	武汉汉福超市有限公司
山东省威海糖酒采购供应站	浙江慈客隆超市有限公司
华联集团吉买盛购物中心有限公司	北京物美综合超市有限公司
北京京客隆商业集团股份有限公司	华普超市有限公司(北京)
广州市好又多百货商业广场有限公司	北京易初莲花连锁超市有限公司
宁波三江购物俱乐部有限公司	广州家广超市有限公司(家乐福)
天津克瑞思(集团)有限公司	河北保龙仓商业连锁经营有限公司
北京家乐福商业有限公司	永旺东泰商业有限公司(青岛)
上海家得利超市有限公司	湖南省新一佳商业投资有限公司

7—4 销售额10亿元以上连锁专业店

(2005年)

100亿元以上(4家,共764.5亿元)

江苏苏宁电器连锁集团股份有限公司
北京亚飞汽车连锁总店有限责任公司
三联商社(济南)
江苏五星电器有限公司

50～100亿元(5家,共358.5亿元)

广东物资集团汽车贸易公司
上海永乐家用电器有限公司
江苏宏图三胞科技发展有限公司
北京市大中电器有限公司
中国石油天然气股份有限公司河北分公司

10～50亿元(28家,共586.8亿元)

江苏苏农农资连锁集团股份有限公司
浙江省新华书店集团有限公司
国美电器有限公司(北京)
无锡永乐家用电器有限公司
福中信息产业集团有限公司(南京)
安徽辉隆农资集团有限公司
上海国美电器公司
武汉工贸有限公司
北京苏宁电器有限公司

10～50亿元(28家,共586.8亿元)

天津国美电器有限公司
中石化壳牌(江苏)石油销售有限公司
深圳国美电器有限公司
湖南老百姓大药房连锁有限公司
深圳市顺电连锁股份有限公司
江苏明都汽车摩托车有限公司
临沂汽车工业贸易有限公司
成都国美电器有限公司
上海苏宁电器有限公司
深圳市海王星辰医药有限公司
广东苏宁电器有限公司
重庆国美电器有限公司
新华海科技实业集团有限公司
广州市国美电器有限公司
福州国美电器有限公司
山东北药鲁抗有限公司
浙江雄风实业集团有限公司
安徽徽商农家福有限公司
北京迪信通电子通信技术有限公司

7—5 销售额10亿元以上连锁加油站

(2005年)

100亿元以上(10家,共2604.3亿元)

中国石油化工股份有限公司广东分公司
中国石油化工股份有限公司山东分公司
中国石油化工股份有限公司浙江分公司
中国石油化工股份有限公司湖南分公司
中国石油化工股份有限公司北京分公司
中石化股份有限公司安徽分公司
中国石油化工股份有限公司江西分公司
中国石化股份上海石油分公司
中国石油天然气股份有限公司辽宁分公司
中国石油内蒙古销售公司

50～100亿元(6家,共471亿元)

中国石油化工股份有限公司天津分公司
中国石油陕西销售分公司
中国石油甘肃销售分公司
中国石油天然气重庆分公司
中石化股份有限公司贵州分公司
中国石油化工股份有限公司江苏南京分公司

10～50亿元(27家,共586.2亿元)

中国石油天然气股份有限公司安徽分公司
中国石油天然气股份有限公司大连分公司
中国石油化学股份有限公司广西南宁石油分公司
中国石化股份有限公司江苏南通分公司
中国石油化工股份有限公司泉州分公司

10～50亿元(27家,共586.2亿元)

中国石化武汉石油(集团)股份有限公司
中国石油化工股份有限公司福建分公司
中国石油海南分公司
中国石油天然气股份有限公司宁夏分公司
中国石油化工股份有限公司厦门分公司
中国石油天然气股份有限公司黑龙江分公司
中国石油化工股份有限公司广西柳州石油分公司
中石油贵州销售分公司
中国石油化工股份有限公司广西玉林分公司
中石油山西销售分公司
湖北石油直属销售分公司
中国石油天然气股份有限公司江西分公司
中国石油化工股份有限公司广西贵港销售分公司
中国石油天然气股份有限公司广州分公司
中石化湖北襄樊石油分公司
中国石油化工股份有限公司广西百色石油分公司
中国石油化工股份有限公司广西北海石油分公司
中国石油化工股份有限公司漳州分公司
中国石油化工股份有限公司广西梧州分公司
中石化股份有限公司福建三明石分公司
湖北高速公路油站管理分公司
中国石油化工股份有限公司福建分公司

7—6 销售额10亿元以上连锁专卖店

（2005年）

5家，共85.5亿元	5家，共85.5亿元
广州友谊班尼路服饰有限公司	安利[中国]日用品有限公司北京分公司
北京北星行汽车销售中心	深圳虎威制衣有限公司广州分公司
沈阳市烟草公司	

7—7 销售额10亿元以上连锁便利店

（2005年）

5家，共126亿元	5家，共126亿元
上海好德便利有限公司	上海可的便利店有限公司
上海联华快客便利有限公司	广州屈臣氏个人用品商店有限公司
成都红旗连锁有限公司	

7—8 限额以上连锁仓储会员店销售额

（2005年）

7家，共86.1亿元	7家，共86.1亿元
锦江麦德龙现购自运有限公司	广州市科治好连锁有限公司
北京沃尔玛百货有限公司	青岛市三聚成连锁公司
贵州大昌隆仓储式购物有限公司	河南省焦作市润生食品有限责任公司
广州市盛世长运商贸连锁有限公司	

7—9 限额以上连锁家居建材商店销售额

（2005年）

15家，共102.9亿元	15家，共102.9亿元
东方家园有限公司（北京）	上海华德美居超市有限公司
好美家装潢建材有限公司（上海）	欧海家居有限公司（上海）
上海百安居建材超市有限公司	杭州百安居装饰建材有限公司
深圳百安居装饰建材有限公司	南京华德美居购物中心有限公司
天津家居装饰建材中心	青岛百安居建材有限公司
上海九百家居装饰商城有限公司	欧倍德建材超市有限公司（杭州）
广州市百安居装饰建材有限公司	广州联邦家居广场有限公司
深圳市南方香江家具有限公司	

附　录　连锁零售业统计指标解释

连锁零售业统计指标解释

连锁(集团)企业(或称连锁店、连锁公司):指在核心企业或总店的领导下,由分散的、经营同类商品或服务的企业或活动单位,采取共同方针,实行集中采购和分散销售的有机结合,通过规范化经营,实现规模效益的经济联合组织形式。一般连锁店应由若干个分店组成。其经营特征:(1)经营同类商品;(2)使用统一商号;(3)统一采购配送,采购与销售相分离(部分商品可根据物流合理和保质保鲜原则由供应商直接送货到门店,其余均由总部统一配送)。通过规范化经营,实现规模效益。

连锁店分为三种形式:直营连锁、特许经营连锁(也可以叫特许加盟)和自由连锁:

(1)直营连锁:也叫正规连锁。指总公司直接经营的连锁店,即由公司总部直接经营、投资、管理各个零售店的经营形态。总部采取纵深似的管理方式,直接下令掌管所有的零售店,零售店也必须完全接受总部指挥。他是大型垄断商业资本通过吞并、兼并或独资、控股等途径,发展壮大自身实力和规模的一种形式。本质上是处于同一流通阶段,经营同类商品和提供相同服务,并在同一经营资本及同一总部集权性管理机构统一领导下进行共同经营活动。直营连锁主要特点:所有权和经营权集中统一于总部。其所有权和经营权的集中统一表现在:所有成员企业必须是单一所有者,归一个公司,一个联合组织或单一个人所有;由总部集中领导、统一管理,如人事、采购、计划、广告、会计和经营方针都集中统一;实行统一核算制度;各直营连锁店经理是雇员而不是所有者;各直营连锁店实行标准化经营管理。

直营连锁的人员组织形式是由总公司直接管理.直营连锁的组织体系,一般分为3个层次:上层是公司总部负责整体事业的组织系统;中层是负责若干个分店的区域性管理组织和负责专项业务,下层是分店或成员店。

(2)加盟连锁:也称特许连锁。各连锁门店(被特许人)通过合同形式,取得使用总部(特许人)商标、商号、经营技术和销售总部开发的商品的特许权,加盟者得到上述权利,必须支付给总部(特许人)一定加盟费,并根据总部(特许人)的指导、培训及协助,使用相同商标,全部或部分使用相同商品、服务和经营技术,同时,加盟店设立所需资金及人员大部分(或全部)由加盟者负责。实行加盟连锁对加盟店而言:总部提供一整套经营模式、人员培训、商标和商誉、广告及商品供应,降低时间与资金成本并迅速提高和扩大了知名度,从而大幅度地提高了创业成功率。对总部而言:在减少资金和人力开拓市场的同时,有更多更快的机会扩展其业务。对消费者而言:可以享受品质标准化、价格大众化的商品及服务。

特许经营是以特许经营权的转让为核心的一种经营方式。其本质特征:(1)特许经营是利用自己的专有技术与他人的资本相结合来扩张经营规模的一种商业发展模式。因此,特许经营是技术和品牌价值的扩张而不是资本的扩张。(2)特许经营是以经营管理权控制所有权的一种组织方式,被特许者投资特许加盟店并对店铺拥有所有权,但该店铺的最终管理权仍由特许者掌握。(3)成功的特许经营应该是双赢模式,只有让被特许者获得比单体经营更多的利益,特许经营关系才能有效维持。

(3)自由连锁:也称自愿连锁,连锁公司的店铺均为独立法人,各自的资产所有权关系不变,在公司总部的指导下共同经营。各成员店使用共同的店名,与总部订阅有关购、销、宣传等方面的合同,并按合同开展经营活动。在合同规定的范围之外,各成员店可以自由活动。根据自愿原则,各成员店可自由加入连锁体系,也可自由退出。

连锁店总店(总部):指连锁店的核心企业或管理中心。

连锁店分店:指连锁店所属各分散经营的企业或活动单位,也可称分店或成员店。

门店数:指该连锁企业所拥有的全部连锁门店数量,包括总店和全部直营分店、加盟分店数。其中,总店作为一个直营店处理。此外,有的地区分出控股店,控股店按直营店统计。直营店和加盟店之和应小于等于门店总数。

营业面积:指零售企业按建筑面积计算的直接对顾客销售商品的固定场地,不包括办公室、仓库、加工场地等面积。

从业人员:指在该连锁企业工作并取得劳动报酬的年末实有人员数。包括在岗职工、再就业的离退休人员、在该企业工作的外方人员、港、澳、台方人员、兼职人员、借用的外单位人员和第二职业者。不包括离开本单位但仍保留劳动关系的职工。从业人数包括总店和全部门店以及自有配送中心的从业人员数。

商品购进总额:指从本企业以外的单位和个人购进作为转卖或加工后转卖的商品,包括从生产者购进、从批发零售贸易业购进、进口等,反映批发零售贸易业从国内、国外市场上购进商品的总量。

统一配送商品购进额:指企业统一购进商品后,配送到门店(包括加盟店)的商品金额(按购进价计算)。非自有配送中心配送比重指由第三方物流配送的商品购进额。直营店和加盟店的配送商品购进额,是指由总部统一配送或接受统一配送的商品购进额,而不是直营店和加盟店对外的配送商品购进额。

自有配送中心配送商品购进额:指连锁总部从自有配送中心购进商品的金额。

非自有配送中心配送商品购进额:指连锁总部从第三方物流配送中心购进商品的金额。

商品销售额:指售予本企业以外的单位和个人的商品金额(含增值税)。销售额包括零售额和批发额两部分,其中零售额包括:售予居民和社会集团商品的金额;批发额包括:售予生产经营单位商品的金额和出口商品的金额。这个指标反映批发零售业在国内市场上销售商品以及出口商品的总量。

商品零售额:指批发和零售业售予城乡居民用于生活消费和社会集团用于公共消费的商品金额。按含税价计算。

配送中心:是连锁企业的物流机构,承担着各门店所需商品的进货、库存、分货、加工、集配、运输、送货等任务。配送中心主要为本连锁企业服务,也可面向社会。如本企业没有配送中心而是利用本企业以外的物流中心配送,可不填自有配送中心数、配送中心面积和运输车辆,但应填统一配送商品购进额。

百货商店:指在一个建筑物内,集中了若干专业的商品部并向顾客提供多种类、多品种商品及服务的综合性零售业态。其基本特征为:(1)选址在城市繁华区和交通要道;(2)商品结构以经营服装、服饰、衣料,家庭用品为主,种类齐全,少批量,高毛利;(3)注重商店环境的布置和设计;(4)以柜台销售为主,明码标价,可以退换货物。

超级市场:指采取自选销售方式,以销售大众化生活用品为主,包括食品、副食品、日用生活品、服装衣料、文具、家用电器和室内装饰用品等,满足顾客日常生活需求的零售业态,包括各种类型的超级市场、大型综合超市和仓储式商场。其基本特征:(1)选址在居民区、商业区或交通要道;(2)目标顾客兼顾居民、中小零售商、餐饮店和集团消费者;(3)营业面积相对较大;(4)采取自选销售方式,出入口分设,结算由设在出口处的收银机统一进行;(5)营业时间每天不低于11小时。

专业店:指专门经营某类商品或某一类商品中的某种商品,满足消费者对某类(种)商品多样性选择需求的零售业态。其基本特征:(1)选址多样化,营业面积根据主营商品特点而定;(2)商品结构体现专业性较强,品种丰富,选择余地大,主营商品占经营商品的90%以上;(3)采取定价销售和开架面售方式;(4)从业人员具有丰富的专业知识。

加油站:指经营石油、石化商品的零售门店。

专卖店:指专门经营或授权经营某一主要品牌的系列商品,满足消费者对品牌选择需求的零售业态。其基本特征:(1)选址大多在繁华商业区、商业街或百货商店、购物中心内,营业面积根据主营商品特点而定;(2)商品结构以同一品牌的多种商品为主,体现品牌商品的深度开发;(3)采取定价销售和开架面售方式;(4)从业人员具有丰富的专业知识。

便利店(方便店):指满足顾客应急性、便利性需求为目的的零售业态。其基本特征:(1)选址在居民住宅区、公路边,以及车站、医院、学校、娱乐场所所在地;(2)商店营业面积较小,但利用率高;(3)商品结构以速成食品、饮料、小百货为主,有即时消费性、小容量、应急性等特点;(4)80%的顾客为有目的购买;(5)营业时间长,一般在15小时以上,甚至24小时,终年无休日。

仓储会员店:以会员制为基础,实行储销一体、批零兼营,以提供有限服务和低价格商品为主要特征的零售业态。

家居建材商店:以专门销售建材、装饰、家居用品为主的零售业态。

其他:指上述业态未包括的连锁零售形式。

登记注册类型:指企业或企业产业活动单位的

登记注册类型，按其在工商行政管理机关登记注册的类型填写。所有单位均填报本项。

机关、事业单位和社会团体及其他组织的登记注册类型，按其主要经费来源和管理方式，根据实际情况，比照《企业登记注册类型与代码》确定。

工商行政管理部门对企业（单位）登记注册的类型分为以下几种：

(1)国有企业：指企业全部资产归国家所有，并按《中华人民共和国企业法人登记管理条例》规定登记注册的非公司制的经济组织。不包括有限责任公司中的国有独资公司。

(2)集体企业：指企业资产归集体所有，并按《中华人民共和国企业法人登记管理条例》规定登记注册的经济组织。

(3)股份合作企业：指以合作制为基础，由企业职工共同出资入股，吸收一定比例的社会资产投资组建，实行自主经营，自负盈亏，共同劳动，民主管理，按劳分配与按股分红相结合的一种集体经济组织。

(4)联营企业：两个及两个以上相同或不同所有制性质的企业法人或事业单位法人，按自愿、平等、互利的原则，共同投资组成的经济组织称为联营企业。联营企业包括国有联营企业、集体联营企业、国有与集体联营企业和其他联营企业。

国有联营企业：指所有联营单位均为国有。

集体联营企业：指所有联营单位均为集体。

国有与集体联营企业：指联营单位既有国有也有集体。

其他联营企业：指上述三种联营企业之外的其他联营形式的企业。

(5)有限责任公司：根据《中华人民共和国公司登记管理条例》规定登记注册，由两个以上，五十个以下的股东共同出资，每个股东以其所认缴的出资额对公司承担有限责任，公司以其全部资产对其债务承担责任的经济组织称为有限责任公司。有限责任公司分为国有独资公司以及其他有限责任公司。

国有独资公司：指国家授权的投资机构或者国家授权的部门单独投资设立的有限责任公司。

其他有限责任公司：指国有独资公司以外的其他有限责任公司。

(6)股份有限公司：指根据《中华人民共和国公司登记管理条例》规定登记注册，其全部注册资本由等额股份构成并通过发行股票筹集资本，股东以其认购的股份对公司承担有限责任，公司以其全部资产对其债务承担责任的经济组织。

(7)私营企业：由自然人投资设立或由自然人控股，以雇佣劳动为基础的营利性经济组织称为私营企业。包括按照《公司法》、《合伙企业法》、《私营企业暂行条例》以及《个人独资企业法》规定登记注册的私营独资企业、私营有限责任公司、私营股份有限公司、私营合伙企业和个人独资企业。私营独资企业：指按《私营企业暂行条例》的规定，由一名自然人投资经营，以雇佣劳动为基础，投资者对企业债务承担无限责任的企业。

个人独资企业：指按《个人独资企业法》、《个人独资企业登记管理办法》的规定，由一个自然人投资，财产为投资人个人所有，投资人以其个人财产对企业债务承担无限责任的经营实体。个人独资企业填表时归入私营独资企业。

私营合伙企业：指按《合伙企业法》或《私营企业暂行条例》的规定，由两个以上自然人按照协议共同投资、共同经营、共负盈亏，以雇佣劳动为基础，对债务承担无限责任的企业。

私营有限责任公司：指按《公司法》、《私营企业暂行条例》的规定，由两个以上自然人投资或由单个自然人控股的有限责任公司。

私营股份有限公司：指按《公司法》的规定，由五个以上自然人投资，或由单个自然人控股的股份有限公司。

(8)其他内资企业：指上述第(1)条至第(7)条之外的其他内资经济组织。

(9)与港澳台商合资经营企业：指港澳台地区投资者与内地的企业依照《中华人民共和国中外合资经营企业法》及有关法律的规定，按合同规定的比例投资设立，分享利润和分担风险的企业。

(10)与港澳台商合作经营企业：指港澳台地区投资者与内地企业依照《中华人民共和国中外合作经营企业法》及有关法律的规定，依照合作合同的约定进行投资或提供条件设立，分配利润、分担风险和亏损的企业。

(11)港澳台商独资经营企业：指依照《中华人民共和国外资企业法》及有关法律的规定，在内地设立的由港澳台地区投资者在内地全额投资设立的企业。

(12)港澳台商投资股份有限公司：指根据国家有关规定，经商务部（原外经贸部）批准设立，并且其中港、澳、台商的股本占公司注册资本的比例达25%以上的股份有限公司。凡其中港、澳、台商的股本占公司注册资本的比例小于25%的，属于内资中的股份有限公司。

(13)中外合资经营企业:指外国企业或外国人与中国内地企业依照《中华人民共和国中外合资经营企业法》及有关法律的规定,按合同规定的比例投资设立,分享利润和分担风险的企业。

(14)中外合作经营企业:指外国企业或外国人与中国内地企业依照《中华人民共和国中外合作经营企业法》及有关法律的规定,依照合作合同的约定进行投资或提供条件设立,分配利润、分担风险和亏损的企业。

(15)外资企业:指依照《中华人民共和国外资企业法》及有关法律的规定,在中国内地设立的由外国投资者全额投资设立的企业。

(16)外商投资股份有限公司:指根据国家有关规定,经商务部(原外经贸部)批准设立,并且其中外资的股本占公司注册资本的比例达25%以上的股份有限公司。凡其中外资股本占公司注册资本的比例小于25%的,属于内资中的股份有限公司。

连锁业统计的有关规定

限额以上连锁零售业:是指该连锁企业的全部门店的销售额合计达到限额标准的,作为限额以上填报。

连锁年报由限额以上连锁零售业的总公司或总店或外资企业的中国总部填报。

关于系统内企业,如新华书店、烟草公司、石油公司等,应特别注意是否是真正的连锁,否则不能纳入连锁统计范畴。